AF464610

ÉTUDES SLAVES

OUVRAGES DU MÊME AUTEUR.

CHANTS HÉROÏQUES ET CHANTS POPULAIRES DES SLAVES DE BOHÊME. Un vol. in-18. Librairie internationale, 1866.

LA BOHÊME HISTORIQUE. Un vol. in-8°. Librairie internationale, 1867.

CYRILLE ET MÉTHODE. Étude historique sur la Conversion des Slaves au christianisme. Un vol. in-8°. Librairie Franck, 1868.

DE NESTORE RERUM RUSSICARUM SCRIPTORE. Broch. in-8°. Librairie Franck, 1868.

LE MONDE SLAVE, Voyages et Littérature. Un vol. in-12. Librairie académique, 1873.

Pour paraître prochainement :

HISTOIRE DE L'AUTRICHE-HONGRIE. Un vol. in-12, collection Duruy. Librairie Hachette et Cie.

IMPRIMERIE EUGÈNE HEUTTE ET Cie, A SAINT-GERMAIN.

LOUIS LEGER

ÉTUDES SLAVES

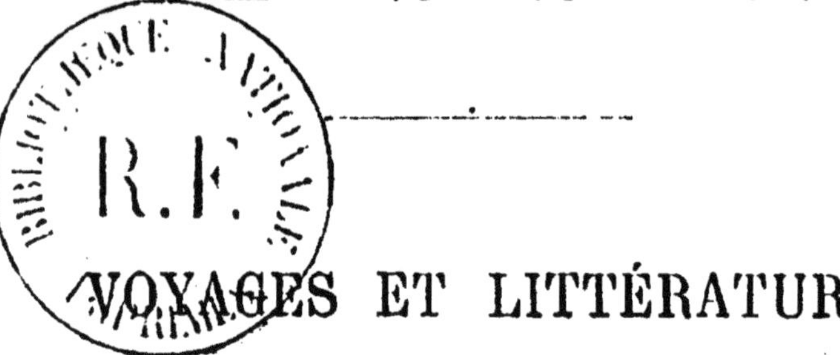

VOYAGES ET LITTÉRATURE

A TRAVERS LA RUSSIE. — KIEV. — NIJNI-NOVGOROD.
KAZAN ET LES TARTARES.
LES ÉTUDES SLAVES ET LA RUSSIE.
LA LANGUE SERBE. — LA COMÉDIE MODERNE EN POLOGNE.
LA BOHÊME ET LE PANSLAVISME, ETC.

PARIS
ERNEST LEROUX, ÉDITEUR
28, RUE BONAPARTE, 28

1875

PRÉFACE

Le volume que je présente aujourd'hui au public renferme des notes de voyage, des fragments d'enseignement, des études de critique littéraire et politique. Il continue et complète dans une certaine mesure celui que j'ai donné, il y a deux ans, sous ce titre : *le Monde slave*. Je souhaite qu'il trouve en France et à l'étranger l'accueil bienveillant qu'on a fait à son prédécesseur.

Depuis bientôt douze ans, j'ai entrepris sur l'ensemble des peuples slaves une série d'observations qui m'ont permis de mettre parfois en lumière des faits mal connus. Mon attention s'est fixée surtout sur les points où il me semblait qu'il y avait des erreurs à combattre, des préjugés à dissiper. J'ai consacré deux volumes à la Bohême slave qui disparaissait pour ainsi dire dans les brumes germaniques. J'ai revendiqué une place pour la civilisation des Slaves méridionaux, que l'on se plaisait à rejeter dans la barbarie orientale; j'ai entrepris d'élucider la question si embrouillée du panslavisme. A la suite de deux voyages en Russie, j'ai tenté, non pas de donner un tableau complet de cet immense empire, mais une série d'esquisses de la vie provinciale, traitées avec détail et sincérité. Ces esquisses, que j'aurais voulues plus nombreuses, remplissent la plus grande partie du présent volume. Elles n'ont pas la prétention de lutter avec les travaux si remarquables que MM. Leroy-Beaulieu et Alfred Rambaud ont dernièrement publiés dans la *Revue des Deux-Mondes;* elles pourront au moins leur servir de commentaire et de complément.

De tous les pays slaves, celui qui jusqu'ici a eu la moindre part dans mes travaux, c'est la Pologne; si je l'ai quelque peu négligée, ce n'est ni par oubli, ni par indifférence. Après tout ce que les émigrés ont écrit, il m'a semblé qu'il y aurait bien peu de chose à dire. Je me trompe; il y aurait à entreprendre la critique d'une foule de théories inspirées par le mysticisme, qui ne suffit pas toujours à les excuser. Le temps ne me paraît pas encore venu d'aborder cette tâche ingrate. On ne trouvera ici qu'une étude littéraire sur un poëte polonais dont le nom, grâce à Dieu, ne soulève aucun problème religieux ou politique, et n'a rien de commun avec les fantaisies du messianisme, ou les origines ethnographiques des Moscovites [1].

Des amis bienveillants m'ont souvent engagé à concentrer tous mes efforts sur quelque œuvre importante, où je pourrais résumer la synthèse de mes observations antérieures. Je ne désespère pas d'aborder un jour quelque grand travail d'histoire, de philologie ou de littérature. Jusqu'ici les circonstances ne m'ont pas accordé la sérénité de loisir nécessaire pour l'entreprendre. Les matériaux ne

1. Deux études sur l'*Académie polonaise* de *Krakovie* et sur le *Mouvement historique en Pologne* n'ont pu, à cause de leur caractère d'actualité, trouver place dans ce volume. Je renvoie aux collections de la *Revue politique* et de la *Revue des questions historiques* (années 1873 et 1874) les Polonais de bonne foi qui veulent bien s'intéresser à ce que j'écris sur leur pays.

me font point défaut ; si les événements ne me permettent pas de les mettre en œuvre, je compte du moins continuer la série de ces *Études slaves ;* régulièrement poursuivies, elles pourront, j'espère, constituer un jour un répertoire curieux à consulter pour ceux qui s'intéressent à l'histoire politique et morale d'une race trop longtemps méconnue, mais qui tient en ses mains l'avenir de l'Europe et le nôtre.

Paris, mai 1875.

ÉTUDES SLAVES

CHAPITRE PREMIER.

UNE VISITE AUX CATACOMBES DE KIEV.

La Petite Russie. — Chachols et Katsaps. — Russes, Polonais, Juifs. — Kiev. — L'Hôtel d'Angleterre et le Grand-Hôtel. — Paysages. — Légendes et souvenirs. — Le monastère Petchersky. — Une visite au métropolitain. — La Vierge miraculeuse. — Le vicaire. — L'église de l'Assomption. — Miracles. — Les catacombes. — Antoine et Théodose. — Les cercueils des Saints. — Légendes. — Les reclus. — Hallucinations effroyables. — Crânes miraculeux. — Miracles authentiques. — Européens ou Asiatiques?

I.

J'arrivai à Kiev par une brumeuse matinée de novembre. J'avais depuis longtemps le désir de visiter « cette mère des villes russes », cette « Jérusalem slave », ce sanctuaire vénéré de la religion nationale. Pendant de longues années, j'avais vécu dans un commerce assidu avec les annalistes de Kiev, avec le moine Nestor, ce Grégoire de Tours du monde slave ; j'avais pénétré les mystères de la cour de saint Vladimir, les rites des monastères, les profondeurs de ces catacombes aussi chères au croyant russe que celles de Rome peuvent l'être au chrétien pieux. A Kracovie, j'avais vu les tombes des rois de la Pologne catholique ; à Kiev, je venais chercher celles des saints et des martyrs de la Russie orthodoxe.

On franchit la frontière austro-russe à la station de Voloczysk ; une petite rivière marque ici la limite de deux grands empires, mais non pas celle de deux nationalités ; le peuple malo-russien ou ruthène sert, pour ainsi dire, de transition entre les Grand-Russes et les Polonais ; il s'étend sur une partie de la Galicie, sur quelques districts hongrois, sur les gouvernements de Volhynie, de Podolie, de Kiev, de Tchernigov, de Poltava, de Kharkov, d'Ekatherinoslav. Des colonies polonaises sont dispersées dans les trois premiers de ces gouvernements ; il serait difficile de savoir qu'on passe d'un État à un autre sans les formalités inséparables encore aujourd'hui, hélas ! des trajets internationaux. Je ne sais pourquoi cette frontière est vouée à des formalités particulières. Le train s'arrête à la dernière station autrichienne ; il faut descendre et prendre un billet spécial pour la première station russe, où l'on vous délivrera un autre billet pour le but final du voyage, Kiev, Kharkov, Odessa.

La douane n'est d'ailleurs pas plus désagréable que les douanes française ou allemande ; la révision des passe-ports se fait avec courtoisie et célérité ; on n'a pas trop à se plaindre en somme d'un repos forcé à la station de Podvoloczysk ; la gare est spacieuse, propre et bien chauffée, le buffet confortable. Les wagons russes sont mieux aménagés que ceux que nous quittons. En quarante heures, nous serons à Moscou, en vingt à Odessa. *Go ahead !*

Le pays que nous traversons, sans offrir un aspect grandiose, ne manque point d'agrément ; c'est la région de la terre noire, le grenier de l'Europe ; les champs se déroulent en ondulations gracieuses, sur lesquelles l'œil aimerait à voir osciller les blonds épis balancés par le vent ; mais la moisson est faite depuis longtemps. Les bois, assez rares, sont dépouillés de leur feuillage ; de loin en loin, quelque village d'aspect assez misérable, aux toits sales, aux maisons blanches. Tout autre est la grande Russie, avec ses forêts colossales, ses landes incultes, ses *izbas* en noirs madriers ; le costume du peuple diffère également de celui que portent les moujiks de Moscou, de Tver ou d'Iaroslav ; plus de *touloupes* en cuir gras et poissé ; de longues souquenilles d'étoffe blanche ou grisâtre ; plus de calottes fourrées en loutre ou de chapeaux cylindriques, mais de hauts bonnets de mouton. Dans la coupe des cheveux et de la barbe, on reconnaît l'influence des modes polonaises. La différence dans la manière de porter les cheveux et la barbe a donné lieu à des sobriquets que se renvoient alternativement les Petits et les Grands-Russes. Le Moscovite appelle le Malo-Russien *Chachol* (la houppette), en souvenir d'une houppe de cheveux que les Cosaques portaient naguère sur le sommet de leur tête rase ; *Katsap!* (tête de bouc), répond le Malo-Russien, reprochant à son compatriote cette longue barbe et ces longs cheveux, contre lesquels Pierre le Grand entreprit une croisade impitoyable.

Dans le wagon public, varié et polyglotte : une dame russe, qui fume force cigarettes; des Allemands qui causent de leurs affaires; des Juifs au teint olivâtre, qui, suivant les besoins de la conversation, écorchent tour à tour un mauvais russe et un affreux allemand; un petit propriétaire polonais qui s'en va vendre ou acheter à la ville voisine. C'est comme le tableau réduit du pays que nous traversons; les Russes occupent les fonctions publiques; les Polonais et les Russes possèdent la terre; les Allemands et les Juifs détiennent l'industrie et le capital. Le peuple a le reste; le reste, c'est-à-dire le travail, la danse et la chanson qui l'égayent. La rapidité des communications, la multiplicité des échanges, les progrès de l'instruction publique transformeront peu à peu tout cela. Le Polonais me raconte que, grâce au chemin de fer, il peut maintenant accomplir en trois heures un voyage qui lui prenait naguère trois journées. Les grandes routes sont mauvaises, les chemins vicinaux détestables; la briczka ou carriole y saute d'ornière en ornière. Heureux qui peut du moins trouver un méchant abri chez quelque Juif, dans une auberge de village; toute la cuisine de l'auberge consiste en un *samovar*[1] plein d'eau chaude; pourvu qu'on ait eu soin d'emporter avec soi du sucre, du thé et qu'on puisse trouver quelque part un morceau de pain, on est sûr de ne pas mourir de faim. Il y a loin de cette hospitalité primitive à celle que nous offrent les excellents buffets de la ligne d'Odessa. Chose curieuse, la plupart de ces buffets sont tenus par des Français; il m'est arrivé d'y entendre parler le russe avec un accent marseillais.

Comme dans presque toutes les villes de Russie, la gare du chemin de fer est située fort loin du centre même de Kiev. Nous traversons sous un épais brouillard une grande prairie d'un vert sale, sur laquelle la brume s'étend en plaques grisâtres; nous suivons une rue mal pavée, que garnissent à droite et à gauche quelques maisons de bois; nous passons une espèce de Champ de Mars flanqué de bâtisses colossales; nous descendons un boulevard bordé de peupliers; au bout d'une demi-heure, nous débarquons au milieu du *Krestchatik;* c'est la rue de

1. Bouilloire.

Rivoli de Kiov. *Hôtel d'Angleterre*, avais-je dit au cocher. Dans le *Guide des chemins de fer russes* j'avais vu annoncer pompeusement *l'hôtel d'Angleterre, tenu par un Français; appartements et chambres meublés; table d'hôte confortable.* Le cocher sonne; au bout de quelques minutes, la porte s'ouvre; un grand escogriffe apparaît, il enlève nonchalamment mes bagages et me conduit, sans se presser, dans une chambre dont la porte disjointe et la serrure disloquée cèdent sans trop de peine aux efforts que le drôle a l'air de se donner. Un canapé crevé, un lit sans draps ni couvertures, une cuvette qui atteste encore les soins hygiéniques du dernier voyageur ornent ce réduit peu plaisant. Mon *chachol* contemple ce spectacle d'un air satisfait et paraît fort étonné quand je le prie de m'apporter une paire de draps; il sort lentement et revient une demi-heure après; il s'est décidé l'après-midi à me fournir de l'eau pour ma toilette; le lendemain, j'eus une carafe, et un verre le surlendemain. Je ne lui ménage pas les réprimandes; car je sais qu'il faut crier fort en Russie et surtout en Petite-Russie. Un matin, il est pris d'un beau zèle, et m'apporte, sous prétexte de faire du feu, une brassée de copeaux qu'il jette au milieu de ma chambre. Je n'ai jamais pu le décider à l'enlever. Drôle de corps. L'hôtel étant fort confortable, il y a des sonnettes électriques; mais les fils sont cassés; un soir, en rentrant, je ne trouve ni ma clef, ni le fidèle serviteur, qui est sorti en l'emportant, de peur sans doute qu'elle ne s'égarât; j'enfonce à coups de poings la porte de ma chambre, sans que le bruit de cette effraction dérange de son sommeil le maître de ce prétendu hôtel. Ce mortel hospitalier répond au nom de Sainte-Marie. On m'a conté depuis son histoire. Il a jadis été professeur de grâces et de maintien; il signait — *hartise caurégrafic;* après avoir fondé tour à tour un café plus ou moins chantant, et un hôtel où il fait chanter les voyageurs, il est en train actuellement de transformer son hôtel en pâtisserie française, et confie au brave Vanouchka le soin de veiller au bien-être des étrangers assez naïfs pour s'égarer dans cette caverne. Nous avons, hélas! en Russie, bien des compatriotes de cet acabit.

On pense bien que je ne restai pas longtemps chez ce fripon. Le *Grand-Hôtel* (il y a maintenant des *Grands-Hôtels* dans toute l'Europe) me dédommagea largement de mes mésaventures. Je tiens à dire bien haut à l'honneur de la Russie que j'ai toujours trouvé dans les villes de premier et de second ordre des chambres convenables et une table excellente. Vanouchkha lui-même convenait que sa maison n'était pas bien tenue. « C'est pourtant vrai, me disait le pauvre diable en recevant mes adieux et mon pourboire, vous serez mieux au Grand-Hôtel. Le patron ne fait pas ce qu'il devrait faire; il me dégoûte du métier ; je n'ai pas même le courage d'être propre. » Et il me montrait d'un air dolent ses genoux graisseux et sa souquenille déchirée. Adieu, bon Vanouchka ! adieu ! Ce qui me console de te quitter toi et ton patron, c'est l'espérance de ne jamais vous revoir.

Kiev offre l'aspect d'un village qui se transforme en cité européenne. Une large rue, ornée de grandes maisons de pierre à l'instar de Paris, est traversée dans sa longueur par un ruisseau fangeux ; un boulevard, où l'on rencontre moins de maisons que de peupliers, vous conduit à des ravins escarpés, où les chèvres osent à peine s'aventurer : un bureau de poste moins confortable que celui d'un chef-lieu de canton se dresse non loin de l'Université plus splendidement installée que notre misérable Sorbonne ; à côté d'une église en bois s'élève une villa moderne, qui vous présente, avec l'hospitalité la plus délicate, toutes les élégances de Paris ou de Pétersbourg. Cet amalgame est essentiellement pittoresque. Vue des points les plus élevés, par exemple de la plate-forme de l'église Saint-André, ou des glacis de la forteresse, Kiev étale aux regards charmés un panorama vraiment féerique. Au milieu d'une plaine immense, où le Dniepr déroule ses eaux bleues, les collines dressent leurs fronts chargés de jardins, de maisons ou d'édifices religieux ; les toits multicolores des villes, les coupoles dorées des églises dessinent en l'air une mosaïque éblouissante sous les feux ardents du midi. Les légendes et les souvenirs historiques se pressent en foule à l'imagination du spectateur. Voici la colline où prêcha l'apôtre saint André, et le fleuve où Vladimir fit baptiser son peuple; ici, Nestor écrivit ses annales; là, s'élevait la forteresse qu'occupait l'hetman Mazeppa. L'art, l'histoire et la religion s'unissent pour faire de Kiev le sanctuaire vénéré du monde russe. Peu de villes ont eu des vicissitudes aussi variées; ses origines sont mal connues; on sait seulement qu'en l'an 882, Oleg en fit la capitale de la Russie; les écrivains des siècles suivants ne tarissent par sur ses richesses et sa grandeur; si l'on en croit Titmar de Mersebourg, elle comptait jusqu'à 400 églises; elle eut beaucoup à souffrir des discordes des princes russes et des invasions des Tartares; unie à la Lithuanie,l le partagea ses destinées et fut comme elle annexée à la Pologne; elle fit retour à la Russie au XVIIe siècle, et l'on peut affirmer qu'elle lui restera unie désormais, malgré les rêveries de ceux qui prédisent à la Petite-Russie un avenir d'indépendance chimérique. Certains panslavistes voient en elle la future capitale du monde slave; assise à la porte de l'Europe, elle est certainement appelée à jouer un grand rôle dans l'économie intérieure de la Russie; dès maintenant, le chiffre de sa population dépasse cent mille habitants; on peut prédire qu'avant un siècle ce nombre sera doublé.

II.

A peine arrivé, ma première visite fut pour le fameux monastère des Cryptes (*pestcherskaïa lavra*), si célèbre dans l'histoire religieuse de la Russie. Il s'élève à l'extrémité de Kiev, sur une colline qui, d'un côté, domine le Dniepr, et de l'autre descend par une pente douce vers le centre de la ville. Après après avoir longé le jardin public, qu'embellit un *château des fleurs* (j'ai bien vu un *Bal Mabile* à Nijni Novgorod), on passe devant un palais impérial d'assez modeste apparence et par un jardin planté des éternels peupliers si chers à la Petite-Russie, on arrive à la forteresse qui entoure de ses bastions le sanctuaire vénéré. Elle n'a rien de commun avec les kremlins pittoresques de la Grande-Russie ; les contrescarpes et les glacis à la Vauban ne valent point à l'œil les murs crénelés et flanqués de tourelles. C'est une construction toute récente ; on l'a bâtie, disent les dévots pèlerins, pour protéger l'Église de la Mère de Dieu et les tombes de ses saints ; en réalité, la position qui domine le Dniepr est excellente au point de vue stratégique, et le génie militaire l'a parfaitement compris. La citadelle n'est point là seulement pour la forme ; elle est armée de tout son matériel ; des pièces de 7 allongent leur cou noir sur les bastions; autour des casernes et des magasins, se dressent des trophées de boulets, d'obus et de canons; l'œil s'étonne de voir surgir au milieu de cet appareil guerrier les clochers des églises et les pacifiques retraites du monastère.

On pénètre dans la *Lavra* par une porte sombre; au-dessus de cette porte est bâtie l'église de la *Trinité sur la porte;* elle surplombe deux pavillons d'un style moderne et difficile à caractériser; c'est du jésuite byzantin; les toits sont en tôle verte; autour des fenêtres courent des pilastres disgracieux; sur des pans de murs restés libres, des fresques immenses déroulent l'histoire du monastère. En pénétrant dans la cour intérieure, on aperçoit tout d'abord l'église de l'Assomption. C'est un vaste parallélogramme badigeonné de blanc, comme le sont presque toutes les constructions russes, sauf Saint-Isaac et l'église de Kazan à Pétersbourg; sept coupoles la surmontent; les clochetons qui reluisent au soleil rachètent un peu la lourdeur de l'édifice; le clocher est isolé de l'église et s'élève à quelque distance d'elle comme le campanile de Saint-Marc. A droite et à gauche, des bâtiments à un ou deux étages, précédés de petits jardinets; c'est là que résident les dignitaires du monastère. Un pavillon spécial est réservé au métropolitain de Kiev. Il est de droit abbé du couvent, et le fait administrer sous sa direction par un vicaire (namiestnik).

« Si vous le voulez, m'avait dit mon guide, l'un des professeurs les plus aimables et les plus érudits de l'Université, je me ferai un plaisir de vous présenter à notre métropolitain ; le très-saint Arsène est un prélat fort éclairé ; il sera certainement heureux de voir que vous vous intéressez à notre histoire et s'empressera de vous faire montrer tout ce qui peut satisfaire votre curiosité. »

On juge si j'acceptai avec empressement cette proposition ; nous fûmes reçus chez l'archevêque par un jeune moine ou novice ; il nous fit entrer dans un salon meublé avec un luxe de bon goût, dont les murs étaient ornés d'images religieuses et de portraits représentant les membres de la famille impériale.

Au bout de quelques minutes, le prélat parut ; il avait cru devoir revêtir une tenue de parade ; il portait une grande robe violette à manches longues et flottantes ; une calotte cylindrique en velours de même couleur couvrait ses cheveux blancs ; un médaillon d'émail était suspendu à son cou par une chaîne d'or.

« Vous serez obligé de me servir d'interprète, dit-il à mon compagnon en se tournant vers lui tout d'abord ; car je ne parle point le français.

— Pardon, monseigneur, répliquai-je à l'instant ; je parle russe, et j'aurai l'honneur de m'entretenir directement avec vous. »

Le prélat parut aussi charmé que surpris de cette réponse. Il est bien peu d'étrangers, de Français surtout vivant en Russie, qui parlent correctement le russe. D'autre part, le nombre des ecclésiastiques russes possédant les langues étrangères est fort restreint. On m'a cité des évêques qui voient d'un mauvais œil ceux de leurs subordonnés qui savent le français ou l'allemand. Ils liront, disent-ils, ce que les catholiques et les protestants écrivent contre nous, et cela peut ébranler leur foi. D'ailleurs la littérature orthodoxe se suffit à elle-même ; elle n'a rien à demander à l'Occident. Confinés dans leurs couvents, les moines chez qui se recrutent les hauts dignitaires de l'Église ne sentent pas le besoin d'une éducation cosmopolite. Les prêtres mariés ont trop à faire pour nourrir leur nombreuse famille et ne songent guère à des études dont on ne leur saurait aucun gré.

Après nous avoir fait asseoir auprès de lui, le prélat s'informa avec intérêt du but de mon voyage et de l'objet habituel de mes études; puis il me demanda ce que devenait en France le mouvement des vieux catholiques. Les orthodoxes suivent ce nouveau schisme avec un vif intérêt ; beaucoup voient en lui le point de départ d'une ère nouvelle destinée à se terminer par la réunion définitive des Églises d'Orient et d'Occident. On sait qu'un des ecclésiastiques les plus distingués de Pétersbourg,

M. Ianychev, assistait naguère au congrès des vieux catholiques de Cologne.

Je répondis qu'à mon sens, ce mouvement avait en France peu d'avenir. L'esprit de secte, disais-je, a fait son temps chez nous; on croit dans les religions établies, ou bien on ne croit pas du tout.

Le prélat parut un peu étonné de cette réponse; l'esprit de secte est encore florissant en Russie, et l'on n'y conçoit guère l'indifférence religieuse. Mgr Arsène aborda alors cette grande question du schisme et se mit à formuler un véritable réquisitoire contre la curie romaine, dont les intrigues, disait-il, avaient toujours fait échouer les efforts de ceux qui méditaient la réunion des deux Églises.

« Je vous demande pardon, me dit-il tout à coup, en s'interrompant; j'oubliais que vous êtes catholique. »

Mgr Arsène fit alors appeler son secrétaire et ordonna de mettre à notre disposition un moine instruit et capable de nous montrer avec intelligence les curiosités du monastère.

Je me levais pour prendre congé; le prélat me retint : « Monsieur, me dit-il, bien que vous soyez catholique et même peut-être indifférent, permettez-moi de vous offrir, avec la bénédiction d'un pasteur orthodoxe, une image bénie en souvenir de votre visite. »

Il sortit et me rapporta un médaillon en émail

d'un travail assez délicat; c'était une copie du tableau miraculeux qui fait depuis longtemps l'orgueil du monastère.

Cette image vénérée représente la Vierge couchée sur un lit de parade; les apôtres l'entourent; à sa gauche se tient le Christ, accompagné de deux anges. Il emporte au ciel l'âme de sa mère sous la forme d'un petit enfant; le tableau original est peint sur bois de cyprès; il a quarante centimètres environ de long sur vingt-cinq de large; suivant la mode byzantine, les vêtements des saints personnages sont en or; leurs couronnes ou leurs auréoles sont enrichies de brillants et de pierres précieuses. Un cadre en or, muni de candélabres, entoure le tableau. Il est suspendu par des cordons de soie à la porte principale de l'*iconostase*, cloison qui, dans les églises orthodoxes, sépare le prêtre des fidèles; on le descend dans certaines circonstances pour l'offrir aux baisers des fidèles.

Comme toutes les images miraculeuses (*tchudotvornye*), cette peinture a sa légende. Elle vient du ciel même. Elle fut apportée par la vierge Marie à quatre ouvriers byzantins, qu'elle envoyait à Kiev lui bâtir une église digne d'elle. L'image sainte, depuis l'année 1073, époque de son arrivée à Kiev, a échappé à toutes les catastrophes qui sont venues fondre sur le monastère. On la promène, dans les années désastreuses, autour de la ville et du couvent.

En 1718, un incendie détruisit une bonne partie de la *Lavra;* quand l'archimandrite vint porter à Pierre le Grand la nouvelle de ce malheur :

— L'image est-elle sauvée? s'écria le tsar.

— Sauvée, sire.

— Si l'image est sauvée, la Lavra l'est aussi, répliqua le monarque.

Depuis 1812, une lampe brûle sans cesse devant l'image, en souvenir de la délivrance de la Russie, envahie par vingt-deux nations. (C'est le chiffre officiel.)

Après avoir pris congé du métropolitain, nous nous rendîmes chez son vicaire. Le père Barlaam nous fit un accueil plein de cordialité. C'est un homme d'un esprit vif, instruit et délicat; il me rappelait certains religieux du mont Cassin, dont j'ai gardé un excellent souvenir. Une collection de plantes à feuilles toujours vertes embellissait son salon. En Russie, presque tous les appartements ont des fleurs. Dans ces pays, où l'hiver est si long, on aime à prolonger, pour ainsi dire, l'illusion d'un printemps artificiel. Tout en nous offrant le thé, le *vicaire* donnait des instructions au moine chargé de nous conduire. Il voulut bien m'offrir, lui aussi, quelques souvenirs d'autant plus précieux qu'ils représentaient les diverses industries du couvent; une image du Christ, peinte sur bois de cyprès, une photographie, des pains de communion, des livres.

Le monastère possède des ateliers de peinture, de photographie, de lithographie, une imprimerie, dont les produits sont recherchés dans toute la Russie. Une boulangerie spéciale fabrique les pains qui servent aux besoins du culte, et sont vendus aux pèlerins désireux d'en rapporter à leurs familles. Ces pains n'ont rien de commun avec les hosties catholiques. Ils se composent de deux cônes tronqués renversés et soudés l'un sur l'autre. Sur la surface convexe du cône supérieur sont imprimées au moule des figures saintes; on recherche surtout à Kiev celles qui représentent l'image miraculeuse de l'Assomption.

III.

L'église de l'Assomption, où nous conduisit d'abord notre guide, est moins remarquable par la beauté de son architecture que par la richesse de ses trésors, le nombre de ses reliques, la sainteté de ses tombeaux. Une lumière incertaine filtre à travers la coupole; elle est plutôt altérée qu'augmentée par le scintillement de cierges innombrables; de lourds piliers projettent une ombre noire sur les dalles de fonte. Debout, agenouillés, courbés sur le pavé qu'ils frappent du front, les fidèles se pressent dans l'enceinte trop étroite. Quel Russe orthodoxe pourrait rester indifférent devant les reliques inestimables que possède ce sanctuaire unique? Le crucifix d'or pur, qui se dresse sur le maître-autel, renferme un morceau de la vraie croix, des parcelles de la terre arrosée par le sang du Sauveur, un fragment de l'osier qui servit à le lier lors de la flagellation; plus loin, un reliquaire conserve un morceau de la table sur laquelle eut lieu la cène, un lambeau de la robe du Christ, une goutte du sang de saint Jean-Baptiste. Voici le tombeau de saint Vladimir, le prince égal aux apôtres (*ravno apostolny*), qui convertit la Russie au christianisme, celui du premier métropolitain de Kiev, Michel, que la Providence envoya tout exprès du fond de la Syrie pour baptiser Vladimir, celui du vénérable Théodose, qui fut le second abbé du monastère Petchersky. Signalons encore, parmi les tombes illustres, celle de Pierre Mohyla, qui releva au XVIIe siècle l'orthodoxie affaiblie par les Polonais et qui en rédigea le catéchisme définitif.

Les offices de l'Assomption se distinguent de ceux des autres églises par certains détails particuliers. C'est d'abord leur extrême longueur; l'Assomption est le seul temple de Russie où j'ai vu des stalles. Les orthodoxes, l'empereur lui-même, restent debout dans la maison de Dieu; seuls, les moines de Kiev ont le privilége de s'asseoir; après quatre heures de chants et de prières, ils succomberaient littéralement à la fatigue; le chant de Kiev se fait remarquer aussi par diverses particularités ; la liturgie se célèbre avec une pompe sans égale ; elle commence de grand matin, même en hiver. En l'an 1618, les moines, à cause du froid, avaient résolu de transporter le service divin dans l'église plus chaude du réfectoire. Un miracle les en détourna ; dans la cathédrale fermée et solitaire, les cierges s'allumèrent d'eux-mêmes et des voix mystérieuses entonnèrent les hymnes sacrées.

Nous sommes ici sur la terre classique du miracle. Les pèlerins se murmurent à l'oreille de fantastiques récits ; douze moines à eux seuls auraient bâti le monastère avec toutes ses dépendances. A mesure qu'on le construisait, le clocher s'enfonçait dans la terre ; on l'éleva tout entier sans avoir besoin d'échafaudage ; quand il fut terminé, il sortit tout à coup du sol, et s'élança majestueusement dans les airs. L'un des guides imprimés au couvent met les fidèles en garde contre les récits de ce genre et les invite à réserver leur créance pour les vrais miracles ; c'est surtout dans les catacombes, où reposent les reliques de ses saints, que Dieu aime à les accomplir.

Ces catacombes (en russe *petchery*, d'où le nom du monastère *petchersky*) s'étendent sous la colline qui domine la rive droite du Dniepr. Ce sont d'immenses corridors creusés depuis des siècles dans la glaise sèche et le grès friable. Nous descendons, avec le moine qui nous guide, une pente douce, dont les degrés sont peuplés de mendiants qui nous obsèdent sans relâche de leurs lamentables prières. Nous arrivons dans une espèce de sacristie où l'on nous distribue des cierges allumés; une porte de fer roule lentement sur ses gonds, et nous entrons à la file dans la galerie souterraine; elle peut avoir sept pieds de haut et trois de large; elle est pavée de dalles en fonte qui rendent un son mat sous nos pieds.

On n'a, sur l'origine de ces cryptes, que des données assez vagues, fournies par les récits des hagiographes et des annalistes. Les premières furent creusées, assurent-ils, par des Varègues, qui s'y réfugiaient pour cacher le butin fait sur leurs ennemis. Au début du XIe siècle, un certain Antipa, natif des environs de Tchernigov, alla se faire moine au mont Athos; il y prit le nom d'Antoine, cher désormais à la sainte Russie. Dieu, qui aime la terre russe, — comme le Christ aimait les Francs — lui suggéra le désir de revenir dans son pays et d'y fonder un monastère.

« Va, lui dit l'hégoumène du mont Athos, retourne en Russie, et puisse la bénédiction de la sainte montagne être avec toi. De toi sortiront une foule de religieux. »

Antoine se rendit à Kiev, et y rencontra dans une *petchera*, creusée aux flancs de la colline, le prêtre

Ilarion, qui s'y était retiré. Il en creusa lui-même une et se mit à vivre dans le jeûne, dans les veilles et dans la prière (1051). Sa réputation de sainteté s'étendit au loin; parmi ceux qui vinrent le chercher dans sa solitude, se trouvait un fervent chrétien, Théodose; son nom est resté attaché à celui d'Antoine; tous deux sont encore aujourd'hui les patrons du monastère. Quand la communauté se constitua, on offrit à Antoine le titre d'*hégoumène;* il le refusa par humilité et se retira dans une *petchera* isolée; il resta néanmoins uni à ses frères par la prière et par les grâces que sa dévotion méritait au monastère naissant. On agrandit les cryptes existantes, on en creusa de nouvelles. Le zèle et l'austérité de Théodose accrurent la gloire du couvent, qui fut mis sous la protection spéciale de la mère de Dieu; l'annaliste Nestor a longuement raconté les jeûnes, les prières, les mortifications de toute espèce auxquelles se livraient ces néophytes de la vie religieuse. Les cryptes furent bientôt insuffisantes. On éleva au-dessus d'elles des églises et des édifices, dont les vicissitudes ont été depuis associées à celles de la ville de Kiev; les cryptes aujourd'hui sont mornes et silencieuses; elles ne s'ouvrent qu'aux jours des grands pèlerinages ou par un ordre spécial du supérieur. Leurs voûtes sombres abritent les reliques de ceux dont elles ont vu jadis les effroyables pénitences.

De distance en distance, dans les parois des galeries, ont été creusées des espèces de niches d'environ cinq ou six pieds de largeur ; on y a ménagé des bancs taillés dans le grès. Sur ces bancs sont posés les cercueils des saints ; ils sont constamment ouverts, pour laisser voir aux fidèles, non pas les reliques, mais les vêtements précieux qui les recouvrent. Les corps saints reposent ainsi depuis des siècles, sans être soumis aux lois de la décomposition. Je voudrais pouvoir toucher ou contempler du moins ces incomparables reliques. Un lambeau d'étoffe rouge les recouvre ; je prie notre guide de le soulever ; il y consent, et nous pouvons apercevoir les calottes dorées qui recouvrent les crânes sacrés, et les gants brodés qui enveloppent les mains bénies. A chaque cercueil, nous nous arrêtons ; le moine approche son cierge de l'inscription peinte sur la muraille, la déchiffre, et d'une voix funéraire, que rend encore plus lugubre la résonnance de la voûte et des dalles métalliques, il murmure :

« *Prepodobny Teofil ! Prepodobny Grigorii !* Le très-saint Théophile, le très-saint Grégoire. »

Je ne lui demande pas de renseignement sur ces personnages, sachant que je les trouverai dans le *Paterik*, recueil officiel de la vie des Pères orthodoxes. Je ne puis cependant m'empêcher de lui poser une question :

« Comment expliquez vous, mon père, que ces

corps soient ainsi restés incorruptibles pendant des siècles? N'auraient-ils point été enveloppés à la manière des momies égyptiennes, ou n'y aurait-il pas dans l'atmosphère des *petchery* quelque vertu spéciale?

— A quoi bon chercher ces explications? répond le moine. N'est-il pas évident qu'il y a ici un miracle, et que Dieu seul a le pouvoir de préserver de la corruption après la mort ceux qui lui furent agréables pendant leur vie? »

Je ne répliquai pas; le bon moine crut sans doute avoir confondu ma téméraire curiosité : mais, même en laissant de côté la grâce divine, on peut, je crois, expliquer les vertus des petchery par celles de certains caveaux de nos églises, par exemple Saint-Michel de Bordeaux, qui conserve intacts les cadavres qu'on lui confie. N'oublions pas, d'ailleurs, que les Pères de Kiev ne vivaient guère que de pain et d'eau; la corruption du sépulcre avait peu de prise sur une chair émaciée, exténuée, spiritualisée pour ainsi dire par le jeûne et les veilles. Jamais, certes, les moines ventrus de Rabelais n'eussent été l'objet d'un miracle aussi édifiant.

A la plupart des noms que psalmodie notre guide, il attache des épithètes qui rappellent les principaux mérites de la vie religieuse : Zénon le jeûneur, Grégoire le Thaumaturge, Hypathie le guérisseur. De temps en temps, on rencontre, au lieu du cercueil en cyprès, une petite ouverture taillée dans la muraille. Notre guide penche son cierge sur cette étroite lucarne par où les mains seules peuvent pénétrer ; on distingue un caveau d'environ cinq pieds de large sur autant de hauteur :

« C'est là, nous dit le Père, que s'est retiré jadis le très-saint Athanase; c'est là qu'il a vécu douze années; c'est là qu'il est mort et qu'il gît. Son histoire est étrange. Après avoir vécu saintement dans la communauté, il mourut; deux frères lavèrent son corps et le préparèrent pour l'ensevelissement; puis ils le laissèrent et oublièrent de le mettre dans le cercueil.

Pendant la nuit, l'hégoumène entendit une voix qui lui disait :

« L'homme de Dieu gît depuis deux jours sans être enseveli; abbé, tu es négligent. »

Le lendemain matin, l'hégoumène et les frères se rendirent auprès du mort, et, pleins d'épouvante, ils virent qu'il était assis et qu'il pleurait; à leurs questions, il ne répondait que par ces mots :

« Sauvez vos âmes ! »

Ils le prièrent de dire encore quelque chose pour leur édification.

Il ajouta :

« Soyez obéissants à l'hégoumène; faites sans cesse pénitence; priez sans relâche le Seigneur Jésus-Christ, sa sainte mère, les pieux fondateurs de notre communauté, Antoine et Théodose ; priez-les qu'ils vous accordent la grâce de terminer ici votre vie. Ne demandez rien de plus. »

Ayant dit ces paroles, il se rendit dans une *petchera*, en mura la porte, y passa douze années ; il pleurait nuit et jour, ne mangeait qu'un peu de pain et ne buvait qu'un peu d'eau. Au bout de ce temps il mourut.

Beaucoup de reclus ont ainsi passé de longues années seuls dans cette horrible retraite, méditant sans relâche l'idée de Dieu et de l'enfer ; deux ou trois fois par semaine, le supérieur, ou quelque religieux désigné par lui, venait apporter par l'étroite lucarne un pain de communion, un verre d'eau, et se retirait, après avoir obtenu la bénédiction du solitaire.

Quand les aliments étaient restés intacts plusieurs jours de suite, c'était signe que le reclus était mort. Le Paterik abonde en histoires aussi effroyables qu'édifiantes ; telle est par exemple celle du très-saint Dionisi. En l'an 1443, il visitait les cryptes le jour de Pâques. Il s'écria : « Christ est ressuscité ! » Du fond de leurs tombes, les morts répondirent : « En vérité, il est ressuscité. » Dionisi fut si frappé de ce miracle qu'il s'enferma pour jamais dans un caveau.

Tous les reclus ne purent, il est vrai, résister jusqu'au bout aux rigueurs de cette vie, qui brise tout ensemble le corps et l'âme. Il en est qui furent soumis à d'effroyables tentations, par exemple le très-saint Isaac. Il vit pénétrer dans sa cellule les démons revêtus de la forme des anges ; ils voulaient l'obliger à honorer Satan sous la figure de Jésus-Christ. Pour le punir de sa résistance, ils l'entraînèrent dans des danses vertigineuses ; Isaac tomba malade et fut deux années entières à se rétablir. Après sa guérison, il rentra dans la communauté et renonça à la vie solitaire.

On n'en finirait point de raconter les légendes qui se groupent autour du nom de chaque saint ; je recommande l'histoire des monastères russes aux historiens du merveilleux. Le chroniqueur Nestor, qui groupe les annales de la Russie autour de celles de son couvent, nous a transmis plus d'un curieux épisode. Écoutez celui-ci :

« Il y avait un frère du nom de Mathieu ; il avait le don de double vue. Une fois, à l'église, il leva les yeux et regarda les frères qui chantaient des deux côtés ; il vit un démon vêtu à la polonaise qui portait dans sa robe des fleurs appelées *lepik* ; il passait auprès des frères, prenait des fleurs dans sa ceinture et les jetait sur eux ; si la fleur s'attachait à quelqu'un des frères, il ne restait pas longtemps : sa pensée se troublait ; il commettait quelque faute, sortait de l'église, allait à la cellule et s'endormait. Si la fleur tombait sur un moine et ne s'attachait point après lui, il restait inébranlable jusqu'à ce qu'on eût fini de chanter les Matines... Une autre fois, comme il sortait le dernier de l'église, il s'assit pour se reposer sous le clocher, car sa cellule était loin de l'église. Il vit une troupe sortir par la porte; il leva les yeux et vit un homme qui chevauchait sur un pourceau et d'autres qui marchaient derrière lui; le vieillard demanda : « Où allez-vous? » Et celui qui chevauchait sur le pourceau lui répondit : « Nous allons chercher Michel Tobolkovitch. » Le vieillard fit le signe de la croix et rentra dans sa cellule. Le lendemain, il dit au frère portier : « Va demander si Michel est dans sa cellule. » L'autre lui répondit : « Tout à l'heure, aussitôt après Matines, il a sauté par-dessus la palissade.[1] » Le *Paterik* nous raconta bien d'autres histoires du même genre, dont je fais grâce au lecteur.

De temps en temps, nous rencontrons une petite chapelle. Le prêtre peut à peine remuer pour célébrer l'office dans l'étroit espace ménagé entre l'autel et l'iconostase. Aux jours de pèlerinages, la foule se presse dans les sombres corridors pour assister à ces offices souterrains; l'affluence est si grande, l'air si vicié, que parfois les cierges s'éteignent. Les fidèles ne viennent pas seulement pour visiter les reliques, ils viennent aussi pour demander à ces lieux saints les miracles qu'ils ne refusent jamais; ici, des mains

1. *Ljetopis po lavrentjevskomy spisku*. Saint-Pétersbourg, 1872, p. 185.

pieuses ont écorné la muraille en y grattant un sable rougeâtre qui passe pour guérir les maux de dents; là, on boit dans une coupe en forme de croix une eau merveilleuse, qui, si j'ai bonne mémoire, est souveraine contre les maladies des yeux; plus loin des crânes précieusement conservés dégouttent une huile merveilleuse qui guérit aussi bien les infirmités du corps que celles de l'esprit.

Nous tournions à l'angle du lugubre corridor; tout à coup notre guide s'arrêta, fit un salut profond, et, de sa voix monotone, il s'écria :

« *Mirototchiviïa glava.* »

J'avais mal entendu et je cherchais des yeux quelque cercueil invisible ou quelque étroite lucarne. « C'est une tête d'où découle un baume, » me dit mon voisin, et il me fit remarquer un crâne jaunâtre sous un globe de cristal. Je fixai avec attention le crâne miraculeux; je ne pus, je l'avoue, apercevoir aucune espèce de liquide; mon odorat ne fut point frappé de ces parfums délicieux que doivent exhaler la myrrhe et le cinname. Sans doute, le cristal empêchait les suaves émanations d'arriver jusqu'à moi.

« Voyez, me dit le moine, comme la grâce de Dieu est grande; on ne sait à qui appartenaient ces têtes bénies. On ne sait à quel nom adresser les prières qu'elles réclament de nous. A défaut de la gloire terrestre, Dieu a permis qu'elles conservassent, par un magnifique privilége, le parfum des bonnes œuvres qu'elles ont naguère accomplies. »

Nous poursuivîmes notre chemin, et le moine continua d'énumérer les noms des saints personnages couchés dans les cercueils.

« *Prepodobny Tit*, *Prepodobny Efrem*, *Prepodobny Nifont*, le très-saint Tit, le très-saint Éphrem, le très-saint Niphon. »

Je gardais le silence ; en posant des questions indiscrètes à notre vieux cicerone, j'aurais craint de paraître vouloir ébranler sa foi. Il me prenait d'ailleurs pour un Russe, pour un orthodoxe, et je n'avais aucun intérêt à me démasquer.

Nous arrivâmes auprès d'une chapelle ; sur une console taillée dans la pierre était posé un vase de verre. Il renfermait un liquide visqueux, d'un blanc jaunâtre, absolument inodore, dans lequel un crâne dénudé était plongé jusqu'aux mâchoires ; dans le liquide trempait une spatule d'argent.

« C'est ici, me dit-il, que les pèlerins viennent se faire oindre le front avec le baume qui découle des têtes sacrées. Voulez-vous accepter l'onction sainte ? »

Cette offre répondait à mon plus cher désir ; je m'inclinai ; le moine trempa la spatule dans le vase et déposa une goutte de baume sur mon front, en y faisant le signe de la croix, puis il répéta cette cérémonie sur mes compagnons ; sous ces voûtes basses, à la tremblante lueur des cierges, en face de ce crâne jauni, la scène avait quelque chose de fantastique et de solennel. Le pinceau d'un Rembrandt ou d'un Holbein en eût été tenté. Mais ce qui me préoccupait alors, c'était moins le côté pittoresque des choses que le désir d'analyser le liquide mystérieux qui humectait mon front et qui coulait goutte à goutte le long de la spatule d'argent.

Le baume, tel qu'on l'emploie dans l'église orthodoxe, est un mélange d'huile d'olive ou de palmier cuite avec du vin rouge et des parfums. D'après les sensations malheureusement trop fugitives que j'éprouvai alors, je reconnus que la liqueur devait avoir en effet pour base une huile végétale; mais je n'y retrouvai aucune trace de parfum. Il me fut impossible, malgré tous mes efforts, de voir de quelle partie du crâne elle dégouttait.

Je me rappelai alors les discours que me tenait naguère à Moscou une dame russe de la plus pure orthodoxie.

« Chez nous, monsieur, disait-elle, nous n'avons pas de saints qui n'aient jamais existé; nous ne savons pas ce que c'est que les faux miracles, à l'instar de ceux qu'inventent les jésuites; nos popes se garderaient bien d'exploiter la crédulité populaire. » La galanterie ne me permit point alors de contredire ma dévote interlocutrice; la reconnaissance pour l'hospitalité reçue ne me permit pas de contrister les bons moines qui ont bien voulu m'initier à leurs mystères; il serait indiscret de vouloir en pénétrer les détails.

IV.

Ce ne fut pas sans un profond soulagement que je revis la lumière du jour après deux longues heures passées dans cet asile du surnaturel; l'air sec des galeries, l'aspect des cellules noires et des cercueils avec leurs draperies rouges, finissent par lasser la pensée la plus énergique. En sortant des cryptes, la cour du monastère, enveloppée d'un brouillard épais, me semblait pleine de soleil et de vie.

Le trésorier du monastère nous attendait pour nous offrir le thé. Ce n'était pas un reclus, celui-là, et j'avais vraiment plaisir à contempler sa face réjouie, à me réchauffer au feu de sa conversation. Je fis bravement honneur au thé, au pain blanc, au xérès et au rhum qu'il nous avait préparés. Il ne vivait pas tout à fait retiré du monde; il avait lu dans les journaux russes quelques détails sur mon voyage et il était fort désireux de connaître l'impression que j'emportais de la Russie.

« Eh bien! monsieur, croyez-vous que nous

soyons des Asiatiques? » me demanda-t-il en me serrant la main au moment du départ.

Je ne suis jamais allé en Asie, mais je souhaite de pouvoir rencontrer partout en Europe une hospitalité analogue à celle du monastère Petchersky.

CHAPITRE II.

SUR LE VOLGA.

JAROSLAVL ET LE VOLGA. — Paysages russes. — Une procession orthodoxe. — Boulevards et casernes. — Pigeons et corbeaux. — Le Gostinny Dvor. — Les marchands russes. — Industrie populaire. — La table et les vins de France. — Un hôtel. — L'archevêque Felinski. — Les fondateurs du théâtre russe. — Le gymnase. — Discipline russe. — L'école. — Le lycée Demidov. — La presse provinciale. — L'ennui et l'absentéisme.

Sur le Volga. — La navigation. — Le *Pospiechny*. — Les passages. — Incidents. — Le *Mercure* et le *Samolet*. — Une prison flottante. — Les *burlaks*. — Kostroma. — Les Tartares. — Arrivée à Nijni.

I.

C'est à Jaroslavl que j'ai aperçu pour la première fois le Volga ; j'allais de Moscou à la foire de Nijni. Suivant mon habitude, j'avais pris le plus long. Je tenais à faire connaissance avec une ville dont personne ne parle et qui fut jadis une des capitales de la Russie. Jaroslavl, que les guides et les touristes ont généralement négligée, ne me paraît point mériter l'oubli dans laquelle on la laisse. Un chemin de fer confortable, plus confortable que les chemins français et allemands, la met en communication avec Moscou. Le Volga la rattache à Pétersbourg d'une part, à la mer Caspienne de l'autre; au delà du Volga une voie ferrée remonte jusqu'à Vologda; plus tard sans doute elle ira rejoindre la mer Blanche. Le long du fleuve se développe une série de cités commerçantes dont les noms à peine connus en Occident sont familiers aux négociants de la Grande-Russie : Tver, Rybinsk, où commence la grande navigation, Kostroma, Nijni Novgorod, Kazan, Simbirsk, Samara, Astrakan. Jaroslavl s'élève sur une large presqu'île, formée par le Volga et le Kotorost. Au confluent des deux rivières, là où se trouve aujourd'hui le lycée Demidov, se dressait jadis le *Kreml*. On ne parle guère à l'étranger que du Kreml (ou Kremlin) de Moscou; en réalité, presque toutes les villes de la Grande-Russie ont eu jadis un kremlin : plusieurs, Pskov, Nijni Novgorod, Novgorod-la-Grande, ont conservé le leur. Comme le *burg* germanique, le kreml était tout simplement une forteresse : dans son enceinte crénelée, il renfermait le palais du prince et les sanctuaires les plus vénérés. Rien n'est resté du *Kreml* de Jaroslavl; d'après les observations que j'ai eu l'occasion de faire en maint endroit, le kreml occupe toujours une situation stratégique, soit au confluent des deux rivières, soit dans l'arc formé par les sinuosités d'un cours d'eau. Il ne peut être question de collines ou de rocs escarpés en Russie. Le Volga enveloppe Jaroslavl ; il a déjà sur ce point environ trois cents mètres de largeur. Le Kotorost, son humble affluent, sert de refuge aux bateaux pendant l'hiver et de bassin pendant l'été. Du haut des quais, qui s'élèvent parfois à quarante ou cinquante mètres au-dessus du fleuve, l'œil embrasse un immense horizon ; la rive gauche que nous avons devant nous présente une plaine grisâtre, entrecoupée de marécages et de forêts, égayée de loin en loin par un clocher rustique. Les villages noirs tranchent à peine sur le fond du paysage. Vers l'est, au delà du Kotorost, s'étend la banlieue immédiate de Jaroslavl ; des villas, des fabriques à haute cheminée, de petites églises blanches et trapues dont la coupole verte semble un oignon posé sur sa base, et dardant sa pointe vers les cieux ; de nombreux moulins à vent agitent leurs ailes ; n'étaient les églises, on pourrait se croire en Hollande. Vers l'ouest sur le port, de lourds pontons surmontés d'élégants pavillons attendent les voyageurs qui vont descendre ou remonter le fleuve ; des transports chargés de marchandises et traînés par des remorqueurs descendent en hâte vers Nijni Novgorod. Entre les deux rives du Volga, un immense bac attaché à un petit pyroscaphe, fait la navette et se charge sans cesse de voitures, de troupeaux et de passagers ; ce sont les habitants des villages voisins ou des voyageurs qui vont sur la rive gauche chercher l'embarcadère de la ligne de Vologda. Le bac ne chôme point de la journée; le pyroscaphe siffle, souffle, fait rage; ce n'est point la mouche du coche, et il remplit vaillamment sa besogne. Tout à l'heure il a passé un troupeau de bœufs; le voici maintenant qui transporte une procession. C'est aujourd'hui la Saint-Nicanor ou la Saint-Agathon; les popes de je ne sais quelle paroisse sont allés ce matin en pèlerinage dans un hameau sur la route de Vologda : les fidèles les ont suivis; la procession s'installe sur le bac; les cierges flamboient, les prêtres chantent; sur le quai, les fidèles font des signes de croix répétés ou frappent la terre du front à l'aspect des saintes images et des bannières vénérées; arrivé au rivage, le cortége se reforme et monte vers la ville, suivi par les dévots qui sont venus l'attendre.

C'est une chose bizarre pour nous autres Occidentaux qu'une procession orthodoxe : j'en ai vu de splendides dans les grandes villes, notamment à Moscou; il leur manque toujours ce je ne sais quoi qui s'appelle le goût et l'harmonie. Les chasubles des prêtres, riches, mais sales, sont posées de travers sur leurs larges épaules; leurs longs cheveux descendent en désordre sur leur cou; les images byzantines, malgré les dorures et les pierres précieuses qui les recouvrent, ne valent pas la moindre statuette de plâtre, ornée de fleurs artificielles, et portée sur les épaules des jeunes filles vêtues de blanc; les lourdes bannières en métal, que trois hommes suffisent à peine à soutenir, n'ont point la grâce des étendards dont le vent fait flotter les riantes couleurs. La foule marche sans ordre et psalmodie lentement une mélopée monotone. Du reste, si c'est la foi qui sauve, ces gens-là seront certainement sauvés; ils croient sincèrement, naïvement, et il ne manque pas de gens habiles à exploiter leur crédulité.

Laissons la procession rentrer à la paroisse et explorons un peu les rues de Jaroslavl : j'y suis resté deux jours et je ne l'ai point vue tout entière; rues, quais, boulevards, tout s'étend à perte de vue; les maisons, de briques ou de bois, sont le plus souvent séparées par des enclos entourés de murs en planches; les édifices publics sont représentés par des casernes colossales avec ou sans colonnades; les églises sont au nombre de soixante-quatre, chiffre fort respectable pour une population de trente mille habitants. Leurs coupoles et les croix qui les surmontent sont littéralement couvertes de pigeons ou de corbeaux. Ces oiseaux sont les hôtes inséparables des villes et des villages de la Grande-Russie; le peuple russe paraît avoir pour eux une tendresse infinie. Il ne mange point le pigeon, qu'il respecte comme le symbole de l'Esprit-Saint; il laisse vivre le corbeau malgré son importunité, sa rapacité et ses croassements odieux. « C'est par mesure d'hygiène, me disait un Russe; les corbeaux nettoient nos cités bien mieux que nous ne pourrions le faire nous-mêmes. » Il est de fait que les rues de Jaroslavl sont peu balayées; n'en accusez point l'incurie de l'édilité ou la paresse des habitants. La ville est trop grande, les maisons trop éloignées les unes des autres, le pavage trop inégal. Le corbeau est ici l'auxiliaire de l'homme, il semble avoir conscience des services qu'il lui rend; aussi est-il avec lui d'une familiarité et d'une audace peu communes. A peine fait-il un saut de côté pour laisser passer votre cabriolet, et il vous regarde avec un petit air impudent, comme pour vous demander de quel droit vous venez le déranger. Voici une scène observée au marché : un pauvre diable de chien a déterré un morceau de viande gâtée et le dévore à belles dents; surviennent trois corbeaux qui lui arrachent son dîner et s'en vont picorer cinq ou six pas plus loin, sans prendre même la peine de s'envoler. Le chien baisse l'oreille et les regarde faire.

C'est surtout aux stations des voitures de place que les voraces volatiles se donnent rendez-vous. Nos chevaux de fiacre prennent leur pitance dans des sacs pendus à leur cou; les chevaux russes ont sur les places publiques des mangeoires confortables et des abreuvoirs élégants. Pigeons, ramiers et corbeaux assiégent sans relâche ces mangeoires et disputent au cheval une nourriture qu'il ne prend même pas la peine de défendre. Ils se pressent aux fenêtres des restaurants et sollicitent les reliefs du repas par mille attitudes coquettes et caressantes; c'est là que j'ai vu plus d'une fois se démentir la proverbiale douceur des colombes. Sur cinq ou six, il en est toujours une qui à grands coups de bec écarte ses concurrentes et reste maîtresse du terrain..... et du festin.

Le peuple russe est en général bon pour les animaux; j'ai rarement vu un cocher maltraiter son attelage; quant aux oiseaux, qui jouent un si grand rôle dans les chants populaires, ils font pour ainsi dire partie de la cité et de la famille. Et cependant, durant les courtes nuits d'été, les corbeaux sont vraiment insupportables; à la tombée du jour, ils s'assemblent par milliers sur les branches des arbres et sur les toits des maisons. Des bandes dont l'épaisseur assombrit l'horizon, se rassemblent, se poursuivent, s'évitent, se dispersent, se posent sur les sommets des arbres ou sur les corniches des maisons, tourbillonnent sans relâche en poussant des croassements affreux. Dès l'aube — et la nuit dure à peine trois heures en juillet — ils recommencent ce bruyant manége; je leur ai dû plus d'une insomnie.

II.

Jaroslavl est le chef-lieu d'un des gouvernements les mieux peuplés de la Russie; sur une place colossale sont groupés les principaux édifices publics, le tribunal, la direction des finances, le gymnase, le lycée Demidov. Le badigeon jaunâtre qui recouvre ces fragiles constructions s'écaille aux froids de l'hiver et aux ardeurs de l'été. Un quartier spécial est consacré au commerce. Les magasins, bas et sombres, sont groupés sous des arcades qui rappellent les anciens piliers des halles. Le voisinage du marché communique à cette région une pénétrante odeur de cuir et de poisson salé. Ce parfum vous poursuit dans tout le *Gostinny Dvor* [1]. Il est d'ailleurs difficile et désagréable d'y flâner : après le juif, il n'est pas de négociant plus tenace, plus âpre au gain que le moscovite. *Tchto vam ougod!* Que désirez-vous? Tel est le cri dont vous assassinent sans relâche les boutiquiers dont vous contemplez la devanture. Ils m'ont fait plus d'une fois regretter de comprendre le russe. Il faut se boucher les oreilles et fuir au milieu de la rue. On n'est pas

1. Mot à mot, *Cour des étrangers*, bazar, quartier du commerce.

plus en sûreté au marché. Je visitais la ville en compagnie d'un excellent homme, un naturaliste du pays, fort zélé pour la science, fort complaisant et très-empressé à me montrer les moindres objets qu'il supposait devoir m'intéresser.

— Eh! bonjour, Vladimir Stefanovitch, lui criaient les femmes du marché; qu'est-ce que le *barine* (le monsieur) veut acheter? Voilà de bons concombres! Du poisson frais! Des cuillers de bois!

— Voilà, criait une autre, des cadenas de Toula; voilà des samovars de Moscou. Le barine n'a qu'à ordonner.

On m'aurait vendu toute la ville!

— Petite mère, répliquait flegmatiquement Vladimir Stefanovitch, le barine ne veut rien acheter; il vient de pays très-lointains et veut voir comment les concombres sont faits chez nous.

Et les petites mères de faire la grimace en se montrant de loin le *barine* qui vient de si loin pour voir comment sont faits les légumes à Jaroslavl. Voilà un étranger bien curieux!

Malgré tout ce qu'on a dit de sa paresse, le Russe est industrieux; j'ai plus d'une fois admiré aux étalages les produits du travail manuel, la vaisselle en bois, les chaussures et les tissus d'écorce, les toiles d'une rare finesse, que Jaroslavl exporte dans toute la Russie. Et ne croyez pas qu'en ces régions, qui nous paraissent si éloignées, l'alimentation soit inférieure à celle de notre Occident. On vit mieux sur les bords du Volga que sur ceux du Rhin ou de la Sprée; la viande est belle et saine; le porc, d'une qualité supérieure; le poisson du Volga ne le cède point à celui de l'Océan; les fruits sont rares, il est vrai; mais les grands bateaux du Volga amènent chaque jour les pastèques, les pommes et les raisins d'Astrakhan. Le *kvas* que boit le peuple est mauvais, mais le thé ne lui manque pas, et la bière vaut bien celle d'Allemagne. Sur les tables d'hôtel vous trouvez, à des prix il est vrai fort élevés, les principaux vins de France, sans en excepter le Cliquot et le Rœderer; une grande maison de la ville en tient un dépôt qui approvisionne les gouvernements du nord et de l'est. Elle n'ignore point, assure-t-on, l'art de les fabriquer. On raconte à ce sujet un joli mot de feu le grand-duc héritier.

Il se trouvait à Jaroslavl à l'occasion d'une exposition régionale. Le gros négociant en vins dont le nom m'échappe, vint présenter ses hommages à l'héritier présomptif.

— Eh! bonjour, Vasili Vasilievitch; je suis charmé de vous voir, mais fort étonné de n'avoir point rencontré vos produits à l'exposition.

— Votre Altesse n'ignore point que l'exposition est purement locale. Elle n'y a rencontré que les produits de notre province.

— Et c'est précisément pour cela que vos vins y

devraient occuper la place d'honneur, reprit le prince en souriant.

Le commerce de Jaroslavl est florissant; au nord du gouvernement, le sol est assez ingrat; mais au midi, l'agriculture et le jardinage sont développés; la grande industrie est celle de la toile; le seul village de Velikoe en livre soixante mille pièces par an. Le chiffre annuel des affaires s'élève à cinq millions de roubles, près de vingt millions de francs. Néanmoins les revenus locaux ne suffisent point à la population, et cinquante mille habitants de la province émigrent chaque année pour aller chercher fortune dans les capitales et les provinces éloignées; on en trouve jusqu'en Sibérie. Patients et industrieux, ils se font aubergistes, cabaretiers, merciers, menuisiers, tapissiers, etc... Il est rare qu'ils ne reviennent point dans leur pays avec un capital assez considérable; le *Jaroslavets* est généralement regardé comme le meilleur jardinier, l'ouvrier le plus habile, le marchand le plus industrieux de toute la Russie.

III.

Une gracieuse hospitalité m'avait dispensé de loger à l'hôtel. Je tenais cependant à voir comment on y peut vivre et, sous prétexte de nous rafraîchir, j'entraînai mon obligeant cicerone au premier qui se présenta. Tout en commandant le menu, je me fis montrer les chambres et j'en demandai les prix ; ils varient de deux francs cinquante à cinq francs par jour. L'installation est convenable, les lits un peu durs mais suffisants. Un dîner de quatre plats coûte environ deux francs cinquante. Les salles à manger des hôtels russes offrent un aspect riant que n'ont point les nôtres ; le gaz étant inconnu dans la plupart des villes de province, la table est décorée de candélabres argentés ; chez nous, le vin dort toute la journée dans les caves ; on le sert dans des bouteilles toutes poudreuses et les toiles d'araignée qui les couvrent sont pour les amateurs un titre de noblesse ; là les flacons, ornés de capsules métalliques et d'étiquettes dorées, étalent avec pompe leurs noms chers au gourmet ; c'est une fête pour l'œil ; ce n'en est pas toujours une pour le palais.

Nous dînions gaiement à l'ombre de la *verandah* ; nous embrassions d'un coup d'œil la longue perspective du boulevard et la place où s'élève le théâtre. Près de nous quelques fonctionnaires prenaient leur repas ; on me présente à eux ; la connaissance est bientôt faite et la conversation s'engage.

Tout à coup un de mes interlocuteurs me désigne du doigt un personnage qui traversait la place.

— Tenez, me dit-il, voilà l'archevêque Felinski qui passe.

Je regardai ; j'aperçus un homme de haute taille ;

un grand manteau noir le couvrait; un chapeau de paille ombrageait son front. Sous ce modeste équipage, je n'aurais pas reconnu l'archevêque de Varsovie, l'un des plus hauts dignitaires de l'église catholique. Je rassemblai mes souvenirs et je me rappelai le scandale qu'avait naguère produit en Europe l'exil brusquement infligé au prélat coupable d'avoir trop aimé son troupeau. Il me semblait en ce temps-là que la religion catholique était systématiquement persécutée à Varsovie; nos imaginations effarées se représentaient le vertueux évêque déporté dans une sorte de Sibérie pour y vivre avec des ours et des sauvages. Maintenant je connaissais assez Jaroslavl pour comprendre que c'est un lieu d'exil fort tolérable. Je me rappelai que deux mois auparavant j'avais vu la procession de la Fête-Dieu célébrée dans les rues de Varsovie, et je me disais que les voyages guérissent de bien des préventions. Je n'approuve ni la mesure qui a déporté monseigneur Felinski, ni la rigueur intempestive qui maintient son exil; mais je suis bien résolu à me défier des récits de témoins trop intéressés à altérer la vérité pour oser la dire tout entière. Mon cœur se serra à la vue du prélat arraché depuis dix ans à sa patrie; cependant je contins l'expression des sentiments qui m'agitaient. Mes interlocuteurs étaient russes; j'étais étranger; nous ne nous serions pas compris.....

Un bataillon traverse la place, musique en tête; les soldats portent le képi à la française, une tunique de gros drap noir, un pantalon de toile grise. Ils reviennent de la manœuvre; la sueur coule de leurs visages bronzés par le soleil; leurs vêtements disparaissent sous une épaisse couche de poussière; ils n'ont point l'entrain et la gaieté du soldat français; ils paraissent mornes et sombres; on devine à les voir une inébranlable solidité. Ils disparaissent bientôt à l'angle du boulevard, qui redevient désert et silencieux. De temps en temps un rare passant; un cocher désœuvré qui promène son *droschki* en quête d'un voyageur, un moujik qui s'arrête devant une église pour faire d'une main distraite un signe de croix machinal. Évidemment la dévotion est moindre ici qu'à Moscou; ce n'est pas une *ville sainte*.

C'est en revanche une des villes les plus intelligentes de la province russe. Bien qu'elle ne compte que trente mille habitants, elle possède une dizaine d'établissements d'instruction publique, et les habitants rappellent avec orgueil que leur théâtre a été le berceau de l'art dramatique en Russie. Ce fut un bourgeois de Jaroslavl, Théodore Grégorovitch Volkov, qui organisa la première compagnie dramatique russe et le premier théâtre permanent. Il avait vu à Pétersbourg des représentations données par des comédiens étrangers; de retour à Jaroslavl, il recruta une troupe, établit des tréteaux dans un magasin de cuir, et donna devant les habitants étonnés la première représentation d'une tragi-comédie intitulée *Esther*. Grâce à la libéralité des marchands et du gouverneur, il établit bientôt un théâtre véritable pouvant donner place à mille spectateurs. On y joua avec un succès toujours croissant les œuvres de Soumarokov, celles de Volkov lui-même, qui traduisait en outre des pièces étrangères. Il était tout ensemble directeur, auteur dramatique et machiniste. Il obtint des succès inattendus. L'impératrice Élisabeth en entendit parler : à Pétersbourg les drames russes étaient alors joués par les cadets et les officiers du corps de la noblesse. La troupe de Volkov fut mandée dans la capitale en 1752 et devint le noyau d'une compagnie qui s'établit définitivement dans cette ville sous la direction de Soumarokov. Les services de Volkov furent récompensés par un brevet de gentilhomme. Il mourut en 1762. J'aurais aimé assister à quelques représentations dans ce théâtre séculaire ; malheureusement il est fermé pendant l'été ; les vacances sont une ingrate saison pour voyager ; c'est ainsi que j'ai visité les établissements scolaires de Jaroslavl sans y rencontrer les élèves, avec qui j'aurais voulu faire connaissance.

Je trouvai au gymnase un établissement bien distribué, élégant, je dirais même coquet, et qui supporte bravement la comparaison avec les établissements provinciaux de France. Une magnifique salle de gymnastique permet aux élèves de se livrer pendant la froide saison à des exercices trop négligés ailleurs. Une autre salle renferme une bibliothèque de deux mille volumes environ ; les portraits des membres de la famille impériale, des images saintes, ornent les murailles ; c'est là qu'ont lieu les cérémonies scolaires. Les classes sont vastes et bien aérées ; les bancs et les siéges sont d'une fraîcheur et d'un éclat éblouissants.

— Pardon, dis-je à l'économe qui m'accompagnait. Votre matériel est tout neuf, n'est-ce pas ?

— Non, monsieur, il date de trois ans.

— Mais, repris-je un peu étonné, je ne vois pas sur les tables les arabesques et les entailles dont nos écoliers ont coutume d'orner le mobilier des colléges.

— C'est défendu, monsieur (*Nelzia*), répondit simplement l'éconoem.

C'est défendu! J'avoue que j'ai souvent depuis rêvé à ce mot. Il suffit donc dans les gymnases russes qu'une chose soit défendue pour que les écoliers se l'interdisent scrupuleusement. C'est défendu ! Évidemment, il y a dans le peuple russe un instinct de discipline qui maîtrise jusqu'à l'enfance. Plus j'étudie ce peuple, plus je constate chez lui une force d'obéissance qui m'étonne et qui m'épouvante tout à la fois. Dès le collége, les élèves avec leurs grosses capotes semblent des soldats immatriculés. Quand vous entrez dans un bureau, dans une école, dans un théâtre, vous trouvez à la porte un vieillard à moustache grise, à cheveux ras, en tunique, le bras galonné de chevrons. Nous l'appellerions, nous autres, l'huissier, le portier. En Russie, on l'appelle le *soldat*. Et en effet, c'est un soldat en congé ou en retraite ; il se dresse devant vous comme mû par un ressort, vous répond sèchement, comme s'il s'agissait de transmettre une consigne, vous interpelle brutalement si vous violez une prescription.

C'est défendu ! (*Nelzia*), mot terrible avec lequel on ne joue pas dans l'empire du tsar ! S'il explique sa puissance, sa cohésion, sa forte unité, peut-être aussi peut-il nous donner la clef de bien des révoltes sourdes ou apparentes, du nihilisme politique et social, du monstrueux fanatisme de certaines sectes religieuses. L'autorité absolue engendre le radicalisme de la révolte.

Je ne quitterai point le gymnase sans signaler un intéressant musée organisé par la société d'histoire naturelle de Jaroslavl, sous la direction d'un savant infatigable, M. Petrovsky. Il m'en fait les honneurs avec complaisance ; il est fier de son œuvre et il a le droit de l'être. Du gymnase, nous allons visiter l'école professionnelle des garçons. Je trouve des classes en bon état, un matériel scolaire suffisant, une bonne bibliothèque ; le directeur me montre ses cartes en relief, m'explique les *leçons de choses* qu'il donne aux élèves, m'expose les programmes de ses cours. Je me serais cru avec un pédagogue de France ou d'Allemagne. A un trait, cependant, je reconnus le Russe. Nous visitions la salle des actes ; le directeur me montra une sainte image (*ikon*), scellée dans la muraille, et faisant un grand signe de croix :

— Cette image, me dit-il, a été achetée et posée ici aux frais des élèves et des maîtres de l'école, pour perpétuer le souvenir de l'attentat du 16 avril 1866, attentat dont la Providence a daigné préserver l'empereur [1]. Tous les ans le 16 avril, nous venons remercier Dieu de nous avoir conservé notre empereur.

Cette affection pour l'empereur, jointe à une dévotion plus naïve peut-être que réfléchie, est encore un trait caractéristique du peuple russe. Il n'est guère de ville où je n'aie rencontré plusieurs monuments commémoratifs de l'attentat du 16 avril. Le sentiment religieux paraît ici faire partie de cette discipline nationale que je notais tout à l'heure.

Une institution qui contribuera sans doute à augmenter l'importance de Jaroslavl, c'est le lycée Demidov. Le lycée a été fondé au commencement du siècle par un membre de cette généreuse famille

1. Attentat de Karakasov à Moscou. L'empereur fut sauvé par Komissarov, qui détourna le bras de l'assassin.

dont les libéralités se sont depuis répandues sur l'Europe tout entière. C'était une espèce de faculté provinciale qui préparait les jeunes gens à l'enseignement supérieur des universités. Depuis deux ans, on l'a convertie en une école de droit, et la nouvelle institution, dirigée par un publiciste intelligent et zélé, M. Kapoustine, est aujourd'hui en pleine prospérité. Les bâtiments sont fort vastes et pourraient fournir aux besoins de cinq cents étudiants. Le lycée possède une bibliothèque juridique fort riche et qui ferait envie à l'école de droit de Paris. J'y ai trouvé tous les ouvrages élémentaires de France et d'Allemagne, des revues techniques, des collections immenses, par exemple celle de tous les débats du parlement anglais (313 volumes). On ne s'attendrait guère à voir tant de richesses réunies dans une ville aussi ignorée. A la fin de l'année dernière, le nombre des étudiants était de cent trente-neuf; ils suivaient des cours de théologie, d'encyclopédie du droit, de droit romain, d'histoire du droit romain, de droit russe, d'histoire générale du droit, de droit politique, de statistique et de droit administratif. Les professeurs et les étudiants publient un bulletin (*Vremennik*), qui renferme des travaux importants et qui a reçu un accueil sympathique chez les spécialistes. Les élèves du lycée juridique sont en général originaires des provinces du nord et de l'est : il en est qui viennent même de Moscou, attirés non par la supériorité de l'enseignement, mais par le bon marché de la vie matérielle. Elle est trois fois moins chère que dans les capitales. A Jaroslavl, d'ailleurs, comme dans toutes les villes universitaires de la Russie, les étudiants pauvres reçoivent de nombreux secours. Des concerts, des représentations théâtrales sont donnés à leur profit ; des sommes spéciales leur sont assignées sur les budgets provinciaux. Ainsi, l'an dernier, le conseil général (*zemstvo*) du gouvernement de Perm a voté cent roubles. Le total des sommes perçues par le curateur, chargé des intérêts des étudiants pauvres, s'est élevé au chiffre de sept mille roubles, soit vingt-quatre mille cinq cents francs.

Chef-lieu de gouvernement, Jaroslavl est le siége d'un *zemstvo* qui passe à bon droit pour l'un des plus éclairés de la Russie. Ce conseil, désireux de faire connaître ses travaux, a créé l'an dernier un recueil périodique où il résume ses délibérations, et étudie les questions administratives qui sont de sa compétence. Il s'honore surtout des progrès de l'instruction publique dans la province. Au moment de mon arrivée dans la ville, un congrès d'instituteurs et d'institutrices venait d'y avoir lieu. « Vous nous preniez sans doute pour des ours mal léchés, me disait en riant un membre du *zemstvo*; vous voyez que nous ne sommes pas si mal léchés. » Il avait raison.

Malgré ces louables efforts, la culture générale,

même dans une ville aussi éclairée, est encore fort inférieure à la nôtre, et ne s'élèvera pas de sitôt à notre niveau. La presse provinciale, si florissante en Suisse, en France, en Allemagne, est à peu près nulle en Russie. Jaroslavl n'a qu'une feuille hebdomadaire officielle, et un bulletin religieux publié par l'archevêché. La population du gouvernement atteint cependant près d'un million. Mais les illettrés constituent une immense majorité, et ceux qui lisent, parmi les petites gens, se bornent à des contes, à des légendes plus ou moins authentiques. Les journaux et les revues des deux capitales suffisent aisément aux gens éclairés. Mais la proportion des souscripteurs est fort restreinte. D'après une statistique qui remonte, il est vrai, à l'année 1869, on comptait alors dans le gouvernement de Jaroslavl un abonné sur trois cent soixante-quatorze habitants. L'administration ne tient nullement à favoriser le développement de la vie politique; il est fort difficile d'obtenir en province l'autorisation de fonder un journal; la censure est beaucoup plus rigoureuse que dans les capitales; elle dépend du gouverneur, qui naturellement n'aime point à laisser critiquer ses faits et gestes. Les intérêts provinciaux n'ont point d'organes, et cette lacune contribue singulièrement à atténuer ces libertés locales dont la Russie est si fière. D'autre part, les cafés, les brasseries n'existent point en Russie; on trouve quelques gazettes dans les clubs ou dans les restaurants aristocratiques, mais dans les établissements populaires aucune feuille volante n'a jamais pénétré. « Nous aimons la vie de famille, vous diront les Russes, nous ne savons point vivre sur les trottoirs des boulevards, comme les Français, ou dans la fumée des tabagies comme les Allemands. » L'argument est spécieux, touchant même, mais il ne faut pas s'y laisser prendre. Il n'y a point de vie politique en Russie : de là cette torpeur qui, au bout de quelque temps, pèse si lourdement sur l'étranger, de là cet ennui qui plane sur la vie provinciale, ennui que les romanciers russes, depuis Gogol jusqu'à Tourguenev, ont décrit à l'envi, et que les pompes religieuses, les clubs, les concerts et le théâtre ne suffisent point à dissiper. C'est pour fuir cet ennui que l'aristocratie émigre sans cesse vers les capitales ou vers l'étranger. C'est dans l'espoir d'échapper à cette inertie morale que des rêveurs inventent les systèmes les plus fantastiques, les conceptions les plus radicales. Je comprends l'*absentéisme* des uns et le nihilisme des autres, mais je ne les justifie point. Dans un pays jeune comme la Russie, le premier devoir de la classe intelligente est de consacrer toutes ses forces, toutes ses ressources au développement du progrès normal, dans les limites que lui assignent les lois existantes et l'état actuel des esprits. Dans ce vaste empire, le progrès, outre ceux qu'il rencontre partout, a deux espèces d'ennemis : ceux qui, séduits par l'éclat des choses étrangères, abandonnent leur pays sans retour, et ceux qui prétendent lui appliquer brutalement des institutions pour lesquelles il n'est pas encore préparé.

IV.

De nombreuses compagnies desservent la navigation du Volga; j'en ai compté une douzaine environ. Les unes exploitent le fleuve dans toute sa longueur, les autres se bornent à un espace déterminé. La plus grande étendue à parcourir va de Nijni à Astrakhan, soit 2,135 verstes, environ 600 lieues; quelques-unes remontent en outre les affluents du Volga, l'Oka et la Kama. De riches négociants possèdent aussi des bâtiments qui se chargent de transporter les marchandises et les voyageurs; les départs sont fréquents et les prix raisonnables, grâce à la concurrence des diverses entreprises. Les bateaux les plus légers remontent jusqu'à Rybinsk, tête de ligne où huit mille bâtiments se fabriquent tous les ans; les plus lourds descendent jusqu'à la mer Caspienne. Une compagnie, je ne sais plus laquelle, a fait construire deux splendides steamers à l'américaine, véritables palais flottants à trois étages, le *Perevorot*, et l'*Empereur*

Alexandre. J'ai rencontré sur ma route le *Perevorot*, mais je n'ai point eu la bonne fortune de le monter. Je le regrette fort. Les Russes font grand éloge de son aménagement. Le *Pospiechny*, sur lequel je quitte Jaroslavl, est un navire à roues, aussi confortablement installé que le permet l'exiguïté de l'espace réservé aux passagers. La machine est chauffée au bois et les bûches occupent une grande partie du pont. La première classe dispose d'un salon, d'un dortoir et d'une plate-forme dont le séjour est malheureusement peu tenable. Le vent y souffle avec rage, les braisettes qu'entraîne la fumée de la machine brûlent le visage et les vêtements. Bon gré mal gré, il faut rentrer dans la cabine. Le public y est peu intéressant : cinq ou six marchands qui se rendent à Nijni-Novgorod ; leur conversation roule sur le prix des transports, la hausse du fer et la récolte des grains ; deux dames s'en vont à Kostroma ; elles causent en français dans l'espoir de n'être pas comprises ; je ne les arrache point à leur illusion et me contente de ne pas les écouter. La deuxième classe n'a qu'une salle commune ; la troisième est reléguée à l'avant du navire. Mais cet avant est protégé par un toit voûté qui met les passagers à l'abri des injures de l'air. Ils sont là cinquante ou soixante passagers, hommes, femmes, enfants, accroupis sur le pont ; enveloppés de leurs *touloupes* graisseuses, ils ne redoutent ni le vent, ni les taches de goudron. Quelques-uns dorment; on dirait de loin des ours tondus assoupis. La plupart ont commencé à boire du thé dès le départ; il ne cesseront qu'à la nuit. Ce qu'on appelle une portion de thé contient une dizaine de tasses; le moujik l'absorbe sans s'effrayer, il s'assied gravement, place un morceau de sucre entre ses dents, verse un peu de thé brûlant dans la soucoupe qu'il soutient avec le pouce, l'index et le doigt médian, et sirote lentement le précieux breuvage; grâce à ce procédé économique, le thé et le sucre peuvent durer longtemps; de temps en temps, il coupe une tranche d'un pain blanc, bien autrement délicat que celui de France ou d'Allemagne, et mord à belles dents. Le thé fini, ou plutôt interrompu, il se met à casser des noisettes. La noisette est une friandise favorite du peuple russe; le pont est jonché de coquilles qui grincent sous les pieds. Aux noisettes succéderont, quand viendra le sérieux appétit, les tranches de poisson fumé et de concombre salé, arrosées d'un petit verre de *vodka* (eau-de-vie). Le moujik remplit consciencieusement ces diverses fonctions gastronomiques. Elles ne l'absorbent pas cependant au point de lui faire oublier Celui auquel il doit le thé, le sucre, les concombres et le poisson. Qu'un clocher d'église, une coupole de monastère se dessine à l'horizon, voilà mes gens à genoux : les plus tièdes font des signes de croix; les plus dévots touchent le sol du front. L'idée de Dieu est toujours présente à ces gens simples. Le cocher moscovite se signe le matin au moment d'atteler ses chevaux ; il se signe quand il sort de l'enceinte de la ville ; le passager accomplit le même acte de piété quand il monte sur le navire ou quand il débarque.

Les escales sont rares ; le pays que nous traversons est peu peuplé ; de Jaroslavl à Nijni, en trente heures de trajet, nous ne rencontrons qu'une ville un peu importante, Kostroma. De temps en temps, on s'arrête pour déposer un voyageur ou prendre du bois ; quelques izbas noires, quelques églises, quelques maisons en briques badigeonnées ; point de quai, bien entendu ; les fiacres attendent dans la boue défoncée de la berge. Malgré la pluie battante, les oisifs du pays sont venus saluer le *parochod* (steamer), distraction de petite ville qu'on ne saurait manquer en conscience. Et puis il faut bien recevoir ceux qui arrivent ou escorter ceux qui partent ; une jeune femme est venue accompagner son mari ; il l'embrasse sur les deux joues et sur les lèvres ; puis de sa main mignonne elle lui trace sur le front un signe de croix, la retourne et la lui donne à baiser. Un geste affectueux et charmant, tendre et religieux tout à la fois. Des gamins viennent offrir aux passagers du pain, des fruits et des salaisons. Nous n'en avons nul besoin, notre table est bien fournie ; le tarif est rigoureusement fixé et le voyageur est beaucoup moins écorché ici que sur la Seine ou sur le Rhin.

Un peu plus loin, nous nous arrêtons devant un grand monastère. Sur le ponton même de la compagnie, un moine bénit les voyageurs et leur vend des cierges qu'ils allument devant une image sainte; il leur vend aussi des pains de communion, des *prosphores* non consacrées qu'ils rapporteront à leur famille. Détail à noter : la rive droite du fleuve est constamment plus élevée que la rive gauche; elle la domine parfois d'une hauteur de trente ou quarante mètres; elle est peuplée de moulins à vents qui font tourner leurs grandes ailes; la rive gauche, basse et déserte, est couverte de forêts, de marais, de landes mornes; des mouettes blanches tourbillonnent au-dessus de nos têtes. Le fleuve a par moments trois ou quatre cents mètres de largeur; la navigation n'en est pourtant pas plus aisée; des bouées flottantes, des drapeaux plantés sur le rivage indiquent les endroits dangereux; à tout propos le pilote fait jeter la sonde. Malgré sa prudence, malgré les drapeaux et les bouées, nous touchons souvent le fond.

En dépit des moulins, des villages et des monastères, l'aspect des rivages est fatigant; il lasse l'œil et la pensée. C'est sur le fleuve qu'il faut chercher la vie, l'activité, la diversité. A tout moment le sifflet d'un bateau à vapeur, bientôt répété par le nôtre, annonce une rencontre, et le capitaine doit se mettre en mesure de répondre par les signaux que prescrivent les règlements. Ces règlements sont fort sévères; si le fleuve est large, le *thalweg* est fort étroit et les accidents sont à redouter; il arrive parfois qu'il s'établit entre les capitaines des diverses compagnies des luttes de vitesse analogues à celles que nous racontent les journaux américains; elles sont sévèrement interdites. Un de mes compagnons me raconte l'épisode suivant.

Un capitaine du *Samolet* était en délicatesse avec un capitaine du *Mercure* [1]; ils se rencontrent sur le Volga; au lieu d'arborer son pavillon, suivant l'usage, le *Samolet* arbore un balai, se précipite sur l'ennemi... et fait trois fois le tour de son bâtiment en le saluant de sifflets ironiques. Et les voyageurs de rire; mais la plaisanterie aurait pu leur coûter cher si, dans l'étroit espace dont il disposait, le *Mercure* avait brusquement couché sur le flanc le *Samolet*.

Presque toute la navigation du fleuve est aujourd'hui exploitée par la vapeur. Les *barges* (ou transports) sont remorquées par des steamers. Ce sont de gros bâtiments longs qui peuvent au besoin marcher à la voile. Au milieu du pont se dresse la maisonnette du patron; elle est ornée des saintes images qui accompagnent partout les bons orthodoxes. J'ai rencontré non sans un serrement de

1. Noms de deux compagnies de bateaux à vapeur.

cœur une prison flottante qui sans doute voguait vers la Sibérie. Sur le pont s'élevait une cage immense où de pauvres diables étaient enfermés; des soldats, l'arme au bras, montaient la garde à l'avant et à l'arrière.

Le développement de la navigation à vapeur est en train de supprimer une des industries séculaires du Volga, celle des *burlaks*. On appelait ainsi les hâleurs qui, moyennant un prix convenu, se chargeaient de faire remonter le fleuve aux transports. Une courroie passée sur l'épaule, penchés sur le câble, les pieds meurtris par le sable ou les cailloux du rivage, le front brûlé par le soleil, ils avançaient lentement, en cadence, obligés de marcher toujours sous peine de laisser le bateau redescendre. Parfois un coup de vent faisait dériver le bâtiment, et les burlaks, empêtrés dans les cordages, roulaient dans les eaux fangeuses. Travail de bêtes de somme s'il en fut. Les burlaks ne faisaient guère qu'un voyage par saison. Arrivés au terme du voyage, exténués, abrutis, ils avaient bientôt fait de manger le peu qu'ils avaient gagné. Il leur fallait alors retourner au point de départ, en vivant de mendicité, de vols et de rapines. Pendant la morte-saison, ils formaient dans les villages une classe vagabonde et redoutable. Les fatigues auxquelles ils étaient exposés attaquaient rapidement leur constitution et peu d'entre eux pouvaient les supporter plus de cinq ans. Cette corporation avait d'étranges habitudes. On montre encore près de Kostroma une berge appelée *Jarenny bugor*, la berge brûlée. Là, tout burlak qui n'était pas encore descendu jusqu'à Astrakan était condamné à une épreuve qui rappelle le baptême de la ligne usité chez les marins de l'Occident. Il devait gravir la berge en courant, sans s'arrêter, et se laisser dégringoler du haut en bas. Les anciens s'installaient au haut de la montée et chassaient devant eux à grands coups de lanières les apprentis hésitants. Puis la troupe s'attelait de nouveau au câble et reprenait en chœur la monotone chanson des burlaks :

Là-bas, le long du père Volga !
Dans la large vallée,
Là-bas s'élève une tempête,
Une tempête du ciel,
Une tempête du ciel, une tempête orageuse.

Kostroma, vue du fleuve, ressemble assez à Jaroslavl ; ce sont toujours les mêmes églises, les mêmes monastères, les mêmes maisons de bois ou de briques, les mêmes édifices badigeonnés de jaune. C'est un chef-lieu de gouvernement ; elle est bâtie au confluent du Volga et de la Kostroma, et fut souvent le refuge des grands princes de Moscou

1. Le texte russe dit *la mère* Volga. Comparez l'allemand *Vater Rhein*.

pendant les invasions tartares. Le fameux Dimitri Donskoï trouva un abri dans les murailles épaisses de son Kreml. C'est aux environs de Kostroma que vivait le héros national de la Russie, le paysan Suzanine, qui se fit tuer par les Polonais ou par les Cosaques plutôt que de leur révéler la retraite du tsar Romanov. Son dévouement est le sujet du plus célèbre des opéras russes : *La vie pour le tsar.*

Entre Kostroma et Nijni, rien qui vaille la peine d'être noté. Quelques Tartares sont montés à bord ; au coucher du soleil ils font leur dévotion sur la plate-forme. Ils ôtent gravement leurs chaussures, étalent sur le plancher un foulard et s'accroupissent sur leurs talons ; ils tiennent rapprochées leurs mains ouvertes et semblent lire sur la paume des caractères mystérieux ; le plus âgé murmure en arabe, je crois, une mélopée monotone. Par moment, ils se courbent sur le foulard et frappent le sol du front ; ils sont encore ici au milieu des étrangers, des infidèles ; leur patrie est plus loin, elle commence à deux cents verstes au delà de Nijni-Novgorod.

La nuit est venue ; de temps en temps une secousse inattendue annonce un banc de sable ; on sonde la rivière, et la voix nasillarde des hommes de l'équipage transmet d'un bout à l'autre du navire les chiffres qui indiquent la profondeur du thalweg ; *osim*, *devit*, *desit*. Huit, neuf, dix ! La machine accélère tour à tour et ralentit sa marche. Mes voisins demandent des cartes et jouent fort avant dans la nuit; de temps en temps l'un d'entre eux commande une théière et régale ses compagnons; ils dégustent lentement le breuvage parfumé et, la théière épuisée, ne manquent jamais de serrer avec componction les mains de leur amphitryon. C'est une loi d'étiquette dont on ne saurait s'écarter sous peine de passer pour un malotru.

La pluie tombe toujours; la nuit est noire; les bas-fonds se multiplient, le voyage est suspendu. Nous repartons le lendemain matin, et bientôt l'animation extraordinaire du fleuve annonce le voisinage de Nijni. Les transports, les *barges*, les remorqueurs de toute espèce se multiplient autour de nous; sur la rive gauche sont amarrées des canonnières qui vont rejoindre la flottille de la mer Caspienne. Les clochers de Nijni commencent à se dessiner sur l'horizon; la colline qui porte la ville surgit peu à peu; une forêt de mâts annonce l'embouchure de l'Oka; voici le kremlin de Nijni avec ses créneaux rouges, ses lourdes tours, les coupoles de ses églises; les maisons s'étagent au milieu de bouquets d'arbres. Le fleuve s'élargit, on dirait un lac; la ville s'étale en amphithéâtre, comme Gênes ou Naples. C'est un vrai panorama maritime. Salut à Nijni!

CHAPITRE III.

NIJNI ET LA FOIRE.

LA FOIRE DE NIJNI. — Situation de la ville. — Le champ de foire. — Le bal Mabile. — Les églises. — Les incendies. — Les Asiatiques. — Les marchands. — Un souvenir de Pierre le Grand. — Les Skots. — Le thé. — L'*ikone* et les *stchoty*. — Restaurants et *Polyorchestrions*.

LA VILLE DE NIJNI. — Paysages. — Le Kremlin. — La tour Koromyslovaïa. — Minine et Pojarsky. — Le classique et le réel. — Le patriotisme russe. — La langue russe nécessaire en Russie.

I.

La foire de Nijni Novgorod a valu à cette ville une réputation européenne : même sans elle, Nijni occuperait une situation importante parmi les cités russes. La foire n'a pas lieu dans la ville ; elle n'en est qu'un appendice éphémère. Nijni domine une position excellente au point de vue militaire et commercial ; elle s'élève au confluent de deux grands cours d'eau, le Volga et l'Oka. Le Volga forme un coude avant de l'atteindre et se rapproche pour ainsi dire de Moscou ; un chemin de fer qui passe par Vladimir met Nijni en communication directe avec le centre de la Russie ; jusqu'à nouvel ordre, elle est la tête de ligne des chemins de fer russes vers l'Orient. L'Oka, qui n'a pas moins de 1,200 verstes de longueur, pénètre jusqu'à dans le gouvernement d'Orel où elle prend sa source. Elle s'ouvre à la petite navigation près d'Orel, à la grande devant Kalouga. On évalue à plus de quinze millions de roubles la valeur des marchandises qu'elle transporte annuellement, à plus de trois mille le nombre des bateaux qui la descendent ou la remontent. Les gouvernements qu'elle traverse sont riches en céréales. Non loin d'elle s'élèvent deux villes célèbres parmi les centres industriels de la Russie. Toula, dont les serrureries, les armes et les samovars sont renommés dans le monde entier ; Kolomna, qui possède des fabriques de soie et d'immenses ateliers où l'on construit le matériel des chemins de fer. Cette région riche et laborieuse trouve ses débouchés d'une part à Moscou, de l'autre à Nijni. Il est tout naturel qu'elle ait attiré le grand marché annuel de la Russie. Dès le XIVe siècle, les chroniques signalent à Nijni des réunions périodiques de marchands. Au XVIIe siècle une foire permanente s'installa à Makariev, à quatre-vingts verstes à l'ouest de Nijni sur le Volga ; elle acquit une grande importance : en 1817 elle est transférée à Nijni ; le chemin de fer qui met cette ville à douze heures de Moscou a fait entrer la foire dans le mouvement général du commerce européen. Elle restera établie à Nijni tant que la Russie, l'Asie et la Sibérie ne communiqueront entre elles que par des voies fluviales. Peut-être, quand le chemin de fer s'avancera jusqu'à Kasan, la foire ira-t-elle s'installer dans cette dernière ville. Le jour où les lignes projetées de Sibérie seront construites, elle n'aura plus de raison d'être; elle se transformera en un congrès annuel où les négociants viendront liquider leurs comptes. Dans l'état actuel des choses, la foire est le grand ressort du commerce russe. Les négociants s'y préparent de longue main, les uns pour s'y défaire de leurs meilleurs produits, les autres pour y écouler leur pire *camelote*. Certains y vont pour y réaliser des affaires considérables; beaucoup pour se divertir, parce que leurs familles ont l'habitude de paraître à la foire, et qu'une maison qui se respecte ne saurait y manquer. Détail à noter, le nom que porte la foire, *iarmarka*, est d'origine allemande (Jahrmarkt).

Elle commence en juillet pour finir en septembre. Elle est établie en dehors de la ville sur le promontoire aigu qui s'avance entre le Volga et l'Oka; elle se relie à Nijni, par un pont de bateaux jeté sur cette rivière; le mouvement de ce pont ne saurait se comparer qu'à celui de Londres. Les véhicules les plus divers, télégas et tarantas, lourds chariots, légers drochkis, se succèdent sans interruption. Des cosaques à cheval président au défilé; ils ont fort à faire pour maintenir l'ordre et pour surveiller les fumeurs qui prétendent entrer à la foire la cigarette à la bouche. On se figure la *iarmarka* comme un ensemble bariolé de baraques en bois, de tentes en toiles ; il n'en est rien. Sans doute les bords des deux rivières offrent un encombrement gigantesque de ballots empilés, d'abris provisoires ; mais ce ne sont là que les faubourgs de la foire. Elle a pour centre réel soixante corps de bâtiments réguliers, construits en briques, bois et fer, et subdivisés en magasins. Ces bâtiments, si vivants l'été, constituent pendant neuf mois de l'année une ville morte gardée par l'ancienne cité qui veille sur elle du haut de son kremlin. Ces corps de bâtiments à toits plats, badigeonnés d'un jaune sale, sont précédés de galeries couvertes qui offrent un abri aux promeneurs. Ils forment un certain nombre de rues ou *lignes* (c'est le terme technique) qui se coupent à angles droits. Ces lignes sont naturellement plus ou moins intéressantes pour le voyageur en raison des produits qui les occupent. Celle qui attire surtout les yeux, c'est la ligne chinoise, reconnaissable de loin à ses pavillons ondulés, flanqués de clochettes, et surmontés de grotesques magots; on y trouve des ballots de thé, mais point de Chinois. La ligne centrale est un boulevard planté d'arbres, ayant pour perspective d'un côté le grand bazar, de l'autre les édifices religieux de la foire ; ce boulevard est habité par les marchands d'étoffes, d'articles de Paris ou de Vienne, de bijouterie russe ou étrangère, de parfumerie. N'était la boue noire de la chaussée, le mauvais dallage des galeries pavées en briques, on pourrait se croire transporté sous les arcades du Palais-Royal.

Le centre de la foire est à plus de trois quarts d'heure du centre de Nijni; elle a dû se créer une vie indépendante; elle a son administration spéciale installée dans un bâtiment somptueux, où le gouverneur réside de juillet à septembre, elle a sa Bourse, ses hôtels, ses restaurants, ses maisons à thé (*Tchaïnïe*) qui forment des rues spéciales en dehors des *lignes* officielles; elle a son théâtre, ses bals publics. Je ne saurais oublier l'impression étrange que j'éprouvai lorsque, arrivé au bout du champ de foire, perdu dans les herbes fangeuses d'un terrain vague détrempé par les pluies, j'aperçus tout à coup un édifice incorrect sur lequel se détachait en caractères russes l'inscription suivante:

NIJEGOROSKY BALE MABILE

Bal Mabile de Nijni Novgorod! Les réminiscences de la France m'ont ainsi poursuivi sans relâche jusque dans les recoins les plus reculés de la Russie; malheureusement ce n'est point par ses côtés les plus généreux qu'elle étend le plus loin son influence!

Même au milieu des plaisirs et des affaires, le Russe n'oublie point la prière. A l'extrémité du boulevard, en face du bâtiment central, s'élève une église orthodoxe ; à gauche se profile, mince comme une aiguille, le minaret d'une mosquée tartare ; à droite s'accroupit lourdement la coupole trapue d'une église arménienne. Les catholiques n'ont point de sanctuaire sur le champ de foire ; ils n'y sont représentés que par quelques Français et quelques Polonais. La Pologne d'ailleurs envoie ici plus de juifs que de chrétiens ; une chapelle catholique existe dans l'intérieur de la ville. J'ai toujours trouvé en Russie une grande tolérance pour les cultes existants, jointe à une intolérance absolue pour l'idée de propagande. Dans ce pays si longtemps fermé aux étrangers, les religions exotiques semblent la négation même du patriotisme. Elles emploient toutes un idiome qui n'est pas le russe. Les catholiques prient en français, en latin, en polonais ; les protestants en allemand ; les musulmans en arabe. Renoncer à l'orthodoxie, c'est dans les idées des vieux Russes trahir en quelque sorte son pays. Ce peuple n'a pas encore appris à séparer trois choses essentiellement distinctes, son Dieu, son souverain, sa patrie. Là est en partie le secret de sa force. Mais l'avenir réserve aux plus croyants des surprises redoutables.

Les dépôts de marchandises se prolongent au

loin sous des abris de planches ou de nattes en écorce de tilleul. La ligne dite de Sibérie étend à perte de vue ses ballots de chiffons, de métaux, de thé. Cette ligne est d'un abord difficile; les voies de communication sont aussi peu pavées que possible; les fiacres s'empêtrent dans les lourds véhicules; le piéton s'embourbe dans une boue noire et gluante qui monte jusqu'à la cheville; je n'ai pas encore compris, je l'avoue, pourquoi la police n'oblige pas chaque négociant à faire balayer au moins une fois par jour l'espace qui s'étend devant son magasin; il est vrai que les Russes, ensevelis dans leurs immenses bottes, ne soupçonnent pas la profondeur de cette fange qui arrête malgré lui l'étranger dans ses explorations. La propreté est loin encore d'être une vertu nationale en Russie. Je ne me souviens pas d'avoir jamais vu balayer.

Ce qu'on redoute surtout dans cette prodigieuse agglomération, c'est l'incendie; un canal baigne les parties de la foire qui s'éloignent un peu des deux rivières. L'an dernier, pendant mon séjour en Russie, un télégramme vint tout à coup jeter l'épouvante dans le monde commercial; la foire de Nijni était en flammes! Une dépêche ultérieure annonça que le désastre était minime, qu'il se bornait à trois ou quatre millions de perte. J'étais curieux de voir l'emplacement du sinistre. A peine arrivé au pont de l'Oka, j'interpelle un izvochtchik et je le prie de me conduire là où l'incendie a eu lieu. Nous arrivons à l'une des extrémités du champ de foire; des ballots de toute provenance s'entassaient sur la terre humide.

— C'est là, me dit le cocher.

En effet, en regardant attentivement, l'œil pouvait encore distinguer dans la boue noirâtre quelques traces de copeaux brûlés. Mais déjà des marchandises nouvelles avaient remplacé celles que le feu avait dévorées. Il est rigoureusement interdit de fumer sur le champ de foire; mais cette prohibition ne suffit pas à écarter tous les risques d'incendie, et le commerce russe s'est grandement ému des dangers qu'il pouvait courir; le feu avait gagné quelques bateaux sur le Volga, on dut les abandonner à la dérive, et plus tard j'ai retrouvé leurs débris calcinés à douze ou quinze verstes de Nijni. Diverses mesures ont été proposées. L'une d'entre elles consisterait à isoler complétement les bateaux de la foire en les abritant dans des bassins creusés *ad hoc*, au lieu de les laisser en contact immédiat avec les marchandises qu'ils ont débarquées.

Les magasins ferment le soir, et toute la vie se concentre alors dans les hôtels, les restaurants, les lieux de plaisir. Le *Bal Mabile* ouvre ses portes ; je n'y fus point, mais je sais ce qui s'y passe et n'oserais le raconter ici. L'Europe et la Russie se donnent là rendez-vous pour des orgies qu'une bonne police ne devrait pas tolérer dans un pays civilisé. Autrefois, à ce qu'on raconte, les marchands de Moscou faisaient de la foire le but d'excursions où le plaisir tenait autant de place que les affaires; depuis que le chemin de fer s'est avancé jusqu'à Nijni, les épouses inquiètes peuvent en quelques heures surprendre les époux absents, et la paix des familles court moins de risques qu'au temps jadis.

II.

Si l'amateur de pittoresque est désagréablement surpris par l'aspect correct et froid des bâtiments jaunâtres, alignés dans des rues parallèles, il ne sera pas moins étonné de trouver dans la population qui hante la foire moins d'éléments asiatiques qu'il n'en avait espéré. On répète à l'envi que Nijni est le grand rendez-vous, le confluent tumultueux de l'Europe et de l'Asie. Je n'y contredis point, mais la vérité rigoureuse est que l'Asie est surtout représentée par des négociants russes qui apportent ici les produits de la Chine et de la Sibérie.

La Perse seule envoie à Nijni une colonie de négociants; ses sujets occupent une rue entière; sur le frontispice d'un vaste magasin flamboie le lion de Perse armé de sa menaçante épée; une enseigne bilingue (russe et perse) nous apprend que c'est ici le *Caravansérail persan*.

Voilà de quoi faire rêver les coloristes. Dans ce caravansérail, on vend des raisins secs, des noix et des tapis. Des balances, des sacs et des registres figurent la poésie du lieu. Nous voilà bien loin des *Gazels* d'Hafiz et du vin de Chiraz ! Les Chinois brillent absolument par leur absence. Les Tartares dominent, on les trouve un peu partout et faisant tous les métiers : garçons de café, porte-faix, déchargeurs, marchands même. On les reconnaît moins à leur type banal qu'à leur veste courte, à leurs larges pantalons, à la calotte brodée qui couvre leur tête rase. Plusieurs tiennent des articles russes ; quelques-uns vendent les produits de leur industrie nationale ; des bottines de maroquin rouge, des vêtements brodés, des miroirs où sont peints en arabe des versets du Coran, des livres orientaux. Des Kirghises, des Circassiens, des Arméniens, sujets russes, parlant le russe, vendent des ceintures, des poignards, des objets en filigrane. Quelques Boukhares se perdent dans la foule. Beaucoup d'étrangers ont le costume européen. J'avais pour voisin au théâtre un individu vêtu tout aussi correctement que moi, ganté de noir, la tête couverte d'un superbe chapeau haute forme ; son teint olivâtre, ses yeux obliques, fendus en amande, décelaient une race exotique. Quand, au lever de la toile, il ôta sa coiffure, je découvris au sommet de sa tête une énorme houppe de cheveux noirs ; c'était un Tungouze ! En somme, Pétersbourg et Moscou offrent à l'observateur une variété de types aussi intéressante. La diversité des populations est un des caractères essentiels de l'empire russe.

L'élément dominant, c'est donc le marchand moscovite, le *koupets* : il est aisément reconnaissable à la longue redingote qui lui serre la taille, à ses grandes bottes molles, à sa barbe touffue, à la casquette noire qui couvre sa tête. Cette coiffure qui n'est pas, je crois, d'invention russe, est comme le symbole de l'attachement obstiné aux anciennes mœurs et au costume soi-disant national. Quand un négociant la quitte pour prendre le chapeau cylindrique, soyez certain qu'il commet une infidélité à la sainte Russie, qu'il se laisse envahir par les idées occidentales. Je ne serais pas surpris d'apprendre que sa fille étudie le français et que son fils sera l'apôtre du darwinisme.

Le Russe est de tous les Slaves celui qui comprend le mieux le commerce; il s'entend à merveille à faire valoir sa marchandise et à la débiter. C'est à croire qu'il a dans les veines du sang israélite. On m'a conté à propos de cet instinct commercial une curieuse anecdote.

Quand Pierre le Grand entreprit de réformer la Russie, des Juifs vinrent le trouver pour solliciter la permission de s'établir dans son empire.

— Que savez-vous faire que mes sujets ignorent? demanda le grand Tsar?

— Nous savons acheter et vendre.

— Acheter et vendre mieux que mes Moscovites? Parbleu, non! Au surplus, nous allons bien voir.

L'empereur, qui, comme on sait, se mêlait de tout, était en ce moment occupé à examiner des échantillons de drap pour son armée. Il en tenait un à la main.

— Tiens, dit-il, à l'un des Juifs, prends cela et va me le vendre. Tu me rapporteras ce qu'on t'aura donné en échange.

Au bout de trois quarts d'heure, le Juif revint bredouille et l'oreille basse. Il rapportait l'échantillon :

— J'ai couru partout, dit-il, et n'ai point trouvé d'acheteur.

— Attends un peu, reprit l'empereur. Tu vas voir le savoir-faire de mes Moscovites. Holà! Osip Arsenievitch.

Osip Arsenievitch parut. C'était un vieux Russe qui tenait aux antiques usages et qui payait redevance pour avoir le droit de porter la barbe longue.

— Va me vendre cela, dit l'empereur. Tu me rapporteras ce qu'on t'aura donné en échange.

Au bout de quelques minutes Osip rentra; il n'avait plus le petit morceau de drap; mais dans le creux de la main gauche il tenait... un grain de sel.

— Voilà, petit père, dit-il en s'agenouillant devant le Tsar, tout ce qu'on m'a donné. Je suis allé chez un horloger. Il avait besoin de drap pour doubler l'intérieur d'une boîte de montre. Je lui ai offert mon morceau pour un kopek, il n'a pas voulu; pour un demi-kopek, il a refusé. A la fin, il m'a offert un grain de sel. J'ai accepté. C'est toujours mieux que rien.

L'empereur se prit à rire, et se tournant vers l'Israélite atterré.

— Eh bien ! tu vois, dit-il, que nous pouvons nous passer de vous autres.

Ç'a été un grand bonheur pour le peuple russe d'être préservé de l'invasion israélite qui s'est abattue si lourdement sur la Lithuanie et la Pologne. Non-seulement le Juif accapare tout le commerce et paralyse la richesse nationale, mais encore il développe pour les exploiter toutes les mauvaises passions des masses ignorantes. Il entraîne après lui l'usure, l'ivrognerie, la débauche, la démoralisation complète des populations. Il a été pour beaucoup dans les misères de la Pologne.

Si les Juifs sont rares dans la grande Russie, on y rencontre malheureusement une race d'hommes qui les rappelle par plus d'un trait, notamment par l'amour du lucre, par la passion pour le commerce de l'argent. Cette secte (c'est le vrai nom qu'il faut lui donner) est celle des *skoptsi*. On nomme ainsi les fanatiques qui, à l'exemple d'Origène, s'interdisent les joies de la famille dans l'espoir d'arriver plus directement à celles du ciel malsain que quelques fous ont rêvé. Le supplice qu'Origène s'infligeait jadis, ils l'acceptent volontairement, et ce qu'il y a de pire, ils s'efforcent par la violence de gagner des prosélytes. Par une association d'idées que je ne m'explique pas bien encore, la plupart se font banquiers ou changeurs. On les reconnaît aisément derrière leurs comptoirs à leur menton glabre, à leur voix glapissante. Cette secte odieuse est l'objet des mesures les plus rigoureuses de la part du gouvernement. Elle n'en persiste pas moins à durer, à s'étendre ; elle a ses rites bizares, ses réunions mystérieuses ; elle dispose de capitaux formidables, grâce à l'industrie qu'exercent ses principaux associés. « Je n'aime pas ces gens hâves et chauves, » disait le Romain de l'antiquité. Je n'ai jamais pu me décider à entrer dans la boutique de ces monomanes fanatiques. Il y a d'ailleurs peu de choses à apprendre dans leurs conversations ; ils ne se livrent point aisément, et la police, qui ne peut les saisir qu'au moment où ils commettent des actes illégaux, a fort affaire à les surveiller ; ils sont nombreux à la foire de Nijni ; car les affaires s'y traitent sur une large échelle et à de très-longues échéances.

Obligés d'acheter en une fois des stocks énormes de marchandises brutes, les négociants réclament des crédits d'un an, parfois même de deux ans. Ces crédits se règlent à Nijni et les transactions s'élèvent chaque jour à des millions. Ce côté économique de la foire a sa grandeur. On évalue à deux cents millions de roubles (sept cents millions de francs) le mouvement des affaires pendant ces deux mois de fiévreuse activité. Une partie de cette somme porte sur les ventes de l'année, l'autre sur les crédits de l'exercice précédent. Les opérations se répartissent à peu près ainsi : 27 % sur les cotons, les soies, les toiles des fabriques de la Russie centrale ; 23 % sur les sels et les métaux de l'Oural ; 31 % sur les cuirs et les fourrures de Sibérie ; 11 % sur les farines, les poissons salés, les eaux-de-vie et le sucre ; 9 % sur le thé, les articles de luxe et de mode fournis par les capitales et par l'étranger. En 1870, on a amené à la foire pour 142,914,000 roubles de marchandises ; on en a vendu pour 125,334,000 roubles. Veut-on encore quelques chiffres ? Les boutiques louées dans les bâtiments officiels sont au nombre de deux mille cinq cents. Il y a en outre quatre mille magasins ou hangars pour les marchandises, sans compter les dépôts de ballots amoncelés sur les rivages, et les réserves que gardent les bateaux amarrés dans les deux ports. Le nombre des étrangers s'élève dans les bonnes années à deux cent mille ; ils logent un peu partout, dans les hôtels de la foire, en ville, dans leurs boutiques, dans le village voisin de Kunavino. La police a inventé un système de recensement ingénieux. Les boulangers sont tenus de faire connaître chaque jour la quantité de pain qu'ils ont livrée à l'alimentation. On devine ainsi le nombre des consommateurs. Ce qu'il y a de singulier, c'est que cet immense mouvement dépend d'une denrée qui semble au premier abord ne jouer qu'un rôle insignifiant : le thé. C'est après avoir vendu leur thé que les marchands sibériens commencent à acheter des produits manufacturés ; les fabricants enrichis par ces achats demandent à leur tour les matières brutes dont ils auront besoin pour l'année suivante. Le branle est donné, la fièvre du négoce s'empare des masses, tout le monde s'en mêle ; sous les galeries couvertes, c'est un tohu-bohu assourdissant des cris les plus divers ; les petits commerces se groupent autour des grands ; mille friandises viennent tenter l'appétit du passant ; les bibelots les plus divers sollicitent sa bourse et sa curiosité. Baladins et mendiants, moines quêteurs et nonnes nasillardes vous assiégent sans relâche. Il est bien difficile de rester là trois ou quatre heures à flâner sans acheter quelque souvenir ; mais l'œil tiraillé à droite et à gauche par les objets les plus divers ne sait sur quoi se fixer. Que choisir ? Un *samovar* de Toula tout battant neuf ? C'est peu portatif. Des armes ciselées, des filigranes du Caucase ? C'est trop cher. Les bijoux de malachite, de lapis-lazuli, les cachets en cristal de Sibérie tiennent moins de place, et sont d'un prix abordable. Les cachets surtout ont une couleur locale fort séduisante ; ce sont des polyèdres à douze faces ; sur chaque face est gravé l'un des signes du zodiaque et le nom russe du mois. Il est bon d'examiner avec soin le cristal, car le marchand ne se fera pas faute de tromper le naïf étranger. Si par hasard vous vous laissez tenter par un objet en lapis-lazuli, n'oubliez pas de le frotter sur la manche de votre habit. pour découvrir si quelque défaut imperceptible n'aurait pas été masqué avec un mélange de cire et d'indigo. Marchandez sans relâche ; le vendeur ne vous en estimera que plus. Si, comme je vous le souhaite, vous parlez russe, ne manquez pas d'entremêler votre conversation d'interpellations familières, *Batiouchka*, petit père ; *Galoubchik*, petit pigeon. Ce sont, comme dit Covielle, façons de parler obligeantes de ce pays-là. Cette courtoisie locale vous vaudra certainement un rabais.

N'oubliez pas surtout d'ôter votre chapeau en entrant dans la boutique. Le marchand vous prendrait pour un mécréant. Il y a quelque part dans un coin une image sacrée, une *ikone*. Par respect pour elle, vous ne sauriez rester la tête couverte ; ce lieu est saint ; si vous êtes exploité, soyez certain que c'est avec l'agrément d'un grand thaumaturge, que les intentions du marchand sont pures et que ce soir il mettra une lampe de plus devant son patron pour le remercier de la bonne aubaine; l'affaire conclue, le koupets met la main sur un appareil bizarre où des boules de diverses couleurs roulent sur des fils d'archal; il fait courir les boules et au bout de quelques secondes vous donne le résultat de l'opération : tant de roubles, tant de kopeks. Tel moujik qui ne sait ni lire ni écrire exécute sur cet instrument les calculs les plus compliqués.

Tandis que le patron fait ses comptes, son commis oisif, debout sur le pas de la porte, joue de l'accordéon. Les *stchoty* (c'est le nom qu'on donne au boulier-compteur) figurent sur le comptoir du savetier comme sur le bureau du banquier russe; si vous entrez dans un magasin où ne se trouvent ni *stchoty* ni *ikone*, soyez certain que vous avez affaire à un étranger. Quoi qu'il en soit, marchandez, marchandez toujours; sur certains articles vous obtiendrez jusqu'à cent pour cent de rabais.

Les hôtels se pressent auprès du pont de l'Oka; ils sont peu propres et assez chers. Une mauvaise chambre coûte jusqu'à cinq ou six roubles par jour; pour deux roubles on peut en avoir une en ville. Les prix des repas sont plus modérés. Le restaurant du bazar offre pour un rouble des dîners très-convenables servis par des garçons tartares en habit noir et parlant un russe des plus corrects. Dans un coin, quelques chanteurs qu'un piano accompagne exécutent des airs nationaux dont la mélancolie rêveuse contraste singulièrement avec la fièvre d'activité qui vous enveloppe de toutes parts. Tout à coup une jeune personne monte sur l'estrade ; d'une voix éraillée elle entonne en français l'air de la *Grande Duchesse :*

J'aime les militaires.

Les auditeurs ne comprennent pas grand chose ; mais ils savent que ce doit être du français et il est de bon goût d'applaudir. Le Russe aime à manger en musique ; dans les restaurants moscovites d'immenses serinettes, appelées *polyorchestrions*, exécutent le répertoire le plus varié. On peut entendre le dialogue suivant entre le client et le garçon.

— Monsieur prendra-t-il du laffite ou du bourgogne ?

— Du laffite.

— Monsieur désire-t-il la *Sonnambula* ou la *Belle Hélène* ?

— La *Belle Hélène*.

Le garçon introduit un rouleau dans la serinette, tourne une manivelle, et l'air du *Roi barbu* accompagne en sourdine le choc des verres et le cliquetis des fourchettes. Dans les restaurants provisoires de la foire on ne peut installer d'aussi coûteux appareils ; on les remplace par des orchestres vivants où domine l'élément féminin. J'ai rencontré le soir dans une *tchaïnaïa* un septuor de jeunes personnes en robe jaune souci, qui glapissaient un chœur tsigane sous la lueur blafarde du pétrole, pour la plus grande joie des marchands attablés. On jouait au théâtre de la foire un drame d'Ostrovsky ; mais la salle était vide; en revanche le thé et le champagne coulaient à flots dans les restaurants......

Après une journée d'observation continue et laborieuse, les jambes brisées, la vue et l'oreille agacées, je me replonge non sans répugnance dans la fange noire de la chaussée, je regagne le pont de l'Oka, je jette un dernier regard aux bateaux qui reposent dans le port ; je monte par un pâle clair de lune les rues escarpées qui conduisent au centre de Nijni; bientôt je contemple de loin les eaux majestueuses des deux fleuves, je respire avec délices l'air pur et la sérénité silencieuse de la colline où l'antique cité de Minine et de Pojarski s'endort d'un paisible sommeil, sans même entendre les bruits de cette mer humaine qui là-bas tourbillonne à ses pieds !

III.

Monter et descendre, en Russie, c'est presque une jouissance. Fatigué des plaines monotones, des forêts ondoyantes, des landes infinies et des marais dormants, l'œil éprouve une véritable satisfaction à se reposer sur quelque chose qui ressemble à une colline, à voir se développer les uns derrière les autres les plans variés d'un paysage. C'est chose si rare dans le pays des steppes ! La langue russe n'a pas même de terme propre pour traduire le mot *paysage*; elle transcrit tour à tour un vocable allemand ou français. Nijni Novgorod, ou pour parler comme les Russes Nijni tout court, est donc au point de vue du pittoresque une des cités privilégiées de la grande Russie. Son kremlin se dresse sur un promontoire escarpé qui soutient le plateau où s'étend la ville proprement dite. La rampe qui regarde le Volga présente un agréable fouillis de maisons en briques, de noires izbas en madriers, dont les toits peints en vert se perdent sous les branches des bouleaux pleureurs. La colline se creuse en vallons, en ravins, se gonfle en mamelons; il y a là à certains moments du jour, sous certains rayons du soleil, des effets de perspective dont un peintre habile pourrait tirer quelque profit.

Le kremlin développe à la gauche du spectateur la masse imposante de ses murs et de ses tours crénelées. Ce n'est, à proprement parler, qu'une enceinte de murs; on peut par des escaliers à demi ruinés arriver à la galerie qui court le long des créneaux; de là l'œil embrasse la rive gauche du Volga; c'est une plaine à laquelle les alluvions du fleuve prêtent une extraordinaire fécondité; malheureusement la ville empêche de découvrir les bâtiments du champ de foire. La construction du kremlin remonte au XIIIe siècle; il fut terminé au XVIIe par un artiste italien, Pietro Francesco Frezzini. Les onze tours qui dominent les murailles ont encore fière mine. L'une d'entre elles, la tour Koromyslovaïa a sa légende. C'est par elle qu'on commença la création du kremlin; un oracle mystérieux ordonna d'ensevelir dans ses fondements le premier être vivant qui passerait; une jeune fille survint : elle allait puiser de l'eau; elle portait deux seaux vides rattachés l'un à l'autre par une palanche, *koromysl*; on s'empara d'elle, on l'enterra vivante avec les seaux et la *koromysl*; de là le nom de la tour fatale. Les chansons serbes nous ont conservé une tradition analogue, mais plus gracieuse et plus touchante, car elle met en jeu le sentiment maternel. Le roi des Serbes, Voukachin, faisait bâtir la forteresse de Skadar (Scutari). Une *vila* (fée) maligne détruisait chaque nuit l'œuvre du jour précédent. Le roi Voukachin reçut l'ordre d'enterrer une jeune femme dans les fondements; une jeune mère vient à passer avec son enfant; elle se résout au supplice que le destin lui impose; elle demande seulement qu'on laisse une ouverture devant ses mamelles, pour qu'elle puisse allaiter son nourrisson, une autre devant les yeux pour qu'elle puisse le contempler chaque jour. Quand l'enfant fut sevré, elle mourut; mais depuis ce temps le mur de la forteresse sécrète une liqueur blanchâtre qui a la vertu de rendre le lait aux nourrices épuisées. C'est encore aujourd'hui une tradition dans le peuple serbe, qu'il faut ensevelir un être vivant dans les fondations de chaque édifice. A défaut de l'individu, l'ombre suffit : mais celui dont l'ombre est enterrée ne tarde pas à mourir.

Ces remparts, aujourd'hui inutiles, ont fait jadis un rude service; la situation de Nijni lui valut l'honneur d'être à l'orient la principale forteresse de la Russie. Un grand prince de Vladimir jeta les fondements de Novgorod l'*inférieure* (*Nijni* pour la distinguer de Novgorod la Grande) pour tenir en échec les attaques des Bulgares et des Mordvines; elle devint un point de résistance et un foyer de propagande pour le monde russe; les divers princes se la disputèrent; les Tartares la ravagèrent plus d'une fois et en disposèrent en faveur de leurs vassaux les plus complaisants. Plus tard, quand les Tartares eurent disparu du centre de la Russie et se furent groupés autour de Kazan, Nijni eut à lutter contre eux. Au XVIIe siècle, elle soutint encore des siéges contre les Tchérémisses et les Mordvines. La cathédrale de la Transfiguration renferme les tombes de quelques-uns des héros de ces luttes oubliées. Mais ce que Nijni ne saurait oublier, ce que la

Russie se rappellera toujours avec reconnaissance, c'est qu'elle fut en des temps douloureux le dernier rempart et le sauveur de Moscou menacée. Ce que le pèlerin salue avant tout sous les voûtes de la Transfiguration, ce ne sont pas les tombeaux des princes, c'est le sarcophage où dort le boucher Minine, le héros démocratique du XVIIe siècle.

Cet homme du peuple apparut pour sauver la Russie à une époque où les discordes intérieures et les ambitions étrangères semblaient avoir pour jamais compromis ses destinées. La race des Rurikovitch s'était éteinte dans la personne du tsar Fédor Ivanovitch. Il avait eu un fils, Dmitri, que des boïars avaient assassiné tout jeune encore. Une série d'aventuriers se présentèrent qui prétendirent être ce Dmitri. L'un d'entre eux s'assura le puissant secours du roi de Pologne Sigismond. Il se fit reconnaître pour tsar; il épousa une Polonaise, Marie Mniszek, il s'entoura d'étrangers; le peuple se révolta, tua l'usurpateur et lui substitua le boïard Chouïski. Un autre faux Dmitri se présenta; Marie Mniszek le reconnut pour son époux. La guerre s'engagea entre les deux tsars : l'un appela les Polonais à son aide, l'autre les Suédois. Époque de désolation s'il en fut; les Suédois s'avancent jusqu'à Novgorod la grande; les Polonais ravagent la terre russe; ils prennent Smolensk et Moscou, font reconnaître pour tsar Vladislav, fils de leur roi Sigismond. Ce que le peuple russe redoutait, c'était peut-être moins encore la domination étrangère que l'invasion de la foi catholique. Le supérieur du monastère de la Trinité, le grand sanctuaire russe, écrivit une lettre aux fidèles pour les appeler à la guerre sainte. Cette lettre arriva à Nijni au mois de septembre 1612; le protopope en donna lecture dans l'église cathédrale. Parmi les assistants se trouvait le *staroste* (maire) de la ville, le boucher Kuzma Minine Souchorouk. Il prit la parole et dit.... Vous croyez peut-être qu'il fit un discours à la façon de Galgacus? Je me figure nos professeurs de rhétorique dictant à leurs élèves la matière du discours latin de Minine : *Premier point :* Un bon orthodoxe doit tout sacrifier pour la foi. *Deuxième point :* Un bon patriote doit tout sacrifier pour la patrie. *Troisième point :* La foi et la patrie sont en danger.... Je vous fais grâce de la péroraison.

Eh bien non, le boucher Minine se leva et dit simplement :

« Si nous voulons venir au secours de Moscou, il ne faut pas ménager nos biens; il ne faut rien épargner; nous vendrons nos maisons; nous mettrons nos enfants et nos femmes en gage; nous reconnaîtrons comme chef celui qui voudra combattre pour la foi orthodoxe. »

Minine était commerçant et il voyait tout d'abord le côté pratique des choses. La foule applaudit; on réunit des soldats, on se cotisa pour les payer, mais il fallait un chef. Minine n'eut pas la prétention de se proposer. En ce temps-là vivait dans la principauté de Souzdal un célèbre capitaine, le prince Dmitri Michalovitch Pojarski : il s'y était retiré pour soigner les blessures qu'il avait reçues récemment en défendant Moscou. Minine le désigna lui-même au choix du peuple, alla lui offrir le commandement, et le décida à accepter. Le prince Pojarski, non moins pratique que Minine, dit aux Novgorodiens : « Je suis prêt à partir sur-le-champ; mais choisissez parmi les marchands quelqu'un qui m'aide dans l'entreprise et qui lève les impôts dont j'aurai besoin. » Ce fut son discours à lui.

Les Novgorodiens hésitaient sur le choix ; ce fut Pojarski lui-même qui désigna Minine ; ses compatriotes le prièrent d'accepter ; il n'y consentit qu'après leur avoir fait signer un contrat par lequel ils s'engageaient à faire tous les sacrifices qu'il exigerait pour la patrie.

J'aime, je l'avoue, ces héros bourgeois, si avares de paroles, dont aucun ne veut prendre sur lui la responsabilité d'un métier qu'il ignore. Nous voilà bien loin de la poétique légende de Guillaume Tell, des miraculeuses visions de Jeanne d'Arc. Ceci est quelque chose de plus humain, de plus vivant. Je serais fâché que l'imagination me gâtât cette sobre et sévère réalité.

Une entreprise si bien commencée devait réussir. Pojarski délivra son pays des Polonais, et le peuple, las des usurpateurs, appela au trône le boïar Romanov, le fondateur de la dynastie actuelle. Minine reçut des titres de noblesse et devint membre du conseil impérial. En 1815, quand l'invasion de la Russie, par Napoléon, eut réveillé le souvenir des maux qu'elle avait soufferts deux siècles auparavant, un monument fut élevé à Minine et à Pojarsky sur la place Rouge de Moscou. Le mauvais goût du pseudo-classicisme ne pouvait produire une œuvre plus détestable. Pojarsky vêtu en empereur romain est assis dans une pose théâtrale, appuyé d'une main sur un bouclier, de l'autre sur un glaive antique. Il écoute Minine, qui, enveloppé d'une toge ou d'un peplum, brandit le bras droit et pose la main gauche sur le glaive de son voisin. Le malheureux ! l'artiste a mis dans sa bouche le discours qu'il avait eu le bon sens de ne pas prononcer ! Il en est évidemment à la péroraison.

A ce monument faux et criard je préfère de beaucoup la simple colonne en granit qui s'élève dans la cour du kremlin. Les princes russes qui visitent Nijni ne manquent jamais d'aller prier sur le tombeau de Minine. Pierre le Grand y vint en 1722. Non loin de ce tombeau on montre au voyageur une reproduction de l'étendard de Pojarsky. L'original est déposé à Moscou, au musée des armures. Il est pour les patriotes l'objet d'une profonde vénération : je visitais un jour le musée en compagnie d'un des conservateurs; survient M. Berg, l'un des meilleurs poëtes et l'improvisateur le plus remarquable de la littérature russe; il s'arrête devant l'illustre relique. Arrive M. Soloviev, le populaire historien de la Russie. Il prie le poëte de vouloir bien improviser quelques vers; de sa voix mâle et sonore, M. Berg adresse une invocation émue au vieux drapeau de Pojarsky. M. Soloviev se prend à pleurer, et les yeux pleins de larmes se jette dans les bras de l'improvisateur.

Et l'on a prétendu que les Russes ne comprennent pas le sentiment du patriotisme !

Nous voilà bien loin de Nijni ! Mais à quoi bon voyager si l'on ne veut pas rechercher dans le présent la trace du passé, soulever la poussière des temps anciens, interroger l'âme des générations disparues? S'il ne s'agit de demander à de lointaines excursions que l'impression fugitive d'objets nouveaux et bientôt oubliés, à quoi bon tant courir le monde? Un album de photographies suffit.

Outre le monument Minine et les deux cathédrales, l'enceinte du kremlin renferme les principaux édifices publics de la cité, la maison du gouverneur, une caserne, des écoles, le tout bâti d'un style fort plat et revêtu d'un badigeon désagréable. Les deux cathédrales n'ont rien qui les distingue à l'extérieur de la plupart des églises de ce genre. C'est toujours un quadrilatère trapu, surmonté de lourdes coupoles. Dans le bas de la ville, vers l'Oka, une église rose, à clocher rose, attire l'attention par la bizarrerie du style et de la couleur. C'est une pièce de pâtisserie montée. Les Russes aiment ces tons criards ; la nature leur a refusé ces belles pierres que le soleil revêt de tons harmonieux. Ils font ce qu'ils peuvent pour dissimuler la monotonie de la brique et du badigeon.

Un jardin anglais dont les maigres plantations frissonnent au vent du Volga orne les flancs de la colline où s'élève le kremlin. Autour de lui se groupent la bibliothèque, le théâtre, de nombreux établissements scolaires, qui indiquent un état de culture plus avancé qu'on ne le croit généralement chez nous. La rue Prokrovka renferme les principaux magasins et les hôtels. Je recommande celui de Lopachov au voyageur qui voudra bien tenir quelque compte de mes conseils. Les lits y sont un peu durs (trois fois heureux qui peut en trouver un en temps de foire !), mais la table est excellente. Inutile de s'y présenter si on ignore le russe. Le mieux dans ce cas est de partir de Moscou, de passer une journée sur le champ de foire, et de s'en retourner à la nuit. On pourrait au besoin coucher à Vladimir.

Mais qu'on ait soin en tout cas de se mettre en garde contre le préjugé qui veut que tout le monde sache le français en Russie. Dans les villes de province, même à la foire de Nijni, il n'est pas toujours facile de trouver des interprètes.

CHAPITRE IV.

LE VOLGA ET KAZAN.

LE VOLGA ET SES LÉGENDES. Histoire et philologie. — La femme en deuil. — Pris pour un espion. — Les forêts du Kerjenets. — Les *Têtes aventurières*. — Les *raskolniks*. — Les écrivains et les maîtres. Makariev. Le lac Svietloïar. — Les monastères mystérieux. — La ville de Kitech. Tcheboksary. KAZAN. Topographie. — Un arc de triomphe en bois. — L'hôtel Komonen. — Le Kremlin. L'église du Sauveur. — La vierge de Kazan. — Un miracle orthodoxe. — Les vraies conditions du miracle. — Ivan le Terrible et l'orthodoxie. La colonisation russe. — Les monuments. — Derjavine.

I.

Les termes étrangers qui se glissent dans le vocabulaire d'un peuple sont fort précieux pour qui veut suivre les étapes de son histoire. Au départ de Nijni, par exemple, les affiches du bateau à vapeur vous donnent le tarif du *reise*[1] que vous allez entreprendre; elles vous invitent aussi à vous munir d'un *iarlyk*. L'iarlyk, c'était jadis la lettre d'investiture

1. *Reise*, en allemand, voyage. Ce mot s'applique spécialement en russe aux trajets des bateaux à vapeur, sur les fleuves ou sur mer.

que le khan tartare donnait aux princes russes; aujourd'hui, c'est tout simplement un bulletin de bagages. Ainsi se révèle au linguiste en deux mots la double influence que les éléments germanique et asiatique ont à diverses époques exercée sur la Russie.

Dans la région où nous allons pénétrer, les Tartares n'existent pas seulement à l'état de souvenir. Ils constituent, sur une certaine étendue, l'élément essentiel de la population. Ils habitent les deux rives du Volga, dans un polygone irrégulier dont Kazan est le centre, et dont les limites extrêmes sont marquées à l'ouest par Kosmodamiansk, au nord par Viatka, à l'est par Perm, au sud par Simbirsk. Ces régions, où l'élément russe gagne de plus en plus, ont constitué jadis le redoutable royaume de Kazan : la Russie primitive ne les a point possédées. Un fils du terrible conquérant Baty fonda, au XIIIme siècle, non loin du point où le Volga fléchit brusquement vers le midi, la ville de Kazan. Kazan est un mot tartare qui veut dire la marmite. Chez ces peuples nomades la marmite du campement était le symbole d'une installation plus ou moins éphémère. Ce n'est que vers 1425 que Kazan devint la capitale du Tsarat détruit cent trente ans plus tard par Ivan le Terrible.

De Nijni à Kazan, les villes sont encore plus rares que de Jaroslav à Nijni. On peut naviguer cinq heures de suite sans rencontrer une station : un monastère isolé, une maigre bourgade interrompent parfois la solennelle monotonie des deux rives; le sifflement de la machine, le croassement de grands oiseaux aux ailes blanches troublent seuls le silence de l'atmosphère. Le bateau est peu chargé : aux troisièmes, un détachement de Cosaques de l'Oural; de solides gaillards au teint bronzé, capote de drap gris, casquette rouge. En première, un général et quelques marchands. En seconde, une mère de famille avec ses deux filles; elles portent des vêtements noirs bordés d'une large lisière blanche. C'est le deuil polonais, il surprend au premier abord; je l'ai compris plus tard en voyant se dresser dans le cimetière catholique de Vilna ces grandes croix noires et blanches qui veillent lugubrement sur les tombes. J'ai compris aussi pourquoi ce deuil avait jadis provoqué à Varsovie les persécutions de la police russe : c'est un costume *national*.

La mère et les enfants vont rejoindre en Sibérie le père de famille exilé !

— Pauvre femme ! murmure à l'oreille de son voisin un marchand russe fort occupé d'ailleurs à déguster sa tasse de thé. Ce sont de vaillantes femmes tout de même que ces Polonaises; moi, qui vous parle, j'en ai épousé une et je n'ai point à m'en repentir.

— Oui, de vaillantes femmes, en effet, Piotre

Alexievitch ! Et je souhaite de tout cœur que celle-ci obtienne la grâce de son mari..... Mais il me semble qu'on nous écoute là-bas, fait tout à coup l'interlocuteur, en clignant de l'œil et en baissant la voix.

En effet, j'avais tendu l'oreille, et tout en feignant de consulter avec attention un livre quelconque, je ne perdais pas un seul mot du dialogue que je viens de rapporter.

L'intérêt que je prêtais à la conversation parut suspect aux deux Russes. Ils se remirent à boire leur thé silencieusement et ne parlèrent plus de la Polonaise. Évidemment ils m'avaient pris pour un espion. Ce n'était pas, je l'avoue, la première fois que ce désagrément m'arrivait dans mes voyages. Il est vrai, en revanche, que j'ai été assez souvent filé et surveillé.

Cet incident est le seul que j'ai eu à relever dans ce trajet, interrompu seulement par les stations trop rares et par les bancs de sable trop fréquents en ces parages. J'ai eu tout le loisir d'observer le paysage et de recueillir les légendes des contrées que nous traversions. Ce ne sont point des récits chevaleresques, comme ceux qui s'attachent au cours du Rhin ; ce sont des aventures de bandits et de *raskolniks* ; elles ont pour théâtre non point les *burgs* crénelés, mais les profondeurs dormantes des forêts.

Celles qui bordent le Kerjenets, l'un des affluents du Volga sur sa rive gauche, et qui descendent avec lui jusqu'aux berges du grand fleuve, sont particulièrement célèbres dans les récits des paysans et des voyageurs. Ces forêts ont tour à tour servi d'asile aux fidèles qui protestaient contre la réforme religieuse, et à ceux qui refusaient de se soumettre à l'organisation nouvelle de la Russie. Les ermitages raskolniks du Kerjenets étaient bien connus autrefois; il y avait là des colonies de femmes dont quelques-unes comptaient jusqu'à six cents membres. La sainteté de la forêt n'empêcha point les brigands de s'y établir. Montés sur leurs chevaux rapides, sur leurs barques légères, ils dévalisaient tour à tour les bateaux ou les convois qui se rendaient à la foire de Makariev. Ils ont, assure-t-on, disparu aujourd'hui; mais on retrouve encore dans le bois les traces de leurs établissements : de vastes izbas, des hangars pour les troupeaux et la volaille, des forges, des bains. Il ne faut pas oublier que les bains russes ne demandent pas une installation aussi grandiose que les thermes romains. Une cabane en madriers bien calfatés, un grand poêle de briques, un banc, un baquet, voilà tout le matériel. Quand le four est bien chaud, on jette dessus de l'eau qui s'évapore brusquement; quelques potées d'eau froide administrées par un camarade complaisant remplacent avec avantage les douches savantes de nos établissements hydrothérapiques. Au besoin, on va se rouler dans la neige.

Le peuple russe ne paraît pas avoir gardé un trop lugubre souvenir des hôtes sinistres qui hantaient jadis la forêt; il emploie pour les désigner les euphémismes les plus bienveillants. Ce sont *les petites têtes aventurières* (oudalya golovouschky) *les libertins, les gens qui n'en font qu'à leur tête* (volnitsa). Le paysan n'avait sans doute pas trop à souffrir de leurs déprédations. Fixé au sol, il enviait la liberté de ces hardis coureurs. En dépouillant les riches, faisaient-ils d'ailleurs autre chose que de rétablir l'égalité sociale décrétée par le Créateur et méchamment détruite par les hommes? Il se répète encore dans les veillées du soir des histoires de trésors cachés qui seront peut-être un jour découverts. Il y a surtout une certaine marmite pleine d'or qui gît au fond d'un puits dont personne n'a jamais pu la retirer. L'endroit est pourtant bien facile à reconnaître; c'est une clairière où l'on rencontre — accident peu commun — trois puits creusés l'un à côté de l'autre. Malheureusement, des arbres ont poussé dans la clairière et les puits sont aujourd'hui couverts par les broussailles.

Le *Guide du Volga*, le seul livre de ce genre que possède la littérature russe, donne le texte authentique de quelques-uns de ces récits. Je lui emprunte un fragment de chanson qui peint assez bien la sympathie du paysan pour les « petites têtes aventurières. »

En face du village de Bogomoloi
Coulait une rapide rivière.
Sur la rivière glissait une barque légère,
Une jolie barque bien ornée :
Elle est couverte de *braves jeunes gens :*
A la poupe est assis l'attaman avec une rame,
A la proue est debout l'*assaul* 1 avec son fusil,
Au milieu est un coffre d'or.
Sur le coffre une jeune fille est assise.
Elle pleure ; elle fond en larmes ;
J'ai fait un mauvais rêve ; ma chevelure dorée
[s'est dénouée.
Le ruban vermeil s'est dénoué,
Le ruban vermeil est tombé !
L'attaman sera fusillé
L'assaul sera pendu !
Et moi, belle fille, on me fera prisonnière.

Pauvre attaman ! pauvre assaul ! pauvre fille ! Le paysan leur donne une larme ; mais il n'a pas un mot de sympathie pour la police impériale qui pendra l'un, fusillera l'autre et jettera la troisième en prison !

Voici maintenant d'autres réfractaires. Des chasseurs égarés à la poursuite d'un cerf s'aventurèrent un jour trop loin dans la profondeur du bois. Ils traversèrent des marécages, et à leur grande surprise rencontrèrent tout à coup une espèce de maisonnette. Une femme l'habitait. Elle parut médiocrement charmée de la visite de ces hôtes inattendus ; néanmoins elle leur offrit à boire et à manger, et leur donna de l'argent au moment de leur départ, non

1. Le capitaine.

sans les inviter à garder le silence sur ce qu'ils avaient vu. Plus tard, on découvrit que dans cette région de la forêt vivaient des *écrivains* et des *maîtres*. Les *écrivains* copiaient les livres défendus des raskolniks [1], et reproduisaient les pamphlets contre l'église établie. Il m'a été donné de voir chez un savant collectionneur un livre de prières ainsi copié par des raskolniks; c'était un travail d'une finesse prodigieuse et dont les moindres détails pouvaient lutter avec la typographie la plus soignée. Les *maîtres*, eux, faisaient œuvre moins pieuse; ils fabriquaient de la fausse monnaie. Les *écrivains* ne dédaignaient pas de s'abaisser à des travaux du même genre; ils rédigeaient de faux passe-ports, de faux actes de libération, et livraient au plus juste prix tous ces papiers indispensables que la police russe a l'indiscrétion de réclamer à tout propos.

J'aimerais à pénétrer dans cette région des forêts, à étudier de près les mœurs et l'industrie de ses habitants. Cette industrie est considérable. Sans compter l'exploitation des bois de construction et de chauffage, la forêt alimente encore maintes professions secondaires. L'écorce des arbres sert à faire des nattes d'emballage; avec les déchets, on fabrique des tasses, des cuillers, des vaisselles de toute sorte. Malheureusement, pour entreprendre ces excursions,

1. Hérétiques.

il faut un attirail de chasse, de cuisine et de pharmacie, des guides intelligents et dévoués, une santé de fer et de longs loisirs.

II.

Voici enfin une station : Makariev. C'est là, sur la rive gauche du fleuve, que se tenait jadis la foire établie aujourd'hui à Nijni. Sur cette rive où viennent se briser les flots moutonnants du Volga, apparaît un monastère fortifié dont les coupoles s'élèvent au milieu d'une enceinte de créneaux; quelques moulins à vent prêtent un peu de vie à cet austère paysage. Makariev est célèbre par la fabrication des *sundouks*. Ce sont des coffres en bois peint avec des ornements de fer-blanc qui imitent les reflets de l'argent. La serrure est munie d'un ressort à sonnerie.

Au coude qu'il fait ici, le Volga ressemble à une petite mer; la plage ondule et se hérisse en falaises blanchâtres. Des vagues capricieuses bondissent et déferlent bruyamment. Leurs attaques incessantes minent le monastère et ont déjà fait tomber l'une de ses tours. Il finira sans doute par s'écrouler, tout entier rongé par les eaux infatigables. Est-ce leur menace qui a fait déserter le monastère? Je ne sais. Ce qu'il y a de certain, c'est que la rive gauche du

Volga paraît en général plus favorable au *raskol*[1] qu'à l'orthodoxie. Au delà de Makariev, les bords de la rivière Vetlouga sont couverts de forêts mystérieuses hantées par les légendes et par les pèlerins.

Non loin de la Vetlouga, on rencontre le lac Svietloïar. Près de ce lac s'élevait naguère une chapelle en bois. En quel temps et par qui fut-elle construite? Nul ne le sait. L'intérieur était tapissé d'images saintes et devant elles des lampes brûlaient sans relâche. C'était l'un des sanctuaires de la contrée.

Le lac, auquel la limpidité de ses eaux a valu son beau nom (*Svietloïar*, le brillant), est lui aussi un sanctuaire. Sous ses ondes cristallines, on entend parfois résonner le bruit des cloches, le murmure de voix mystérieuses; sa surface s'illumine de lueurs étranges, et de pieux vieillards apparaissent aux privilégiés. Quelques initiés ont eu la bonne fortune de pénétrer par des escaliers secrets dans des retraites souterraines où les bons vieillards leur ont offert une paternelle hospitalité.

Les pèlerins viennent en foule dans ces lieux sacrés; c'est surtout à la fête de la Trinité qu'ils aiment à s'y réunir. Ils encombrent les abords du lac et de la colline qui les entourent; ils accrochent des *ikones* (images saintes) aux troncs des bouleaux;

1. Schisme, hérésie.

ils brûlent des cierges devant elles; les ermites de la contrée dirigent les prières et lisent les pieuses légendes. Une nuit entière est consacrée à veiller au milieu des chants et des prières; puis les croyants se lavent avec l'eau du lac, se baignent dans le flot pur, y remplissent des vases qu'ils rapportent à leurs familles.

Les récits confus qui circulent dans la contrée peuvent, paraît-il, se résumer ainsi :

Depuis le temps de Baty [1] (invasion tartare, date solennelle pour la Russie) il existe dans ce pays un monastère. Où se trouve-t-il précisément? Sur terre ou sous terre? Au bord du lac? Au fond de ses eaux dormantes? Nul ne peut le dire. Ce monastère s'est élevé sur l'emplacement où existait jadis une ville chrétienne, Kitech, ville qui a disparu un jour subitement. Le monastère est l'asile de saints vieillards; ils ne sont pas immortels; ceux d'entre eux qui quittent cette terre sont sans cesse remplacés par des recrues nouvelles. Dieu leur inspire le désir d'entrer au monastère et leur en indique le chemin. Ce chemin c'est la *route de Baty*. Celui qui l'a trouvé doit marcher constamment devant lui, sans regarder ni de côté, ni en arrière; s'il le quitte un seul instant, il ne pourra jamais arriver à son but.

1. Baty ravagea la Russie méridionale au XIIIe siècle et fonda la horde du Kapchak. Son souvenir est resté légendaire en Russie.

Voici maintenant la légende du lac :

Sur l'emplacement où il s'étend aujourd'hui, était jadis une ville chrétienne, Kitech ; elle était riche en églises et en monastères. Le « païen » Baty arriva devant cette ville. Entourés de tous côtés, ne pouvant ni fuir, ni percer les ennemis, les habitants invoquèrent l'aide de Dieu. Il entendit leur prière. La ville avec tous ses habitants disparut tout à coup aux yeux des barbares ; un lac étendit ses eaux au-dessus d'elle ; mais elle existe toujours dans ses profondeurs.

Non loin du lac Svietloïar est le lac Nestiar ; une église merveilleuse attire sur ses rives de nombreux pèlerins. Elle fut un jour transportée ici de la ville de Vasil-Soursk, avec tous les fidèles qui la remplissaient. Elle est desservie par une communauté de sept vieillards. Dès que l'un d'entre eux meurt, Dieu lui envoie un successeur. Cette communauté doit subsister jusqu'au jour où le *Raskol* triomphera définitivement de ceux qui ont altéré la pureté de l'antique foi orthodoxe.

Après Makariev, quelques stations sans grand intérêt : Vasil-Soursk, Kosmodamiansk, Tcheboksary ; ce sont de petits bourgs assez sales, sans débarcadère, sans quai, parfois sans hôtel. A Tcheboksary, par exemple, le *Guide* recommande de ne point débarquer la nuit ; la ville est située sur une berge escarpée, et les âpres sentiers qui la longent sont dangereux à monter. La route de voitures est encore moins sûre. Ces villes si peu hospitalières ont été les premières étapes de la civilisation russe vers l'orient. Tcheboksary, par exemple, fut fondé par le premier évêque de Kasan', Goury, pendant son voyage de Moscou à sa nouvelle résidence. Il traça lui-même l'enceinte de ses murs et les bénit. Kosmodamiansk, placée sous le patronage des saints Côme et Damien, fut élevé à la fin du XVIe siècle sur un point stratégique important, pour contenir les Tchérémisses révoltés.

III.

Après trente heures de voyage, nous arrivons à Kazan. A ma grande surprise, la ville n'est point comme je le croyais située sur le Volga; elle le domine de fort loin. En général, les villes russes ne se rencontrent jamais au point exact où on compte les trouver d'après la carte. Les stations du chemin de fer sont le plus souvent à trois quarts d'heure des faubourgs. Les villes fluviales sont plus loin encore du cours d'eau qui est censé baigner leurs murs. Kazan est en réalité sur les bords d'une petite rivière, la Kazanka, à sept verstes du Volga. Cet éloignement s'explique par les inondations annuelles de ce majestueux et redoutable voisin. La ville s'est réfugiée sur les hauteurs, d'où son kremlin pouvait commander la plaine. Les terres basses qui l'entouraient sont marécageuses et envoient à la ville des miasmes qui en rendent, dit-on, le séjour dangereux pour les étrangers. Plus tard, sans doute, on endiguera le Volga ; on élèvera des quais, des docks. En attendant le brillant avenir que quelques ambitieux rêvent pour elle, Kazan reste prudemment sur la hauteur. Au printemps, la Kazanka et le Volga confondent leurs eaux et forment une nappe immense qui l'entoure de tous côtés. Les bateaux à vapeur viennent alors vous déposer à ses portes; mais, en automne, ils ne dépassent pas l'embouchure de la Kazanka. Des hangars, des cabarets, des hôtels de bas étage peuplent les alentours du débarcadère. Des marchands de gâteaux et de fruits assiégent les pontons; les pastèques, les raisins d'Astrakhan annoncent le voisinage de l'Orient; des portefaix tartares vous offrent leurs services, des cochers russes leurs drochkis. Il n'y a point de cochers tartares.

Nous nous engageons sur une route plate qui conduit à un arc de triomphe. Comme beaucoup de monuments et d'institutions en Russie, l'arc de triomphe n'est qu'un trompe-l'œil. Il est en bois peint. Ses planches disjointes craquent; la couleur salie s'éraille au soleil. Ce monument éphémère rappelle le voyage que le feu Tsarévitch fit naguère à Kazan; il était sans doute alors décoré de verdure et de fleurs. Je ne sais pourquoi on a conservé cette charpente peu élégante. Elle gâte l'ensemble pittoresque et harmonieux que présentent les constructions groupées autour du kremlin et dominées par la tour pyramidale de Sumbek. Une pente assez dure nous amène dans la rue de la Résurrection ; c'est la *Perspective Nevsky* de Kazan, et certainement l'une des plus belles rues de la province russe. Le premier magasin que j'aperçois est celui d'un coiffeur français ; le second celui d'une modiste parisienne. Décidément la civilisation a pénétré jusqu'ici ; l'Orient fuit devant nous ; ni tentes, ni mosquées ; des maisons correctes, des magasins bien alignés.

Le cocher me débarque non point dans un caravansérail, mais dans un hôtel en style *rococo* tenu par un Finlandais. Dumas père a jadis demeuré chez Komonen (c'est le nom du Finlandais) ; la maison a grand air ; les salons meublés en style Louis XV sont fort élégants. Mais, mon Dieu ! que tout cela est peu tartare ! Il me faut pourtant des Tartares à tout prix ; je suis venu ici pour en voir. Je cours à l'université, pour laquelle je suis amplement muni de recommandations ; je trouve un splendide édifice, une bibliothèque de 85,000 volumes, un bibliothécaire d'une obligeance infinie. Je lui expose ma requête ; il m'assure qu'il y a des Tartares, qu'on me les montrera ; je pourrai visiter leurs mosquées, leurs écoles. M. Radloff, un orientaliste pour qui les dialectes de l'Asie centrale n'ont point de secrets, voudra bien me servir de guide et au besoin d'interprète. Me voici rassuré. Je puis maintenant aller faire en paix les visites que je dois aux amis de la veille ou à ceux que je ne connais pas encore. La Russie m'a tellement habitué à sa bienveillante hospitalité que je suis presque tenté de la réclamer comme un droit. Quelquefois j'ai pu dans mes rapports avec les gens du peuple déguiser ma nationalité et constater que l'affection pour la France était vraiment sincère, même dans les couches les plus inférieures de la société. Ici, je n'ai nulle prétention à l'incognito. Il est si bon en sortant de la chambre banale d'un hôtel de se trouver au sein d'une famille affectueuse, en face de la nappe blanche et du samovar hospitalier.

Dans toute ville russe, le kremlin est ce qui appelle d'abord l'attention. Celui de Kazan est moins remarquable que celui de Nijni. Il fut bâti au XVe siècle par le khan Ulu-Mahmet. Il était entouré d'une double muraille en bois et d'un fossé. Aujourd'hui, le fossé est comblé ; les tours qui existaient encore au siècle dernier ont disparu. Quand Ivan le Terrible s'empara du kremlin, il fit raser tous les édifices qu'il renfermait et détruire jusqu'aux tombeaux tartares. La résidence du gouverneur russe s'élève à l'endroit même où jadis était celle des khans. C'est une grande caserne sans style et sans couleur. Vers la pointe du kremlin qui regarde le Volga se dresse la tour de Sumbek. C'est une haute flèche quadrangulaire en briques rouges surmontée d'une boule dorée. Les naïfs veulent y voir le dernier débris de la puissance de la *horde d'or;* les sceptiques rapportent simplement cet édifice au règne de la tsarine Anne (XVIIIe siècle). Il est curieux qu'on n'ait conservé aucun document qui détermine la date exacte de cet édifice. Pour quiconque a étudié Moscou, la tour de Sumbeck est évidemment une copie de celles qui flanquent sur certains points l'enceinte du kremlin. Ces tours moscovites, construites par Solari de Milan, datent du XVe siècle. Les Tartares de Kazan ont longtemps prétendu que le globe dont la flèche est surmontée renfermait des documents d'une haute valeur. On l'a démonté et fouillé en 1830; il était vide.

A l'extrémité opposée du kremlin, on rencontre l'église militaire du Sauveur. Comme la tour de Sumbek, elle est flanquée d'une flèche quadrangulaire qui en est d'ailleurs le seul détail intéressant. Cette église est établie sur l'emplacement que choisit Jean [1] le Terrible au lendemain même de sa victoire. L'attaque avait été rude (1552). Partie de l'embouchure de la Kazanka, l'armée russe vint se briser contre les remparts des assiégés, et il ne fal-

1. Jean ou Ivan. Ces deux formes sont identiques.

lut pas moins que l'intervention personnelle de l'empereur et la protection toute puissante d'une image miraculeuse du Sauveur pour changer la fortune et ramener les troupes russes à l'assaut. L'empereur, plein de reconnaissance pour cette image du Sauveur, ordonna de bâtir une église à l'endroit même où son étendard avait été arboré lors de la prise du kremlin. Cette église, dit la chronique, fut bâtie et consacrée en un jour ; il est vrai de dire qu'elle était en bois et fort petite. On m'a assuré qu'aujourd'hui encore certains dévots font le vœu de bâtir une église en un jour. Il y a dans la langue russe un mot spécial pour désigner ces constructions improvisées. L'église d'Ivan le Terrible fut bientôt englobée dans les remparts de pierre qu'il fit construire pour résister aux revendications persistantes des Tartares. D'après la tradition, l'endroit même où s'élève la tour actuelle du Sauveur était autrefois une mosquée tartare. Du haut de la colline du kremlin, on aperçoit dans la plaine le monument élevé à la mémoire des soldats tués lors de la prise de Kazan. C'est une pyramide tronquée, surmontée d'une croix dorée; on a réuni dans une crypte les ossements que les recherches ont fait découvrir. Puisse-t-elle être légère aux dépouilles qu'elle recouvre! Assurément ce n'était pas le vœu de l'architecte.

Le *Gostinny Dvor* (grand marché) ne diffère guère

à Kazan de ceux que j'ai eu l'occasion de rencontrer dans le reste de la Russie. Il exhale une forte odeur de cuir; les corroyeurs de Kazan sont célèbres. Il renferme une église dans son enceinte, ce qui étonnerait partout ailleurs qu'en ce pays-ci. Des rues proprettes conduisent au *Lac noir*, un petit square élégant, ainsi nommé parce qu'il entoure un étang où croupit une eau dormante. La musique militaire joue dans un kiosque ; la foule encombre le restaurant. Dans les charmilles quelques femmes tartares se dissimulent à peu près aussi discrètement que la Galathée de Virgile. Il me semble que toutes ne sont pas seules et qu'elles n'ont pas trop horreur des chrétiens; leur costume diffère peu de celui des Européennes ; elles ramènent sur leur tête des châles aux couleurs criardes; mais elles ne les ferment point assez pour empêcher d'apercevoir des joues roses, un nez un peu épaté, des yeux brillants : la finesse de leur taille est plus difficile à deviner.

IV.

Sans être allés à Saint-Pétersbourg, beaucoup de nos lecteurs savent que les deux plus remarquables édifices de cette capitale sont Saint-Isaac et Notre-Dame de Kazan. C'est à Kazan qu'il faut chercher le sanctuaire primitif de cette vierge miraculeuse.

C'est un monastère de filles ; l'église du monastère est un édifice correct en style grec, moins grandiose sans doute que celui de Pétersbourg, mais d'un badigeon assez propre et d'un goût assez pur. L'architecte qui en a donné le plan semble avoir eu un vague souvenir du Panthéon d'Agrippa. Les dalles sont en fonte, comme dans beaucoup d'églises russes ; l'église date de 1815 ; mais le couvent remonte à une plus haute origine. Il fut bâti pour recevoir une image merveilleuse dont nous allons raconter la légende : je n'ai pas manqué d'acheter au monastère, pour la somme de quarante kopeks (c'est très-cher), le *Récit de l'apparition de la miraculeuse image de la très-sainte mère de Dieu en la ville de Kazan.* C'est une petite brochure en mauvais slavon. L'écrit a vingt-sept pages in-8. En voici la substance :

« En l'an 7087 de la création du monde ou 1579 de l'ère chrétienne, sous le règne du très-pieux et très-chrétien seigneur le tsar et grand prince Jean Vasilievitch (c'est-à-dire Ivan le Terrible, l'un des pires bourreaux de l'humanité) eut lieu l'apparition de l'image de la très-sainte mère de Dieu, et cela de la manière suivante. Il y avait eu un grand incendie ; les impies blasphémaient. Dieu et la Vierge se résolurent à faire un miracle pour leur imposer silence...

« La Vierge fit apparaître son image, non pas à

l'évêque de la ville, non pas au commandant, non pas à un noble, à un riche, à un sage vieillard ; elle manifesta son image à la fille d'un simple soldat, à la jeune Matrona, âgée de dix ans ; elle la manifesta, lui ordonna d'aller dire à l'archevêque et aux généraux d'arracher cette image aux entrailles de la terre où elle était ensevelie... La jeune fille confia d'abord le secret de cette apparition à sa mère, qui refusa de croire. Mais un après-midi que Matrona dormait dans sa maison, elle se trouva tout à coup transportée dans la cour, et l'image de la très-sainte Vierge lui apparut au milieu des flammes. »

Remarquez que chez les orthodoxes, c'est toujours une image qui apparaît, une image roide, guindée, couverte de lames de métal. La fantaisie populaire, pervertie par les types que l'art byzantin met sans cesse sous ses yeux, ne saurait rêver même pour la Vierge quelque chose de plus gracieux.

Dans la catholique Pologne, soumise plus ou moins aux influences russes ou byzantines, les deux Vierges miraculeuses de Vilna et Czenstochowa sont des images byzantines. En France, au contraire, où l'église ne proscrit point l'art sculptural, le peuple vénère des statues de *Vierges noires*, ou des apparitions de belles dames blanches et bleues. Un miracle extraordinaire, qui n'a jamais eu lieu, et qui certainement n'aura jamais lieu, c'est qu'une statue de la Vierge apparaisse sur les bords du Volga et une *icone* byzantine dans un village des Pyrénées. Les catholiques d'Occident, grâce au prestige d'un art humain et vivant, ont gardé la conception d'êtres surnaturels, d'une beauté idéale et d'une vie céleste. Chez les héritiers des byzantins, les représentations de la divinité se réduisent à n'être que de véritables fétiches plus ou moins richement décorés ; on les baise, on se roule par terre devant eux, on les fait apporter dans sa maison pour en chasser le malin esprit; mais on n'a guère de commerce spirituel avec eux.

Ce qui frappe dans les temples russes, c'est chez les fidèles l'absence de vie intérieure, de méditation et de prière. Je me rappelle à ce propos un incident de mon séjour à Kazan. J'étais entré dans une église pour assister à la liturgie. Appuyé contre un pilier, je méditais ; le bedeau vint me frapper sur l'épaule et m'invita à me tenir « plus convenablement. » On se tient debout ou agenouillé dans l'église orthodoxe; on ne s'y assied point pour converser avec Dieu ou écouter les instructions du pasteur.

Revenons à la Vierge de Kazan.

Une voix effroyable se fit entendre du milieu des flammes et dit à la jeune fille : « Si tu ne répètes pas mes paroles, si tu ne vas pas dire qu'il faut m'arracher aux entrailles de la terre, j'irai me manifester ailleurs, et toi tu périras misérablement. »

Naturellement, la jeune fille eut grand peur; elle tomba évanouie, et dès qu'elle reprit connaissance, elle se décida à rapporter la chose à sa mère, qui raconta le tout à l'archevêque et aux chefs militaires. Ceux-ci refusèrent de la croire.

La mère se mit alors à creuser à l'endroit indiqué et elle ne trouva rien ; l'enfant prit la pioche à son tour et ne tarda point à découvrir l'image. Elle resplendissait merveilleusement, comme si elle fût à l'instant même sortie des mains du peintre. Le peuple accourut; la nouvelle de la découverte se répandit jusqu'à l'évêque. Il ordonna de porter l'image en procession à l'église de Saint-Nicolas et y célébra une liturgie solennelle. Depuis ce temps, l'image fut en grande vénération non-seulement à Kazan, mais dans toute la Russie. La pieuse brochure qu'on m'a vendue quarante kopeks énumère une vingtaine de miracles opérés par elle. Cette énumération est pour ainsi dire la moralité de la légende. Sans le récit de ces miracles, on ne comprendrait guère pourquoi l'image vénérée a jugé à propos de se révéler. Le Dieu orthodoxe ne se met pas volontiers en communication avec les mortels. S'il se manifeste, c'est par des apparitions d'images où lui-même il n'est point représenté.

Le très-pieux empereur Ivan Vasilievitch se réjouit grandement à la nouvelle de la merveilleuse découverte. Il ordonna de construire un temple et un monastère de filles ; la jeune Matrona entra dans ce monastère sous le nom de Mavra; sa mère elle-même « se tondit » quelques temps après. Les miracles que la brochure slavone attribue à l'image se rapportent à des gens aveugles, paralytiques, ou possédés du démon. Elle n'eut point, paraît-il, le pouvoir de guérir la mélancolie furieuse dont était tourmenté Ivan Vasilievitch. Elle fut découverte en 1579; il mourut en 1584. En 1580, il se maria pour la cinquième fois ; il répudia cette cinquième femme pour épouser une Anglaise. En 1581, il tua son fils aîné Jean d'un coup de bâton; Jean s'était permis d'intervenir en faveur de sa jeune épouse, que son père était en train de maltraiter. La Vierge de Kazan avait une belle occasion de montrer son pouvoir, en convertissant ce grand pécheur, en sauvant d'innocentes victimes. Mais elle ne guérit, paraît-il, que les maladies du corps.

V.

Ivan le Terrible était pourtant un homme craignant Dieu bien qu'il n'observât pas tous ses commandements. « Ivan IV, dit un de ces petits livres populaires où j'aime à chercher la tradition nationale, alla conquérir Kazan au nom de la foi et pour la foi. Je ne puis souffrir, disait-il, les persécutions des chrétiens qui m'ont été confiés par le Christ. Je veux me sacrifier pour la foi orthodoxe au péril même de ma vie, et le Seigneur en voyant ma foi indomptable m'accordera la victoire. » L'orthodoxie oublie les cruautés d'Ivan Vasilievitch pour ne voir en lui que l'instrument glorieux de la propagation du christianisme. L'histoire, moins enthousiaste, est obligé de reconnaître que par la conquête de Kazan il a, tout indigne qu'il fût de cet honneur, servi la cause de la civilisation européenne.

Il ne se contenta point de soumettre les Tartares par les armes en établissant au milieu d'eux des postes militaires ; il s'occupa activement de coloniser le pays qu'il venait de donner à la sainte Russie et d'y implanter le christianisme. Les Tartares, exclus de la nouvelle enceinte (*gorod*), se virent forcés de se réfugier dans un faubourg (*sloboda*), où ils vivent encore aujourd'hui. Pour favoriser l'émigration des Russes vers la nouvelle province, le tsar entreprit tout d'abord d'y multiplier les monastères. Ces monastères reçurent de vastes domaines et des privilèges fort importants pour le temps ; ainsi les paysans qui s'établissaient sur leurs terres étaient soumis à la juridiction de l'*hégoumène* (abbé). Dans les affaires mixtes, l'hégoumène avait le droit de siéger avec les officiers civils et militaires. Tout en attirant autour d'eux la population orthodoxe, les moines s'occupaient de la conversion des *busurmanes* (musulmans) et préparaient ainsi de nouvelles recrues à la grande famille russe.

Ivan comprit fort bien tout le profit qu'il pouvait retirer de ces conversions. Pour leur donner une plus vive impulsion, il fit de Kazan le siége d'un nouveau diocèse. Quatre candidats étaient désignés à son choix par leur vertu et leur zèle apostolique. Suivant un usage du temps il s'en remit au jugement de Dieu : les noms jetés dans une urne furent tirés au sort ; il désigna l'hégoumène Goury, qui fut aussitôt consacré par les archevêques de Moscou, de Novgorod et de Rostov. Les historiens russes racontent longuement le voyage triomphal, l'entrée solennelle de Goury dans sa nouvelle résidence. L'empereur et le métropolitin de Moscou lui avaient donné des instructions fort sages et inspirées par un véritable esprit politique. « Il faut, disaient-elles, traiter les Tartares avec une grande douceur. S'il en est qui viennent trouver l'archevêque, il faut leur donner à manger, leur faire boire du kvas, de l'hydromel, les héberger affectueusement, leur parler avec douceur, afin que les autres, voyant ces ces bons traitements pour les nouveaux convertis, leur portent envie et bénissent avec eux le Père, le Fils et le Saint-Esprit. » Les jésuites, si habiles à gagner les âmes, n'eussent point certes parlé autrement.

Les instructions impériales recommandent d'éviter également la violence et la surprise. « Il convient de ne baptiser que ceux d'entre les Tartares qui en manifesteront le désir, qui sont déjà bien instruits et convaincus des vérités du christianisme; il est bon de les inviter quelquefois à la table épiscopale. Si un Tartare est poursuivi pour une faute quelconque, qu'il se réfugie chez l'archevêque et qu'il demande à être baptisé, l'archevêque pourra lui accorder le droit d'asile. » Cette clause a dû valoir au christianisme plus d'un nouvel adhérent. « En outre, l'archevêque aura le droit et le devoir d'intercéder en faveur de ceux des païens qui ne réclameront point son secours. Les Tartares s'accoutumeront ainsi à voir en lui leur protecteur naturel. L'archevêque devra être consulté par les chefs militaires sur toutes les affaires importantes; il veillera à ce que la conduite des boïars et des officiers ne donne aux infidèles aucun sujet de scandale; si elle viole en quelque chose la loi chrétienne, il devra faire des remontrances aux coupables; s'ils persistent, dénoncer leur conduite au tsar. » Les historiens religieux de la Russie ne manquent pas d'attribuer ces mesures à l'inspiration de l'Esprit saint. Elles furent à coup sûr dictées par un instinct de politique et d'humanité qui surprend chez le Néron moscovite.

On n'a malheureusement pas de détails très-exacts sur les résultats de cette propagande. On sait qu'il y eut des conversions, mais on n'en connaît pas le chiffre. Peu de temps après la conquête, des Tartares néophytes furent martyrisés par leurs compatriotes mahométans. Sur plus d'un visage russe, il est facile de reconnaître les traces d'une origine étrangère.

Kazan est aujourd'hui l'une des villes les plus florissantes de la Russie religieuse. Les églises y sont aussi nombreuses que dans les autres villes. L'une d'entre elles fut bâtie par un marchand pour remercier Dieu de l'honneur que Pierre le Grand lui avait fait en dînant chez lui. Le style de ces édifices est varié. Ils égaient la monotonie des rues, qui presque toutes se coupent ici à angle droit; n'étaient leurs clochers et leurs coupoles, on se croirait à Mannheim ou à Carlsruhe. Voici l'université, voilà le gymnase; plus loin le théâtre, qui possède parfois une troupe d'opéra. L'opéra à Kazan! Devant ce théâtre, au bout d'un enclos désert qui deviendra sans doute un square s'élève la statue de Derjavine, le grand poëte russe qui naquit à Kazan en 1747. Les extrêmes confins de la Russie ont largement contribué à la gloire de la littérature nationale. Lomonosov est né à Arkhangel sur la mer Blanche, Karamzine à Simbirsk, sur le Volga, Derjavine à Kazan. A tous trois, la patrie reconnaissante a décerné des monuments ridicules. Sur une place d'Arkhangel, Lomonosov grelotte demi-nu, une lyre à la main. A Kazan, Derjavine en toge et les pieds chaussés de sandales, semble attendre la pendule dont il devra faire le disgracieux ornement. A Simbirsk, Karamzine, indigné sans doute du mauvais tour joué à ses collègues, s'est fait représenter sous les traits de Clio jouant de la trompette. Les bons moujiks n'ont jamais pu comprendre ce que cette vieille femme noire (*tchornaïa baba*) avait affaire dans leur ville. Quand donc les Russes se décideront-ils à abandonner le genre pseudo-académique pour trouver un style à eux? Croit-on populariser la mémoire des grands hommes en les présentant à leurs compatriotes sous de grotesques déguisements? Il est vrai que Lomonosov, Karamzine, Derjavine ont été en somme des écrivains plus académiques que nationaux. Leurs monuments ont été conçus dans le style de leurs œuvres. *Et receperunt mercedem suam vani vanam.* Fort remarquables pour le temps où ils parurent, les écrits de Derjavine rappellent plus ou moins ceux de Thomas, d'Ecouchard Lebrun et de Marmontel. Ils sont au vrai classicisme ce que les édifices en brique badigeonnée de Kazan peuvent être aux temples grecs taillés dans le marbre du Pentélique. Derjavine, dont l'académie russe édite en ce moment avec un grand luxe les œuvres complètes, n'en a pas moins rendu de très-grands services à la littérature nationale. Il a préparé Pouchkine. Derjavine était d'origine tartare. Il prétendait descendre d'un certain Bagrim Murza qui faisait partie de la *Horde d'or*.

En montant vers la ville haute, nous rencontrons l'académie de théologie, l'un des quatre grands établissements de ce genre que possède la Russie, et le cimetière où reposent dans des sections différentes les orthodoxes, les protestants et les catholiques. Parmi les tombes catholiques, j'ai relevé plus d'un nom et plus d'une épitaphe polonaise. Là reposent les déportés que le hasard de la révolution a envoyés mourir sur la terre d'exil. Il est peu de nécropoles plus mélancoliques.

Il nous reste maintenant à pénétrer dans le quartier tartare; mais avant de l'étudier, nous visiterons en passant le gymnase et l'université; ils nous donneront la mesure des progrès accomplis par la culture européenne dans ces régions qui lui étaient jadis étrangères. Nous pourrons, après cet examen, apprécier toute la distance qui sépare les conquérants russes des vaincus asiatiques.

CHAPITRE V.

KAZAN ET LES TARTARES.

KAZAN ET L'UNIVERSITÉ. Le Gymnase. — Son histoire. — Vicissitudes de la discipline. — L'Université. — Riche bibliothèque. — Réflexions sur les universités russes.
LE QUARTIER TARTARE. Physionomie générale. — Négociants et *garçons* tartares. — La mosquée. — L'acte et le symbole. — Le mollah. — Le medressé. — Efforts pour civiliser les Tartares — M. Radloff. — L'hospitalité du Mollah.

I.

Nous avons vu comment le christianisme fut importé à Kazan : il y fit des progrès rapides ; dans toute la partie russe de la ville, la seule que nous connaissions jusqu'ici, l'orthodoxie règne en souveraine maîtresse ; l'œil cherche en vain les minarets des mosquées ; il n'aperçoit que les croix, et les coupoles des églises. Voyons maintenant comment la culture moderne a pénétré ici ; deux monuments personnifient le triomphe de cette culture : le gymnase et l'université. Le gymnase est l'un des beaux édifices civils de la ville, si tant est que la brique, le plâtre et le badigeon puissent se combiner ensemble pour donner une idée de la beauté. Je le visitai un soir, quelques jours à peine après la rentrée scolaire; les élèves pensionnaires étaient dans leurs études en train de prendre leurs récréations; ils avaient vraiment bonne mine sous leur tunique de drap bleu à boutons blancs. Des garçons allaient et venaient, distribuant les verres de thé, avec ou sans lait, qui constituent là bas le fond de l'alimentation. Nos lycéens d'occident auraient quelque peine sans doute à se faire au régime de leurs collègues de Kazan; le matin un verre de thé et du pain; à midi soupe et viande: à trois heures du thé, à sept heures du soir, thé pour la troisième fois. On montre avec orgueil aux étrangers la salle des *actes* ou solennités universitaires, ornée d'images saintes, des portraits des membres de la famille impériale ou des bienfaiteurs de l'établissement. J'ai remarqué dans les collections une série de types ethnographiques fort bien exécutés. Rien de ce que j'ai pu voir ne m'a paru inférieur aux établissements similaires de l'Occident. L'économe qui me conduisait avec beaucoup d'obligeance n'oublia pas de me faire remarquer que le gymnase était le premier en date de toute la Russie, et voulut bien me remettre en souvenir de ma visite une médaille commémorative du jubilé centenaire de la maison.

Je n'ai point à faire ici l'histoire de l'éducation secondaire en Russie; il faudrait donner trop ou trop peu de détails. On ne saurait écrire cette histoire sans retracer celle du gymnase de Kazan; ses vicissitudes sont intimement liées à celles des études classiques chez les Russes. L'académie des sciences de Saint-Pétersbourg fut fondée en 1724 ; l'université de Moscou en 1755 ; le gymnase de Kazan en 1758. A cette époque l'éducation classique n'existait pas encore en Russie. Les monastères étaient les seules écoles du pays ; la théologie faisait tous les frais de l'enseignement. Les familles aristocratiques prenaient à leur service des précepteurs étrangers fort ignorants pour la plupart. Ce fut évidemment une pensée politique qui fit ouvrir à Kazan le premier gymnase. La Russie avait conquis ces régions par les armes d'abord, par la religion ensuite ; elle allait maintenant y planter le drapeau de la science moderne. Les habitants de ces contrées n'avaient pas comme ceux de Pétersbourg et de Moscou des maîtres tout prêts sous la main. Les peuples *allogènes* [1] n'auraient jamais eu l'idée d'initier leurs enfants aux arts de l'Europe s'ils n'avaient été séduits par le prestige d'un établissement impérial dont l'éducation devait procurer à ses élèves priviléges, honneurs et dignités.

Les commencements de la nouvelle institution furent humbles et difficiles. Elle débuta avec qua-

1. Je traduis ainsi le russe *inorodtsy*, mot à mot populations d'une autre race ; on désigne ainsi en Russie les populations qui n'appartiennent point à la race slave et ne professent point le christianisme.

torze élèves seulement. (On en compte plus de trois cents aujourd'hui, et Kazan possède un deuxième gymnase.) Elle était entretenue sur les fonds de l'université de Moscou, mais cette mère avare traitait fort mal sa fille aînée; l'argent manquait souvent et le directeur était obligé d'inviter les parents à fournir leurs enfants d'aliments en nature; les maîtres faisaient défaut, et, de méthode pédagogique, il n'en était pas question. L'insurrection de Pougatchev ruina l'institution naissante (1774). Elle se releva pourtant, et vers 1786 elle comptait plus de cent élèves. On y donnait des représentations théâtrales fort goûtées des habitants. Un beau matin, l'université de Moscou abandonna complétement le gymnase, qui dut fermer ses portes pendant dix ans (1788-1798).

Rouvert sous Paul Ier, il reprit un rapide essor; en 1805, une université fut créée à Kazan; elle eut d'abord pour siége le local même du gymnase. Elle lui fournit en échange les maîtres qui lui manquaient jusqu'alors. Pendant l'invasion de la Russie par Napoléon, Kazan abrita dans l'enceinte du gymnase l'université de Moscou, et les élèves transformés en soldats fournirent des défenseurs à la patrie menacée. Les événements dont l'Europe était le théâtre depuis 1789 avaient fini par avoir leur contre coup sur les bords du Volga. Des idées subversives venues d'Occident avaient bouleversé la jeunesse. « Le gymnase, dit un historien officiel, était dans un état déplorable. La moralité des élèves baissait. » Que faut-il entendre par ces graves paroles? L'historiographe du gymnase cite quelques farces d'écoliers qui se produisent quotidiennement dans les universités allemandes et qui n'effrayent personne. Mais en Russie on se faisait une autre idée de la discipline. Le gouvernement s'émut; il envoya à Kazan un fonctionnaire spécial, un inspecteur en mission extraordinaire, un *revisor*, pour employer le mot que la comédie de Gogol a rendu célèbre. Il s'appelait Magnitsky et ses exploits ont laissé un long souvenir dans les fastes scolaires de Kazan.

Il se présenta tout à coup, vêtu en général, tout galonné d'or; clément aux bons, terrible aux méchants, il changea tout le personnel de l'établissement et transforma le régime du gymnase en une discipline de couvent. A lire les mémoires que nous ont laissé les élèves du temps, on se croirait dans quelque chartreuse. Ce ne sont que pieuses lectures, jeûnes ascétiques, offices nocturnes, scènes bibliques ou évangéliques. Un rapport, lu en 1822 par le secrétaire du gymnase, le comparait dévotement au peuple d'Israël gouverné par Salomon; les instituteurs des villes, coupables de quelques négligences dans le service, étaient envoyés *en retraite* au gymnase de Kazan. Un jour, deux élèves s'étant brouillés pour je ne sais quel futile motif, furent mis en prison, puis invités à se réconcilier solennellement, après avoir trois fois frappé le sol du front devant tous leurs camarades assemblés. La discipline, pour chrétienne qu'elle fût, n'était pas très paternelle; les coupables étaient successivement privés de dîner, de souper, de matelas pour dormir, enfermés au cachot, battus de verges. Des publicistes contemporains ont remis en lumière ces épisodes d'un régime, grâce à Dieu, entièrement disparu.

En ce temps-là, le personnel surveillant et enseignant était fort disparate : le censeur du collége était un prisonnier français de 1812, un ancien tambour de la grande armée, nommé Rolland ; il prenait le titre de *musicien* et menait ses élèves... à la baguette. Certains professeurs étaient allemands et parlaient le russe d'une manière ridicule. A cette période, dit l'historiographe officiel, se rapporte un événement qui éveilla de tristes pensées dans le cœur des fonctionnaires et des élèves. On enleva au gymnase le titre d'impérial à la suite d'une enquête qui prouva que l'établissement n'avait aucun droit à porter ce titre. « Je me rappelle, dit dans ses mémoires un des élèves, que peu de jours après cet événement, j'écrivais à ma mère pour le lui annoncer : *j'inondai littéralement la lettre de mes larmes.* » Peu d'élèves russes seraient aujourd'hui capables de cette sensibilité. La précieuse épithète fut définitivement restituée au gymnase en 1868, à l'occasion de son jubilé séculaire.

Certes, à en juger par cette rapide esquisse, le gymnase de Kazan n'est pas devenu du premier coup un établissement modèle. On n'improvise pas un système pédagogique; on ne réussit point à créer du jour au lendemain un personnel enseignant. Le personnel des élèves était peu commode à manier; ce n'était pas chose facile que d'assujettir à une règle unique des adolescents appartenant à toutes les races et à toutes les confessions. Je vois qu'en 1841 le gymnase comptait deux cent douze élèves répartis entre les nationalités russe, allemande, hongroise, anglaise, italienne, tartare, kalmouke, bachkire, mestchérienne et bouriate. Au point de vue religieux, ils se divisaient en orthodoxes, luthériens, catholiques, mahométans et bouddhistes. Terrible troupeau à conduire!

Tous ces efforts, tous ces tâtonnements n'ont pas été perdus, cependant; le gymnase a donné à la Russie de vaillants serviteurs; il a initié les enfants de la steppe aux bienfaits de la civilisation; il a continué, par les mathématiques et par l'histoire, par le latin et par le grec, l'œuvre d'Ivan le Terrible et des premiers évêques de Kazan. Les expériences, les tâtonnements dont il a été l'objet, ont profité aux autres gymnases russes; il a initié à l'Europe les enfants de l'Asie; il a fait connaître l'Orient à la

Russie; le persan, le tartare, le chinois ont été enseignés au gymnase de Kazan. Il est devenu une pépinière d'orientalistes, et sans lui on n'aurait peut-être pas pu ouvrir cette faculté orientale qui fait tant d'honneur à l'université de Saint-Pétersbourg. Le gymnase, malgré les faiblesses inséparables d'un essai d'organisation, a rendu à la Russie de sérieux services et il a le droit d'en être fier.

Sans lui, d'ailleurs, l'université n'existerait pas, l'université grâce à laquelle Kazan est devenue la capitale intellectuelle de l'Orient russe. C'est l'un des plus vastes monuments de la ville; un portique grec surmonté d'un fronton athénien appelle de loin l'attention sur l'édifice; il est bâti sur de larges proportions, et installé avec plus de luxe que ne l'est telle faculté renommée d'Allemagne, par exemple celle de Heidelberg. La bibliothèque que je visite tout d'abord possède plus de quatre-vingt mille volumes et se tient au courant des plus récentes publications : les livres nouveaux de Paris, de Londres, de Berlin, les derniers numéros de nos revues littéraires et scientifiques s'étalent sur la table du conservateur; les fonds alloués par l'état pour l'entretien d'une bibliothèque universitaire sont fort considérables : six mille roubles pour achat de livres, mille roubles pour abonnements aux journaux et revues. Les professeurs ont une salle de lecture spéciale; on y trouve un certain nombre de journaux politiques. C'est un véritable cercle universitaire; on y fume, on y prend du thé et du café. J'y ai rencontré une affectueuse et fraternelle hospitalité.

L'université de Kazan comprend les quatre facultés des lettres, sciences, droit et médecine ; indépendamment des amphithéâtres et collections anatomiques, un observatoire y est annexé ; elle possède un musée par ses collections orientales ; la bibliothèque était autrefois fort riche en manuscrits qui ont été depuis transportés à Saint-Pétersbourg. En dehors de l'université proprement dite, Kazan possède encore une académie théologique indépendante ; les professeurs de cette académie publient une revue mensuelle fort estimée des orthodoxes. Cette revue, jointe à celle de l'université dont je parlerai tout à l'heure et au bulletin de l'archevêché, constitue toute la presse de Kazan ; le journalisme est représenté par la feuille officielle du gouverneur et par un journal bi-hebdomadaire, consacré à la littérature et au commerce : *La Gazette de la Kama et du Volga.* C'est peu pour une ville dont la population dépasse 90,000 habitants. En dehors de la ville, les campagnes lisent peu et la vie politique dans cet empire absolu vient tout entière de la capitale.

A en juger seulement par les apparences, l'université doit être un centre de travail sérieux. Cependant il est assez de mode dans un certain monde de dénigrer quand même la Russie et par suite ses universités. En Allemagne, par exemple, on représente volontiers la Russie comme un pays où il y a des chaires sans professeurs ou des professeurs sans élèves. En France, on ne peut pas s'imaginer que la langue russe a définitivement pris droit de cité dans l'enseignement supérieur, on persiste à croire que cet enseignement se donne en français ou en allemande.

Les choses se sont en effet ainsi passées dans les premiers temps de la fondation de l'université. Pas plus que le gymnase dont elle est issue elle n'a pu recruter du premier coup un personnel enseignant. Bon gré, mal gré, il fallut faire venir d'Allemagne des professeurs; on vit arriver alors des bords de l'Elbe et du Rhin, les Fuchs, les Braun, les Frœhn, les Hermann, etc... En 1812, sur trente chaires établies, onze seulement étaient occupées par des nationaux. Les cours se faisaient en russe, en latin, en allemand, en français. Cette variété d'idiomes était peu favorable au progrès des études; elle était même un obstacle à une bonne administration de l'université. Dans les séances du conseil, il fallait traduire les protocoles du latin en russe et *vice versa*. De là des conflits sans fin ; cette tolérance pour les langues étrangères n'était que provisoire; peu à peu le russe prit la place qui lui appartenait de droit. Dès 1812, trois des Allemands nouveaux venus faisaient déjà leurs cours en russe; au pied de leurs chaires s'élevait une génération d'étudiants indigènes qui allaient bientôt être en état de remplacer les étrangers.

Aujourd'hui tout le personnel enseigne en russe dans les quatre facultés (sauf toutefois les lecteurs de langues vivantes). On rencontre sur la liste des professeurs des noms exotiques; mais ceux qui les portent sont naturalisés russes de fait ou de droit, et parfois même ignorent la langue du pays auquel leur nom semble les rattacher. A la fin de l'année 1872, le personnel de l'université comprenait cinquante-six professeurs ordinaires, extraordinaires ou docents. Certaines chaires étaient déclarées vacantes, et ce fait semble donner raison aux critiques des Allemands. Par exemple, les chaires d'esthétique et d'histoire des législations slaves n'ont jamais été occupées. Il n'y a rien là de bien étonnant. Le gouvernement russe a tracé à ses universités un cadre excessivement vaste, et embrassant toutes les divisions de la science; mais ce cadre est pour ainsi dire idéal et ne peut être rempli utilement que dans les grands centres, à Pétersbourg, à Moscou. L'enseignement de l'esthétique et de l'histoire de l'art se comprend dans une ville comme Saint-Pétersbourg, en face des trésors de l'Hermitage; il n'a que faire à Kazan, dans un pays où n'ont jamais existé ni ateliers, ni galeries, ni traditions artistiques. Plus tard, on verra; pour le moment, on peut attendre. La chaire peut rester vacante sans qu'il y ait une lacune sérieuse dans l'université. Ces considérations s'appliquent également à la chaire de droit slave; les étudiants de Kasan sont plus pressés d'étudier la législation russe ou celle des populations bouddhistes et musulmanes de l'empire que les codes de la Serbie ou de la Bohême. Ils visent aux connaissances pratiques et laissent de côté tout ce qui ne serait qu'un vain luxe d'érudition. A l'époque de mon voyage, Kazan n'avait pas non plus de professeur en titre pour la philosophie, la littérature grecque et romaine, la philologie comparée. Cela ne veut pas dire que ces branches de la science fussent entièrement négligées à Kazan; la chaire au lieu d'avoir un professeur en titre, était simplement confiée à un *docent*, c'est-à-dire à un professeur aspirant ou suppléant. Ainsi la logique et la psychologie étaient alors enseignées par un professeur de l'académie de théologie, le grec et le latin par deux maîtres du deuxième gymnase. Il faut distinguer soigneusement entre les chaires inoccupées et celles qui provisoirement n'ont pas de professeur titulaire.

On peut se faire une idée des travaux de l'université de Kazan en parcourant le recueil trimestriel de ses mémoires. (*Zapiski*). Il a été fondé en 1834. Parmi les études publiées dans les deux dernières années, je rencontre des recherches sur les droits romain, slave et germanique, sur les législations de l'Orient, sur l'écriture à Rome pendant la période des rois, sur les anciens habitants du tsarat de Kazan, sur Savonarole et Florence, sur la guerre des Albigeois. L'auteur de ce dernier travail, M. Osokine, professeur d'histoire à l'université, ne lui a pas consacré moins de deux gros volumes. Il a pu l'écrire tout entier à Kazan, en se contentant des ressources qu'offre la bibliothèque de l'université. Kazan voit ainsi paraître chaque année, grâce aux professeurs de l'université et de l'académie théologique, un certain nombre de volumes qui font bonne figure dans la littérature russe, et qui contribuent à la propager vers l'Orient. A l'université sont annexées deux sociétés savantes, l'une de médecine, l'autre d'histoire naturelle. Elle possède une imprimerie spéciale où l'on imprime en russe, en arabe, en tartare. Elle comptait en 1872 près de sept cents étudiants, et la valeur seule de la bibliothèque était évaluée à près d'un million. Nous sommes bien ici en pleine Europe, et le voyageur est quelque peu surpris quand tout à coup, en sortant de ces amphithéâtres et de ces laboratoires, il aperçoit là-bas, près d'une eau dormante, les lourdes coupoles et les minarets effilés des mosquées musulmanes.

II.

Le quartier, ou pour employer le mot russe la *sloboda* tartare, s'allonge au bas de la colline où Kazan s'élève, et s'étend jusqu'au bord d'un lac aux eaux dormantes, le lac Kaban, si j'ai bonne mémoire. Au premier abord, les mosquées seules distinguent la sloboda des faubourgs des villes russes; les maisons sont en bois comme les izbas russes; les magasins ont généralement des enseignes russes, et la nationalité du patron ne se devine qu'à la forme exotique de son nom. A peine ai-je aperçu deux ou trois enseignes et une seule affiche en tartare. Le costume des hommes n'a rien d'extraordinaire; une veste et un large pantalon; sur la tête une calotte jadis brodée; peu ou point de barbe; des oreilles un peu longues qui semblent plus longues encore sur une tête rase. Les femmes jouissent d'une liberté relative; elles se montrent dans les rues; elles couvrent leur tête d'une sorte de diadème en carton sur lequel elles ramènent un châle qui enveloppe la taille et les épaules. Elles aiment les couleurs criardes et les contrastes bien tranchés, par exemple un châle rouge sur un jupon vert. Leur teint qu'on devine aisément est beaucoup plus clair, leur peau plus fine que celle des hommes.

Les Tartares de Kazan exercent toutes sortes d'industries manuelles et s'entendent aussi bien que les Russes à faire l'article, à amorcer le chaland ; quelques-uns d'entre eux ont créé à Kazan des fabriques importantes, mais ce qui leur plaît surtout, ce sont les industries voyageuses, le colportage qui leur rappelle évidemment la vie nomade des anciens jours. Certains commerces d'exportation sont presque entièrement dans leurs mains, par exemple le trafic du sel, du lard, du cuir, du blé ; leur qualité de mahométans leur a souvent ouvert l'accès de peuples asiatiques qui se seraient fermés au commerce moscovite ; on cite des Tartares de Kazan qui font un grand négoce avec la Boukharie, Khiva, la Perse et même la Chine. Les moins riches d'entre eux se mettent au service des Russes et deviennent garçons de restaurant ; ils ont fort bonne mine sous le frac noir et la cravate blanche, et l'on aurait quelque peine à reconnaître en eux les farouches descendants de la Horde d'or. La civilisation européenne attire et enveloppe ces fils de l'Asie sans les absorber ; on me cite tel Tartare qui, après avoir servi vingt-cinq ans dans les établissements de Pétersbourg, est revenu dans la *sloboda* natale, a pris trois épouses légitimes, et les tient enfermées dans son petit harem. Durant les longues soirées d'hiver, il leur raconte les aventures de la jeunesse dorée. Il se compare au garçon français qu'il trouve trop bruyant, au Kellner allemand qui lui paraît trop lourdaud, et se donne modestement la préférence. Il est de fait que pour la promptitude et la discrétion du service, le garçon tartare ne saurait être comparé qu'au *waiter* anglais.

Les relations perpétuelles avec les Russes, l'influence irrésistible de l'exemple ont beaucoup contribué à modifier chez les Tartares les anciennes mœurs musulmanes; la polygamie s'en va; les pauvres n'enferment plus leurs femmes; les femmes ne se couvrent qu'à moitié le visage, juste assez pour faire mieux briller leurs yeux noirs. On voit de riches Tartares mener leur unique épouse au théâtre russe de Kazan, à la foire de Nijni, dans les deux capitales. Une fois égaré dans les villes, le Tartare qui verse au *Giaour* le vin de France ne dédaigne pas pour lui-même l'eau-de-vie russe, la *vodka* si chère aux gens du Nord. Toutefois il se livre rarement à l'ivresse.

Je me trouvais précisément dans la sloboda à l'heure de l'office religieux. Mon excellent guide, M. Radloff, m'offrit de m'y faire assister. Ce n'est pas chose facile pour un chrétien. Je l'avais essayé naguère en Bosnie, et je n'avais réussi qu'à visiter une mosquée déserte, non sans avoir préalablement ôté mes bottines.

Un gardien vigilant surveille la porte de la mosquée et n'y laisse pénétrer ni les infidèles, ni les gens chaussés ; le vestibule est constellé de galoches de toute espèce. Les croyants ont trouvé le moyen de tourner la lettre de la loi ; ils n'entrent pas nu-pieds dans le temple d'Allah ; ils se contentent de laisser leurs galoches à la porte, comme dans les villes de province on ôte ses caoutchoucs avant d'entrer dans le salon. La prescription est d'autant plus facile à suivre que dans ces pays de durs pavés, de boues liquides et de poussières profondes tout le monde porte double chaussure. M. Radloff ôte ses galoches ; moi, qui n'en ai point, je ne saurais imiter son exemple. Je paie d'audace, je secoue énergiquement mes pieds au milieu d'un tas de sandales, et je monte l'escalier. J'ai remplacé l'acte par le symbole, ce qui est, comme on sait, l'une des phases les plus importantes de l'évolution religieuse dans l'histoire de l'humanité.

Nous entrons dans la mosquée. C'est une rotonde fort simple; le long des murs blanchis à la chaux circule une tribune soutenue par des piliers de bois; elle est ornée de versets du koran. Dans la niche qui fait face à la porte d'entrée, le mollah est assis ou plutôt accroupi; les fidèles accroupis en cercle autour de lui tiennent leurs mains ouvertes, les paumes jointes, et semblent y lire des caractères mystérieux. Ni femmes, ni enfants; Mahomet ne les admet pas dans son sanctuaire. Le mollah murmure sur un rhythme monotone les paroles sacrées.

Nous restons debout près de la porte sans que les fidèles paraissent s'émouvoir de la présence de deux Européens. Il est vrai que M. Radloff n'est pas un étranger pour eux; leur langue lui est familière; beaucoup d'entre eux le connaissent personnellement et le mollah est un de ses amis. L'office terminé, après les génuflexions et les prosternements d'usage, les fidèles s'écoulent lentement. Je me perds dans la foule, et arrivé à la porte, pour sauver les apparences et ménager la responsabilité de mon bienveillant introducteur, je fais semblant de reprendre les chaussures que je n'ai point quittées. Décidément le symbolisme entre vite dans les mœurs.

Le mollah apparaît. M. Radloff veut bien me présenter à lui; le mollah me salue en sa langue: je réponds par un compliment russe; à ma grande surprise le vénérable Tartare n'entend point cet idiome; il possède à fond l'arabe et n'a point appris le russe! Il est allé faire à la Mecque le pèlerinage obligatoire pour tout bon musulman; il n'a jamais mis les pieds à Moscou. Je comprends maintenant quels obstacles la différence des religions oppose à l'assimilation des peuples allogènes. Tandis que le gouvernement russe s'efforce de les attirer vers l'Europe, ils tiennent obstinément les yeux tournés vers l'Orient. Le cas échéant, ils n'hésiteraient pas entre Pétersbourg et Constantinople. Je commence à comprendre aussi l'étrange rigueur de la loi russe qui défend au sujet orthodoxe de changer de religion. Cette disposition paraît au premier abord monstrueuse. Il semble absurde qu'un sujet russe ne puisse, sans perdre sa nationalité, passer au protestantisme ou au catholicisme, mais que serait-il arrivé si dans des siècles grossiers la propagande religieuse avait pu s'exercer librement dans l'Orient russe? n'aurait-on pas vu plus d'une fois les prêtres bouddhistes ou mahométans abuser de l'ignorance du moujik pour l'entraîner dans le paganisme? Etant données certaines formes de la vie sociale chez les allogènes, par exemple la polygamie, la vie nomade, n'aurait-il pas été à craindre que certains paysans russes abandonnassent leur religion pour avoir la faculté de tenir un harem ou de vivre sans domicile? Évidemment ici la religion et la nationalité sont unies par des rapports qui les identifient pour ainsi dire l'une à l'autre, et il n'est pas étonnant que la législation ait pris des mesures pour protéger tout ensemble l'intégrité de l'orthodoxie et l'unité de l'empire.

Le mollah apprend que je m'intéresse aux établissements scolaires, et il m'invite à venir visiter son *médressé* (école). Chose bizarre! L'enseignement populaire est plus répandu chez les Tartares que chez les Russes. Le pope orthodoxe admet parfaitement que ses ouailles ne sachent pas lire; le mollah considère l'instruction comme inséparable de l'islam.

Tout village tartare a sa mosquée, toute mosquée a son école : les deux édifices ont un caractère religieux : l'étude vaut la prière aux yeux du musulman ; il est vrai que l'enseignement est dans toutes ses branches dominé par le koran ; la grammaire et la logique s'y rattachent. Comme chez les scolastiques du moyen âge, la philosophie n'est ici que l'humble servante de la théologie. La base des études, ce n'est point la langue russe avec les sciences et les méthodes de l'Occident, c'est l'arabe avec les préceptes du koran ; les manuels que le maître emploie sont d'anciens livres arabes, où la doctrine oscille entre Mahomet et Aristote. Cette éducation développe chez ceux qui la reçoivent un goût tout particulier pour la littérature arabe ; les livres arabes deviennent leur lecture favorite. En revanche, ils méprisent profondément l'idiome national.

L'école où j'entrai avec le mollah n'avait en effet rien de commun avec celles de l'Occident : pour tout mobilier des tapis par terre et une planche le long du mur ; les élèves accroupis écoutent et répètent mécaniquement des leçons où la mémoire a plus de part que le jugement. Cette éducation maintient les Tartares sous la domination actuelle de l'ancienne Arabie ; une littérature originale ne s'est même pas constituée chez eux ; le peu de livres qu'ils possèdent est écrit dans un jargon mêlé d'arabe, de turc, de persan. Le Tartare commerçant apprend le russe; il en sait assez pour faire ses affaires; mais les idées européennes, même sous la forme tempérée où la Russie les apporte, lui restent absolument étrangères.

Le gouvernement russe ne pouvait rester indifférent à cet état de choses, il favorise de tout son pouvoir les conversions qui peuvent s'accomplir par la persuasion; mais les principes de tolérance dont il ne s'est jamais départi vis-à-vis des *allogènes* ne lui permettent pas de tenter les conversions violentes. Depuis quelque temps, il a du moins essayé d'arriver à contrôler les écoles et à en transformer l'enseignement. Il a trouvé un précieux auxiliaire dans M. Radloff; il l'a chargé de surveiller les écoles et de rédiger pour elles des livres élémentaires capables d'y faire pénétrer les idées modernes. En 1872 et 1873, M. Radloff a publié à Kazan trois volumes qui paraissent devoir inaugurer une ère nouvelle dans l'éducation des Tartares : le *Bilik* ou livre de lectures comprenant des récits moraux, des articles d'histoire naturelle, de cosmographie, des épisodes de l'histoire russe. Le *Hisablik* ou traité élémentaire d'arithmétique. Ces deux ouvrages sont en tartare. Le troisième, qui est une grammaire russe, est bilingue. M. Radloff s'est efforcé d'écrire autant que possible dans le pur dialecte du pays; il a évité la terminologie arabe et s'est appliqué à en créer une nouvelle. C'était la partie la plus difficile de sa tâche : la grammaire arabe est jusqu'ici la seule que l'on ait enseignée dans les *médressés*. Les Tartares n'imaginent même pas que leur idiome puisse avoir des règles. Mais la grammaire telle que l'ont conçue les grammairiens arabes n'a rien de commun avec le russe ni avec le tartare lui-même. Il a donc fallu créer un ensemble de mots nouveaux. Ce travail ne pouvait pas être l'œuvre du premier venu, et pour l'exécuter il ne fallait pas moins que l'érudition de M. Radloff. Les connaisseurs affirment qu'il a parfaitement réussi.

Je ne sais si le mollah qui nous faisait les honneurs de son école était au fond bien satisfait de voir son enseignement soumis désormais au contrôle d'un Européen. Toutefois il n'en témoignait rien, et, pour mettre le comble à son obligeance, il nous invita à venir prendre le thé chez lui. Le salon où il nous reçut était entièrement meublé à l'européenne. Le samovar fumait sur la nappe blanche. Tout en nous servant le breuvage parfumé, accompagné de pâtisseries fort peu asiatiques, le mollah s'informait — par interprète bien entendu — de mes voyages et me demandait des nouvelles de quelques-uns de nos orientalistes; les noms de MM. de Sacy et Caussin de Perceval étaient arrivés jusqu'à lui. Puis il me parla de sa femme, me montra quelques-uns de ses bijoux et des broderies de perles qu'elle avait elle-même exécutées. Naturellement la dame ne parut point. Ils n'avaient d'autre enfant qu'une petite fill: âgée d'une douzaine d'années; elle se tenait dans la pièce voisine auprès de la porte entr'ouverte, et comme son père lui tournait le dos, elle passait par moment sa tête blanche et rose, et jetait un rapide et discret regard sur les étrangers. Je crois bien que si le père n'avait pas été là, la curiosité enfantine aurait fini par l'emporter sur les prescriptions du koran. Malgré tous mes efforts, je n'ai pas pu décider mon hôte à parler ou à répondre en russe; il en savait pourtant plus qu'il ne voulait le faire paraître; mais il mettait une sorte de vanité nationale et religieuse à se réfugier dans les ténèbres de son Orient.

Et pourtant elles se dissipent chaque jour, ces ténèbres! Kazan est bien aujourd'hui une ville européenne; notre civilisation a depuis longtemps franchi le Volga; elle gagne la Sibérie; elle a planté sa bannière dans l'Asie centrale; elle va dans quelques années jeter un immense chemin de fer entre la Russie et l'Inde anglaise; Kazan en deviendra l'une des stations principales. Comment l'inertie musulmane pourrait-elle tenir contre le flot toujours montant du progrès? L'Asie recule sans cesse devant les populations mahométanes du Volga; l'Europe les enveloppe et les étouffe; bon gré mal gré, il leur faudra entrer dans le mouvement des idées modernes et se laisser assimiler par la Russie, sous peine d'émigrer ou de périr complétement.

CHAPITRE VI.

VLADIMIR ET SES ÉGLISES.

Le *Guide Murray* et la Russie.—Rien à voir à Vladimir.—La *Porte d'or*. — Campagne de la *Kliazma*. — La cathédrale l'Assomption. — Le texte de la Sainte-Alliance. — Saint-Dmitri. — Une question d'archéologie chrétienne. — Les marchands. — Enseignes parlantes. — Le marchand de cercueils. — Le *Traktir* et *Guillaume Tell*.

En ce siècle de voyages et de voyageurs, on ne saurait voter trop de remercîments aux modestes érudits qui publient de bons *Guides;* Joanne, Murray, Bædeker, sont vraiment, pour le touriste, pour l'archéologue, d'inestimables compagnons; on ne les apprécie jamais mieux que quand on a le malheur d'être privé de leur secours. C'est ce qui m'est arrivé bien souvent en Russie. Pour les grandes villes, Moscou, Pétersbourg, Kiev, on peut trouver en russe, en français, en allemand, des ouvrages plus ou moins portatifs et suffisamment renseignés; pour la région du Volga entre Nijni et Astrakhan, il y a un *guide* russe qui, tout incomplet qu'il est, sans plans, ni cartes, peut encore rendre de grands services aux personnes de bonne volonté. Pour l'intérieur de la Russie, pour la province, nous n'avons qu'un volume anglais, adopté par la collection Murray; il est très-complet sur les grands centres; mais, malgré le zèle et la science de l'auteur, il laisse fort à désirer en ce qui concerne les villes de second et de troisième ordre. La librairie russe obéit rigoureusement à la loi économique de l'offre et de la demande; les Russes voyagent peu dans leur propre pays; dès qu'ils ont en main ces deux talismans, un passe-port et beaucoup d'argent, ils se précipitent sur l'Allemagne, sur la France, sur l'Italie. Les étrangers que leurs affaires ou parfois la curiosité appellent en Russie ne s'écartent guère des deux capitales. Si par hasard ils sont appelés en province, ils se mettent aux mains d'un indigène qui leur épargne la peine d'observer et de chercher par eux-mêmes. L'indolence moscovite est contagieuse et se gagne vite dans ces pays d'extrême chaleur et de froids extrêmes.

« Vanouchka, disait à son valet de chambre un *barine* de la petite Russie, ôte-moi mes vêtements, ôte-moi mes bottes... Mets-moi ma chemise de nuit. Fais-moi le signe de croix... Fais ma prière... bon... Maintenant je m'endormirai *moi-même.* »

I.

Pour s'endormir *soi-même*, encore faut-il avoir quelque part une chambre avec un lit quelconque ou du moins un canapé. Sur ce chapitre le Russe n'est guère embarrassé; il promène avec lui une lourde pelisse et un oreiller qui lui assurent partout un coucher tel quel. Il est certain de trouver quelques relations de famille ou d'affaires. Mais l'étranger ne traîne point à sa suite ce lourd et coûteux attirail; il n'a point comme en France, ou en Allemagne, un guide, un indicateur qui puisse lui permettre de choisir d'avance un abri; il ne rencontre point d'affiches dans les gares ou les bateaux à vapeurs; il n'est pas même sûr qu'il y ait un hôtel dans la ville; généralement cette ville est à 2 ou 3 kilomètres de la station. Il se sent mal à son aise quand le train s'arrête et le dépose brusquement en pays inconnu; au moment de quitter ces wagons si confortables, les meilleurs de l'Europe sans contredit, il se sent pris d'une vague inquiétude. La cour de la gare est encombrée de cochers qui vous offrent bruyamment leurs services et sont tout prêts à vous mener dans une auberge quelconque; mais il n'est pas très-prudent de se fier à eux.

Le guide Murray n'indique aucun hôtel à Vladimir, aucun de mes amis n'a pu m'en signaler un ; je n'ai demandé de recommandations pour personne, les devoirs qu'impose l'hospitalité reçue absorbent un temps précieux, et l'on n'est pas toujours maître d'observer à son gré. Par bonheur, j'ai pour compagnon de route un négociant moscovite qui s'est plus d'une fois arrêté à Vladimir. Je l'interroge sur la ville. Mes questions lui semblent bizarres :

— Pour quelle affaire allez-vous à Vladimir?

— Pour rien. Pour voir la ville.

— Voir la ville! Il n'y a rien à voir à Vladimir.

Il serait trop long d'expliquer à mon compagnon barbu que je veux examiner à loisir la *Porte d'or*, la cathédrale de l'Assomption, l'église de Saint-Dmitri ; que la physionomie même d'une petite ville de province a pour moi un intérêt tout particulier. Il ne me comprendrait guère. Je ne voudrais pas cependant passer pour un espion allemand et j'allègue que, très-fatigué d'une excursion à la foire de Nijni, je voudrais bien me reposer un peu en chemin :

— Eh bien! allez à la *Gostinnitsa Kofeïna*. Les lits sont bons. Vous demanderez la chambre n° 1. C'est tout près de la *Porte d'or*.

Le négociant avait raison. La *Gostinnitsa Kofeïna* (hôtel café) est une simple maison garnie, mais on y vit fort bien. Quant à la *Porte d'or*, les archéologues russes m'en avaient parlé avec enthousiasme. Je dois avouer qu'elle ne mérite ni sa réputation ni le nom flamboyant dont elle est baptisée. C'est, en somme, une assez vilaine bâtisse qui pourrait tout aussi bien servir d'entrée à une cour d'auberge qu'à une ancienne capitale. Tout l'intérêt qu'elle éveille, elle le doit aux souvenirs historiques qui se groupent autour d'elle et au privilége qu'elle a d'être le seul monument civil — ou militaire — resté debout dans l'ancienne principauté de Souzdal. Elle est presque contemporaine de la fondation de Vladimir; elle a soutenu les assauts des princes russes et tartares; elle a eu pour *marraine*, si l'on me permet ce mot, la *Porte d'or* de Kiev, bâtie vers l'an 1020 par le prince Iaroslav et dont on voit encore les débris dans cette ville.

Kiev est la *mère des cités* russes suivant l'expression célèbre d'un ancien annaliste; au début du XIe siècle, le prince Iaroslav l'entoura d'une enceinte de murs de terre. Cette enceinte était probablement renforcée de palissades : à l'entrée principale le prince établit une porte de pierre; cette porte était surmontée d'une petite église en l'honneur de l'Annonciation, et cette église était couronnée par une coupole dorée. Les battants de la porte étaient dorés eux-mêmes. Ainsi s'explique une dénomination qui paraît bizarre au premier abord. C'était l'habitude de consacrer ainsi les entrées des places fortes ou des monastères. A Kiev même une chapelle surmonte la porte du fameux couvent *Petchersky;* à Vilna, une image de la Vierge, également vénérée par les catholiques et les orthodoxes, a son sanctuaire au-dessus de la porte dite *Ostra brama;* à Moscou, les portes du kremlin sont ornées d'images sacrées; sous l'une d'entre elles le passant est tenu de se découvrir. Le cocher moscovite qui franchit la barrière de la ville ne manque guère d'ôter son chapeau et de faire le signe de la croix.

Vladimir fut construite au début du XIIe siècle par un prince de Kiev qui lui donna son nom. On l'appelle Vladimir Zaliesky, c'est-à-dire *au delà des forêts*, ou bien encore Vladimir sur la Kliazma, pour la distinguer d'une autre Vladimir en Volhynie. Elle s'élève sur un promontoire escarpé qui domine la Kliazma et semblait destiné par la nature à recevoir les assises d'une place de guerre. Vers le milieu du XIIe siècle elle devint la capitale de l'Orient russe; André de Bogolioub laissa Kiev à son frère Gleb et s'établit à Vladimir avec le titre de grand-prince. Cette petite ville, aujourd'hui si paisible, continua Kiev, prépara Moscou; la principauté à laquelle elle donna son nom comprenait sept ou huit provinces de la Russie actuelle. En 1328, le siége de la principauté fut transféré à Moscou; mais jusqu'en 1342 les princes moscovites vinrent se faire sacrer à

Vladimir. Aujourd'hui Moscou a six cent mille habitants, Vladimir quinze ou seize mille ; Moscou a un Kremlin, des palais impériaux, trois cent soixante églises; à Vladimir il ne reste de sa gloire passée que la *Porte d'or* et deux cathédrales, antiques débris qui n'ont pas même l'air vénérable et qu'un badigeon profane s'obstine à rajeunir tous les ans.

La *Porte d'or* fut bâtie en l'an 1164 par André de Bogolioub; c'est là une date respectable; mais l'effet de l'édifice est mesquin. Imaginez deux pans de murs blancs rattachés l'un à l'autre par une voûte cintrée ; sous cette voûte il y avait autrefois, paraît-il, une plate-forme de bois qui servait à parlementer avec les Tartares ; au-dessus de la voûte s'élève une chapelle à deux étages, surmontée d'un toit de tôle verte et d'une croix. A droite et à gauche deux demi-tours trapues. Le tout peut avoir 25 mètres de haut. C'est lourd et disgracieux. L'impression générale est encore gâtée par l'isolement où se trouve aujourd'hui la *Porte d'or*. Jadis les remparts de terre venaient s'appuyer sur elle des deux côtés; elle avait alors quelque apparence militaire ; aujourd'hui, pour faciliter la circulation, on a dégagé les deux côtés de la porte ; elle reste isolée et semble regretter le passé.

Si l'architecture civile et militaire n'a point su élever dans ces régions lointaines de plus beaux monuments, leur perte est peu à déplorer. Les annalistes ont conservé le souvenir d'une *porte d'argent* et d'une *porte de cuivre*, qui ne subsistent plus aujourd'hui. Les remparts de terre sont encore reconnaissables; ils forment une promenade agréable d'où l'on découvre la ville entrecoupée de nombreux jardins; mais le point pitoresque par excellence, c'est la promenade qui s'étend sur l'ancien emplacement du Kremlin, et qui domine à perte de vue la plaine environnante. L'œil embrasse, de là, d'immenses étendues de prairies, de champs labourés, de forêts; peu de villages. Au milieu d'un bouquet d'arbres, le clocher blanc d'une église se détache à l'horizon; au bas de la colline abrupte, la Kliazma roule des eaux paisibles et peu profondes; quelques izbas grises se groupent autour d'un pont de bois; des gamins barbotent dans l'eau; un troupeau de bœufs s'abreuve dans la rivière; sous le soleil d'août, on dirait une page de Paul Potter égarée au milieu des plaines de la grande Russie.

C'est ici, sur ce promontoire escarpé, que doivent se trouver les grands sanctuaires de Vladimir; c'est ici que, sans consulter ni plan ni cicerone, je suis certain de rencontrer les deux cathédrales de l'Assomption et de Saint-Dmitri. L'emplacement du Kremlin, le point stratégique par excellence, est toujours occupé par les temples les plus vénérés. De lourdes masses blanches se dessinent à travers l'épaisseur d'un petit bois : voici les trois coupoles de l'Assomption, les murailles historiées de Saint-Dmitri.

II.

L'impression première que produit la cathédrale de l'Assomption n'est point de nature à effacer celle que la Porte d'or a pu laisser chez le touriste. L'ensemble est tout à la fois maigre et pesant : quatre pilastres divisent la façade en cinq sections, dont les deux dernières s'appuient sur d'épais contre-forts. Sur les murailles percées de fenêtres longues et étroites, courent des pilastres disgracieux brusquement arrêtés par des soubassements, dont le temps et le badigeon ont émoussé les arêtes ; la porte s'enfonce sous un porche aussi lourd que l'édifice lui-même. L'église date de 1150 ; j'ai beau chercher, impossible de rencontrer un détail qui puisse charmer la vue ou intéresser l'attention. C'est du style byzantin, me dira-t-on, soit ; mais j'aime mieux Saint-Marc de Venise. Dans l'art byzantin, toutes les combinaisons architecturales se rattachent à la coupole ; l'intérieur de l'édifice est presque tout entier occupé par les massifs piliers qui la supportent. L'air manque à la poitrine et l'extase à la pensée. Ce défaut a dû s'exagérer en

Russie : la rareté des matériaux d'une part, de l'autre la rigueur du climat, ont obligé les artistes à restreindre l'étendue des églises et la largeur des fenêtres. L'intérêt de l'Assomption est donc moins dans le détail architectural que dans les ornements et les souvenirs dont la suite des siècles l'a surchargée. Sur certaines parties des voûtes, on a découvert récemment d'anciennes peintures à fresques dont je n'ai pu voir que le *fac-simile* : ce sont des ornementations polychromes qui rappellent celles de certains manuscrits grecs du XIe et du XIIe siècle. Du reste, le temple actuel ne se présente pas aujourd'hui sous l'aspect qu'il avait à l'époque de sa fondation ; il fut remanié à diverses reprises et plusieurs fois incendié. En 1238, les Tartares prirent Vladimir d'assaut; l'évêque, les boyars, la princesse et ses trois fils se réfugièrent dans l'enceinte sacrée : les Tartares amoncelèrent du bois autour de l'église et y mirent le feu.

L'Assomption fut la métropole de la Russie jusqu'au moment où le métropolitain transféra son siége à Moscou ; elle a continué d'être l'un des sanctuaires les plus vénérés de l'empire. Elle garde dans des cercueils d'argent les reliques de trois princes, qui attirent encore aujourd'hui la vénération des pèlerins. Des images bardées de lames d'or chargées de perles et de rubis, des lampes en métaux précieux, étincellent sous la lueur blafarde des cierges ; parmi les cadres suspendus aux murailles, j'ai remarqué le texte authentique de la Sainte-Alliance, signé de la main d'Alexandre Ier. Est-ce un don du mystique empereur ? Je ne sais. Je n'ai point visité le trésor, fort riche, dit-on, de la sacristie. Ces entassements de perles et d'or, de pesantes chasubles et de vases massifs, éblouissent plus la vue qu'ils ne charment l'imagination. La monnaie métallique est rare en Russie ; mais si jamais, dans une crise analogue à notre révolution, ce pays liquide les biens de ses églises, il sera étonné de la quantité de métaux précieux qu'il rendra à la circulation.

Arrivons à la cathédrale de Saint-Dmitri. Dmitri est, comme on sait, la forme slave du mot grec *Démétrios*. Saint Démétrios naquit à Thessalonique vers la fin du IIIe siècle, y remplit les fonctions consulaires et mourut martyr de sa foi. C'est un saint batailleur et patriote ; il prit plus d'une fois part — après sa mort — à la défense de sa cité natale attaquée par les Avares ou les Slaves. Monté sur un cheval blanc, couvert d'une armure éclatante, il repoussa plusieurs assauts des barbares. Suivant certains hagiographes, la terreur que ses miraculeux exploits avaient répandue parmi les Slaves contribua à préparer leur conversion au christianisme. Il devint en Orient un saint populaire, et la cathédrale de Vladimir nous atteste qu'au XIIe siècle son culte s'était étendu bien au delà de la Macédoine.

Saint-Dmitri était fermé à l'heure où je l'ai voulu visiter. L'intérieur seul de cet édifice mérite une sérieuse attention. L'église a la forme d'un parallélogramme un peu plus long que large, surmonté d'un tambour à coupole unique. Ceci n'a rien d'extraordinaire; mais, ce qui l'est plus, ce sont les détails de l'ornementation : les arceaux cintrés des portes, les pilastres qui courent au-dessous de la corniche, présentent des analogies frappantes avec ceux de certaines églises romanes. Des figures sculptées, des têtes humaines, des animaux accouplés, servent de soubassements aux pilastres, égayent la façade, grimpent sur le tambour de la coupole. Chez nous, ces fantaisies sembleraient bien mesquines; pour la Russie et pour l'époque, c'est de l'art *flamboyant*. Parmi ces sculptures, l'une des plus remarquables est un groupe figurant un guerrier vêtu à la mode antique, debout dans une espèce de panier auquel deux griffons semblent attachés. Ce groupe se retrouve à Saint-Marc de Venise et à Fribourg en Brisgau. Il représente l'ascension au ciel d'Alexandre le Grand, d'après le roman du pseudo-Callisthène, qui pénétra dans toute l'Europe au moyen âge. En Russie, il se rencontre encore sur la cathédrale de Zaraïsk (gouvernement de Riazan), et sur une monnaie russe du xve siècle.

On sait, par les annalistes, que certains princes

russes appelèrent chez eux des architectes étrangers. On cite onze églises construites dans la principauté de Souzdal de 1152 à 1194, date à laquelle se rapporte la fondation de Saint-Dmitri. Beaucoup de ces églises portent des traces de détails romans, d'iconographie latine, d'ornementation occidentale. On peut donc supposer que les architectes étrangers qui, à partir de 1152, vinrent s'établir dans la grande Russie, étaient des Occidentaux, des Latins, et qu'ils apportèrent avec eux des influences auxquelles la Russie avait jusqu'alors échappé. Toutefois, ces influences ne se font sentir que dans le détail : le gros de l'œuvre, le plan général, reste conforme au type byzantin, subordonné à la forme impérative du carré parfait, à l'intérieur duquel s'inscrit la croix grecque surmontée d'une coupole. L'église latine, au contraire, s'étend en longueur et dessine au dehors les deux bras de la croix. L'Église orthodoxe n'admet d'autre ressaut que l'abside, renfermant l'autel séparé des fidèles par l'iconostase, et flanqué de deux chapelles latérales. Elle n'a point de clocher ; les cloches étaient placées sous le porche ou dans une tour indépendante, comme on le voit encore dans une foule d'édifices. Les architectes étrangers, dont nous parlions tout à l'heure, trouvèrent ce plan trop solidement établi pour songer à le modifier. La Russie l'avait reçu de Byzance, elle le garda.

D'où peuvent être venus les artistes étrangers qui apportèrent avec eux ces ornements inconnus? Dans un mémoire lu au dernier congrès archéologique de Moscou, M. le comte Ouvarov suppose qu'ils arrivèrent d'Allemagne par Novgorod et Pskov. Son hypothèse a provoqué d'intéressantes discussions. Elle devait exciter une vive attention à cause de l'autorité personnelle du comte Ouvarov et des préoccupations religieuses et patriotiques que certains Russes rattachent aux questions de ce genre. Pour eux, le monde gréco-slave résume l'idéal de la grandeur et de la perfection au point de vue du culte et de l'art. Introduire des étrangers dans ce domaine religieux, c'est en quelque sorte profaner le sanctuaire. J'étudiais un jour, à la bibliothèque publique de Moscou, un missel français du moyen âge orné de délicieuses miniatures; j'essayai de faire partager mon admiration à un vieux pope qui lisait auprès de moi : « Je n'aime point l'art catholique, » me répondit sèchement mon ascétique voisin, et il refusa de regarder le manuscrit.

La thèse de M. Ouvarov a donc fait naître une série de mémoires intéressants qui la combattent avec énergie. On s'est efforcé de lui prouver que les ornements qu'il rattachait à l'art occidental étaient connus de l'art chrétien primitif, qui les avait transmis à Byzance aussi bien qu'à Rome : que les artistes chargés de construire le temple de Saint-

Dmitri avaient pu tout aussi bien venir de Kiev que de Novgorod, que certaines églises orthodoxes offraient en Serbie des détails analogues. M. Ouvarov s'est vigoureusement défendu ; il a démontré que les désastres de Kiev au XIIe siècle avaient dû annihiler son influence sur la Russie centrale ; quant aux décorations des églises serbes, elles appartiennent au style mauresque. Je ne me sens pas en état d'avoir une opinion décisive sur la question ; je la recommande à nos archéologues. Ce que je sais, c'est qu'en arrivant devant Saint-Dmitri, j'ai été vivement frappé des analogies qu'il offre avec maints de nos édifices religieux. Je n'avais malheureusement sous les yeux à ce moment aucun ouvrage qui pût me fournir des renseignements archéologiques. « La pierre blanche qui forme les murs de cette église, dit simplement le guide Murray, est curieusement sculptée avec des représentations d'animaux, d'oiseaux, »... Et c'est tout.

III.

Si du moins j'avais pu trouver à Vladimir un manuel quelconque d'histoire locale, une description de la ville !... Je l'ai parcourue en vain dans tous les sens ; je n'ai pu mettre la main sur un libraire.

J'ai laissé là le moyen âge pour l'art contemporain, représenté par un certain nombre de casernes badigeonnées (séminaire, institut des filles, gymnases, etc.), et par les enseignes naïves qui décorent certains magasins. Ici, le barbier est encore dentiste et chirurgien. Comme le bon peuple ne sait guère lire, le *frater* provoque son attention par des peintures aussi naïves que faciles à comprendre : au panneau de droite, l'artiste en manches de chemise rase un jeune élégant en frac (ceci prétend indiquer que l'établissement est bien fréquenté); sur le panneau de gauche, le même artiste, lancette en main, pique délicatement le bras d'une dame fort élégante qui contemple rêveuse un bol de sangsues. Le boulanger annonce son industrie par une profusion de pains de bois doré dont il décore la corniche de son magasin. Les merciers, drapiers, confectionneurs, qui garnissent les arcades du grand marché, ne dépeignent point graphiquement leur marchandise, ils la crient; malheur au flâneur qui s'arrête un instant devant leur étalage!

— Que désire le *barine?* glapit un gamin de quinze ans, aposté, ce me semble, pour faire fuir le client. Suit une énumération sans fin de tous les vêtements possibles et imaginables. Puis revient à la fin l'éternelle formule :

— Qu'est-ce qui peut vous être agréable?

— Que tu me laisses tranquille.

Le drôle, un peu interloqué, fait une pirouette et se remet à guetter le prochain passant, qui probablement se fera assez longtemps attendre.

Un peu plus loin, je rencontre un marchand de cercueils. Il y en a de rouges et de bleus, de dorés et d'argentés; cercueils neufs et défraîchis, cercueils sur mesure ou de confection. Je dois dire à l'honneur de ce sinistre négociant qu'il a eu la délicatesse de ne point m'offrir ses articles.

En somme, Vladimir est morte, proprette, et assez bien pavée. Un détail qui frappe surtout l'étranger dans ces petites villes de Russie, et même à Moscou, c'est l'absence, l'ignorance absolue de ce que nous appelons la publicité. Le marchand peint sa marchandise ou la crie; mais il ne l'annonce ni dans les journaux, ni par voie d'affichage. A quoi bon? Il y a si peu de gens qui sachent lire et le papier coûte si cher! Vladimir a 16,000 habitants; il n'y a pour cette population et pour tout le gouvernement qu'une petite feuille hebdomadaire rédigée par l'autorité.

Quand le soir arrive, vous cherchez en vain, pour abréger la longueur du temps, un établissement analogue à ces cafés de province où l'on peut lire les journeaux du cru, observer les habitants groupés autour du billard ou de la table de jeu. Rien de semblable dans ces lointaines cités du Nord. Les habitants restent chez eux ou vont à leur club;

l'étranger n'a qu'à rentrer dans sa chambre, l'hôtel n'ayant point de salle commune, ou bien à tenter fortune dans un de ces *traktirs*, où l'odeur du thé alterne avec celle du poisson fumé. Peut-être en son honneur fera-t-on jouer l'orgue mécanique, le polyorchestrion dont les mélodies criardes écorchent tour à tour Offenbach ou Glinka, la *Marseillaise* ou *Dieu sauve le tsar !* Précisément dans le *traktir* où j'entrai, on était en train de raccommoder le malencontreux instrument ; pour s'assurer de son jeu, on lui faisait répéter l'ouverture de *Guillaume Tell*, et notamment la grande fanfare du final. Il fallait l'entendre alors enfler sa petite voix pour aboutir à un *couac* désespérant. Cette cacophonie m'a renvoyé à l'hôtel plus tôt que je n'aurais voulu. Aussi bien, avais-je depuis longtemps fini de lire les deux seuls journaux que possédât l'établissement.

Malgré la longueur et l'ennui d'une soirée maussade, je ne regrette point les vingt-quatre heures que j'ai passées à Vladimir. Saint-Dmitri vaut à lui seul le voyage. M. de Custine ne l'avait point regardé quand il écrivait cette phrase peu exacte : « L'aspect de Vladimir est celui de l'éternelle ville russe dont le type n'est que trop commun. » Sans doute la ville est monotone, mais il y a des détails locaux qu'il faut savoir découvrir et observer.

CHAPITRE VII.

LES CONTES POPULAIRES DE LA RUSSIE.

La littérature populaire et son rôle dans la science. — Récentes publications. — Travaux de M. Ralston. — Pittoresque inconnu. — Héros malfaisants : la *Baba Yaga*, *Kochtcheï*, l'immortel. — L'œuf fatal. — Les Vampires. — Histoire de la *belle Vasilissa*.

La destinée de la littérature populaire n'est pas sans analogie avec celle d'une de ses héroïnes favorites, Cendrillon, la sœur cadette longtemps méprisée, confinée au foyer paternel, puis un jour, par un soudain retour de fortune, offerte aux hommages d'une cour brillante, élevée au rang suprême de la royauté. Pendant des siècles, le conte populaire est resté relégué au sein des classes rustiques, ignoré et dédaigné par celles qui se croyaient plus cultivées. Cependant il a pénétré dans la littérature sous plus d'un déguisement, grâce à la complicité de quelque bel esprit curieux et sceptique, Perrault par exemple. Toutefois ces ornements empruntés, qui ont fait le succès de *Peau-d'âne* ou de *Barbe-Bleue*, ne sont point du goût de la science moderne : elle les rejette avec indignation ; elle recherche les textes dans toute la pureté, la nudité primitive, elle introduit l'Ogre et le Petit-Poucet, fort surpris d'un tel honneur, dans le grave conseil où se discutent les problèmes de la mythologie indo-européenne et de la littérature comparée. A vrai dire, on n'est pas encore absolument d'accord sur la façon de comprendre ces fantaisies tour à tour naïves, bizarres, sublimes, parfois même, avouons-le, complétement inintelligibles. Tandis que les uns y voient l'exposition des phénomènes cosmiques et trouvent dans *Barbe-Bleue* la trace d'un « mythe solaire, » les autres y cherchent simplement des allégories morales ou des traditions historiques ; mais, avant d'entrer dans ces questions abstruses que soulève l'interprétation des contes, il faut s'inquiéter d'en établir le texte exact, d'en collationner les variantes, de noter les éléments indigènes et étrangers qui les ont constitués. C'est là une tâche difficile, dangereuse même, car, dans certains pays, en Russie par exemple, il n'est pas toujours commode, il est quelquefois malsain et mortel d'aller étudier au foyer du paysan la littérature populaire.

Pendant longtemps, on s'est contenté d'étudier les contes populaires de la Russie sous la forme incorrecte que leur avaient donnée les entrepreneurs de librairie à bon marché, les vendeurs de livres imprimés *sur papier de tilleul* (*lubochnuya knigy*).

Ces publications ont obtenu et gardent encore une vogue considérable; mais les littérateurs de bas étage qui les ont compilées ont moins songé à la pureté des textes, à la collation des variantes, qu'à l'intérêt dramatique du récit. Sur des thèmes nationaux, ils ont brodé des ornements étrangers, ils ont emprunté plus d'un conte à l'Allemagne, à la France, à l'Italie, et l'on ne peut guère se fier à eux pour connaître les traditions originales du peuple russe: On s'exposerait à de lourdes erreurs en signalant des rapprochements intimes entre deux textes dont l'un ne serait guère que la traduction de l'autre. Ainsi on ne saurait aujourd'hui attacher un sérieux intérêt aux *Contes russes* (*Russische Volksmærchen*) publiés en 1831 à Leipzig par Dietrich. A l'époque où ce recueil parut, il n'existait pas encore d'édition critique des textes originaux. Ce n'est que depuis une quinzaine d'années qu'on s'est occupé sérieusement de les recueillir. On a vu paraître successivement la collection d'Afanasief, qui ne compte pas moins de huit volumes, celles de Kudyakov et de Tchoudinsky. Un savant de la Petite-Russie, M. Roudchenko, a édité deux volumes de contes de cette région, recueil fort précieux, mais malheureusement difficile à consulter, même pour les Russes, car le dialecte dans lequel il est écrit réclame un vocabulaire spécial qui n'existe point encore, et que le gouvernement de Saint-Pétersbourg se soucie peu de voir mis au jour. Sauf dans quelques recueils allemands, on n'a guère tiré parti en Occident des richesses accumulées dans ces diverses publications. Un écrivain anglais, M. Ralston, est le premier qui les ait mises à profit dans son ouvrage sur les *Chants populaires de la Russie* [1].

Aujourd'hui M. Ralston s'attaque directement aux contes russes, dont ses études antérieures lui ont facilité l'accès et l'intelligence. M. Ralston lit avec aisance des textes qui ne sont pas toujours aisés à entendre; il connaît les interprétations et les commentaires auxquels ils ont donné lieu. Il a des notions approfondies sur les contes populaires dans les littératures indienne, germanique, scandinave, et dans les littératures slaves, en tant du moins qu'elles lui sont accessibles par des traductions. Grâce aux renseignements techniques, aux nombreuses références qu'il fournit, le nouvel ouvrage de M. Ralston est de nature à intéresser vivement les ethnographes et les mythologues de profession; grâce aux détails pittoresques, à la saveur et à l'étrangeté des récits, que l'auteur traduise ou analyse, il charme ceux qui, comme le fabuliste, trouvent « un plaisir extrême » à s'entendre conter *Peau d'âne*, sans s'in-

1. *Songs of the Russian People*, Londres 1872, Ellis, Green and C°. Voir sur les travaux antérieurs de M. Ralston, l'article de notre *Monde slave* intitulé : *Les écrivains anglais et la Russie*. (1 vol. in-12, librairie académique, 1873.)

quiéter de savoir si l'aimable héroïne a quelque rapport avec le soleil, et si les Védas ont une part quelconque à revendiquer de ses aventures. M. Ralston n'a pas traduit moins de cinquante et un récits, et, sans négliger les problèmes qu'ils soulèvent, il en réserve le plus souvent la discussion à des travaux ultérieurs. Il choisit de préférence ceux qui peuvent nous donner une idée de la vie et des mœurs du paysan russe. Ce sont les plus rares. Le merveilleux intéresse surtout l'imagination du *moujik*; il se plaît à s'égarer dans des régions idéales peuplées de rois, de princesses et de monstres fantasques qui n'ont rien à démêler avec la vie sociale et économique. Il serait difficile de trouver dans ces récits des détails propres à nous éclairer sur les rapports du paysan et du seigneur à l'époque du servage; en revanche, on y peut noter en maint endroit les traits distinctifs de la terre russe, le pittoresque spécial des vastes landes, des forêts murmurantes, des étangs silencieux, des *izbas* noires où la famille se groupe autour du poêle immense. « Ça sent la chair fraîche! » s'écrie l'ogre de Perrault; « ça sent la Russie, » disent souvent les monstres ou les mauvais génies des contes populaires. Ces paroles pourraient servir d'épigraphe au volume de M. Ralston.

Il y a là un parfum local, une saveur de terroir qui surprend agréablement le lecteur peu familier avec ce monde ignoré. Dans un chapitre préliminaire, l'auteur a groupé les contes qui lui paraissent caractériser le mieux la vie intime du peuple russe; ensuite il passe successivement en revue les contes mythologiques, les histoires de sorcellerie et de revenants, comme les légendes pieuses. Il a laissé de côté les récits où les animaux jouent le principal rôle, trouvant qu'il n'avait plus rien à dire après M. de Gubernatis. Ce n'est pas un mince honneur pour l'écrivain italien que cet hommage venant d'un juge compétent comme l'est M. Ralston. Sans chercher plus que ne l'a fait l'auteur anglais à démêler les éléments indo-européens ou exotiques qui entrent dans la trame des contes populaires, on voudrait relever ici quelques détails qui semblent particuliers aux contes russes, mettre en lumière quelques personnages qui jouent dans ces drames naïfs le rôle principal, et qui ne se rencontrent pas sous les mêmes traits dans les récits d'autres nations européennes.

Les incarnations du mal sont fréquentes dans les contes russes. Le peuple qui a beaucoup souffert soit des Tartares, soit des souverains et des nobles, soit des rigueurs d'un âpre climat, s'est plu évidemment à multiplier les formes de la misère : elle finit sans doute en général par être vaincue, mais au prix de quelles épreuves et de quels combats ! Les êtres malfaisants revêtent tour à tour l'un ou l'autre sexe. L'un des plus redoutables est la sorcière nommée *baba-yaga*. Elle a des liens de parenté avec les ogresses et les lamies de notre monde classique. C'est une vieille, grande, maigre, aux cheveux épars; elle demeure dans une hutte perchée « sur un pied de poule. » C'est dans cette espèce de colombier qu'elle repose la nuit; son long nez passe à travers le toit de ce réduit, qui se dresse sur la lisière d'une forêt. La porte est tournée vers la forêt; mais certaines paroles magiques ont la vertu de faire pivoter la hutte sur son support. Parfois la yaga-baba loge dans une maison ordinaire au milieu d'un enclos; les murs de cet enclos sont faits d'ossements humains. Sa manière de voyager n'est pas moins singulière que son habitation; elle monte dans un mortier qu'elle met en mouvement avec un pilon; elle efface avec un balai les empreintes que ce véhicule laisse sur le sol. La nuit et le jour sont à ses ordres, et tout le monde animal lui obéit. C'est le plus effroyable *croquemitaine* des contes russes. Une mauvaise marâtre lui envoie sa belle-fille pour qu'elle la fasse périr; mais la jeune fille reçoit d'un génie bienveillant, le chat de la sorcière, des conseils qui lui permettent d'échapper à tous les piéges, et des talismans qui la protégent dans sa fuite. La yaga-baba poursuit sa victime; une course formidable s'engage, le mortier bondit, dévore l'espace, la jeune fille jette derrière elle une serviette magique qui se change en un large fleuve. La yaga-baba retourne chez elle frémissante de rage; elle ramène ses troupeaux de bœufs, leur fait boire la rivière et poursuit son chemin. La jeune fille jette son peigne à terre, une forêt touffue s'élève à l'instant; la sorcière s'arrête, et la victime est sauvée.

Tantôt la baba-yaga se plaît à tuer les gens pour les dévorer, tantôt, comme la Méduse antique, elle pétrifie ses ennemis. Le plus souvent elle vit solitaire; mais dans certains récits elle a des filles qu'elle marie et dont elle veut tuer les jeunes époux; prévenus à temps, ils troquent leurs vêtements contre ceux de leurs femmes, qui périssent à leur place. Quelquefois la baba-yaga renvoie avec des présents les privilégiés qu'elle a daigné épargner. Il est à remarquer que ce personnage bizarre ne figure point dans les récits de la Petite-Russie, tandis qu'on le retrouve sous des formes moins horribles en Bohême et en Pologne. C'est là un curieux argument contre la théorie qui veut isoler la Grande-Russie du monde slave pour la rejeter à tout prix dans le monde touranien. Sans beaucoup de hardiesse, on peut voir dans la baba-yaga la personnification du vent impétueux qui sévit dans les plaines immenses, efface avec son souffle la trace des pas humains et s'arrête comme épuisé à la lisière des grands bois, dont il ne peut entamer les profondeurs. Au témoignage d'un savant mythologue tchèque, M. Erben, la baba-yaga s'appelle parfois la *yaga-bura* (la tempête)[1]. Dans la Russie méridionale, elle cède la place à la *viedma*, qui se rapproche plus des types fantastiques que nous connaissons.

Le compère de la baba-yaga, c'est *Kochtcheï l'immortel*. Kochtcheï paraît venir du mot russe *kost* qui signifie *os;* il indique soit la maigreur de cet être malfaisant, soit la vertu qu'il a de dessécher ou de pétrifier ses victimes. Dans une histoire qui rappelle par certains côtés notre *Barbe-Bleue*, la princesse Maria Morevna part pour la guerre, et laisse à son mari les clefs du palais en lui recommandant surtout de ne point pénétrer dans certain cabinet mystérieux. Naturellement le prince s'empresse d'ouvrir, et reconnaît dans ce réduit Kochtcheï, l'immortel Kochtcheï; douze chaînes le tiennent attaché aux murailles.

— Aie pitié de moi, donne-moi à boire; voici dix ans que je suis enchaîné ici, s'écrie le misérable.

Le prince cède aux supplications de Kochtcheï, qui, sitôt désaltéré, reprend sa force primitive, brise ses chaînes et s'élance en vomissant des menaces de vengeance contre la femme de son bienfaiteur. Le prince part à la recherche de Maria Morevna : Kochtcheï le saisit et l'enferme dans un tonneau, qu'il précipite au fond de la mer. Il en sort, grâce au secours d'oiseaux merveilleux, traverse trois fois neuf contrées, arrive dans le troisième royaume; là il

1. Article *Jezi Baba* dans le *Naucny slovnik*. Prague 1865.

rencontre la yaga-baba, lui dérobe une jument merveilleuse, qui atteint le cheval de Kochtcheï. Un duel formidable s'engage; la jument du prince brise d'une ruade la tête de Kochtcheï; son maître l'achève avec sa massue, le brûle sur un bûcher et jette ses cendres au vent. Kochtcheï l'*immortel* finit le plus souvent par être tué; mais il a la vie dure, il le sait et défie ses adversaires.

— Où est ta mort? lui demanda un de ses ennemis, le prince Ivan.

— Ma mort? Elle est là-bas sur un chêne. Sur ce chêne, il y a une cassette, dans la cassette un lièvre, dans le lièvre un canard, dans le canard un œuf, — dans cet œuf est ma mort.

Et voilà le prince parti à la recherche de cet œuf fatal. Chemin faisant, il rencontre divers animaux auxquels il sauve la vie : un loup, un corbeau, un poisson. Il trouve le chêne et la cassette : la cassette ouverte, le lièvre se sauve, le loup court après et le saisit; un canard sort de ses entrailles et s'envole, le corbeau le rattrape dans les airs. Le prince fouille les entrailles du canard, prend l'œuf; mais il a la malheureuse idée de le laver dans la mer; l'œuf tombe au fond des eaux. Le poisson le rapporte : Ivan le brise; Kochtcheï meurt. Explique qui pourra le sens mystérieux du récit. Cette mort de Kochtcheï, qu'il faut poursuivre à travers tous les éléments, avec le concours des auxiliaires les plus divers, n'est-ce pas le symbole du mythe lui-même? Il se dérobe à travers les éléments ; il faut pour l'atteindre la vitesse du loup, le vol de l'oiseau, les nageoires du poisson, — et quand enfin vous avez brisé l'œuf, tué Kochtcheï, saisi le mythe, il vous échappe pour reparaître sous une autre forme, — car lui aussi, il est immortel.

A défaut de Kochtcheï, le conte russe ne manquerait pas de sinistres personnages prêts à jouer son rôle. Tel est par exemple le *Licho*. Il se présente sous les traits d'une horrible vieille, toujours prête à dévorer ceux qui viennent la visiter. Comme le cyclope de l'antiquité, elle n'a qu'un œil; un malin forgeron parvient à crever cet œil, et, comme Ulysse chez Polyphème, il s'enfuit non pas en se cramponnant au ventre du bélier, mais en s'enveloppant de sa pelisse et en se traînant à quatre pattes. Ailleurs le mal s'appelle encore *Gore* (malheur), *Beda* (misère), *Nujda* (le besoin). Il s'attache à ses victimes et ne les lâche plus ; l'imagination effarée du moujik multiplie à loisir le nombre de ces êtres dangereux. Les jours néfastes, le vendredi par exemple (*Piatnitsa*), sont considérés comme de vivantes créatures. C'est là une curieuse association d'idées chrétiennes et de réminiscences païennes. Dans les contes où apparaissent l'esprit des eaux, le *Vodiany*, et le *Liechy*, esprit des bois, les souvenirs du paganisme dominent entièrement.

L'un des chapitres les plus intéressants de M. Ralston est celui qu'il a consacré au vampirisme, La croyance aux. vampires est une superstition essentiellement slave. M. Littré, dans son savant dictionnaire, signale le mot *vampire* comme venu de l'Allemagne au siècle dernier, mais n'étant pas d'origine germanique. C'est en effet un mot slave que nous trouvons dans les langues russe, tchèque et polonaise sous la forme *oupir*, d'où l'on peut déduire une forme archaïque *vompir*. Cette croyance, familière à différents peuples, s'est développée dans les pays où la race slave a vécu, où l'histoire révèle son influence, chez les Grecs, les Albanais, dans l'Allemagne orientale. Dans la Russie-Blanche et la Petite-Russie, le vampirisme est surtout populaire. Un être humain qui a exercé en son vivant le métier de sorcier, qui s'est tué, qui a été maudit par l'église ou par ses parents, prend un lugubre plaisir à se rappeler par des apparitions ou des persécutions bizarres au souvenir de ceux qui l'ont connu sur la terre. Celui qu'un vampire a fait périr peut lui-même se transformer en vampire. Un cadavre sur lequel un chat a sauté, un corbeau volé devient l'hôte du démon. Le vampire épouvante les paysans par ses cris nocturnes, guette dans les carrefours les voyageurs attardés, pénètre dans les *izbas* pour y sucer le sang des enfants endormis. Si ses mains sont devenues inertes pour être restées trop longtemps croisées dans le tombeau, il a recours à ses dents, dures comme l'acier, qui lui servent à ronger tous les obstacles. En répandant à l'avance du sel en poudre sur le sol de l'*izba*, on peut suivre jusqu'au tombeau, qu'il regagne au chant du coq, la trace de ce sinistre rôdeur. Grâce à Dieu, on sait comment le détruire : il faut le transpercer avec un bâton de tremble qu'on enfonce d'un seul coup dans son ventre ; un autre coup le ramènerait à la vie.

Est-ce à dire que ces êtres néfastes, — sorcières, géants malfaisants, esprits des eaux et des bois, vampires, — occupent seuls l'imagination du paysan russe, et qu'elle n'ait pas rêvé de plus bienfaisantes créatures? Non assurément. Nous rencontrons dans les contes russes maintes figures d'adorables princesses, de rois vaillants, d'animaux compatissants aux misères de l'homme, d'êtres surnaturels qui luttent victorieusement contre le mal, guérissent les blessures des vaincus et rappellent les morts à la vie. Dans des régions lointaines, la nature a dissimulé deux sources d'eaux merveilleuses, l'*eau morte*, qui cicatrise les plaies les plus profondes, l'*eau vivante*, qui rend la force et la jeunesse. L'oiseau de feu, *Jar Ptitsa*, se plaît à seconder les entreprises des amants. Ses plumes brillent comme de l'or, ses yeux comme du cristal : il demeure dans une cage dorée; mais il n'y est point enfermé. Pendant la nuit, il s'envole dans les jardins, que ses ailes éclairent de mille feux. Une seule de ses plumes suffit à illuminer une chambre tout entière. Il s'endort au lever du jour, et ne se réveille qu'au coucher du soleil. L'oiseau de feu, — que je soupçonne de n'être pas sans quelque analogie avec la lune, — appartient au monde de la fantaisie ; mais il est plus d'un conte consacré aux aventures des animaux où le mythe doit être aussi peu cherché que dans les fables de Krylov ou de La Fontaine. Parmi ces récits, il en est de fort amusants et qui font grand honneur à l'*humour* du paysan russe. Quels bons tours le chat et le renard jouent aux animaux les plus redoutés, par exemple au loup et à l'ours ! Le faible triomphant du fort par la ruse, c'est là un thème bien fait pour tenter l'imagination populaire. Dans son instinct égalitaire, le peuple va jusqu'à donner le plus beau rôle au paysan imbécile, nigaud (*durak*), à celui que tous ont méprisé, insulté, battu, et qui finit par accomplir des merveilles de bravoure, de sagesse, par épouser une belle princesse et par régner sur un grand royaume. Il y a là, ce semble, un côté démocratique, sur lequel M. Ralston n'a peut-être pas suffisamment insisté.

Je voudrais maintenant donner une idée du conte russe en citant l'un des plus curieux et des meilleurs qu'ait produits la littérature populaire. Voici l'histoire de *la belle Vasilissa*.

Dans un certain royaume vivait un marchand. Il vécut marié douze années ; mais il n'avait qu'une fille, la belle Vasilissa. Elle avait huit ans quand sa mère mourut. Sur son lit de mort, la femme du marchand appela sa fille, tira de son lit une poupée, la lui donna et lui dit : — Chère Vasilissa, écoute mes dernières paroles, et sois-y obéissante. Je vais mourir : avec ma bénédiction maternelle, je te lègue cette poupée. Garde-la toujours, ne la montre à personne; si quelque malheur t'arrive, donne à manger à ta poupée et demande-lui conseil. Une fois nourrie, elle t'indiquera un remède contre tes soucis. — Là-dessus, la mère embrassa son enfant, et mourut.

Après la mort de sa femme, le mari la pleura pendant le temps convenable, puis il se mit à songer à se remarier. Il était riche; une certaine veuve captiva son cœur; elle était d'un âge raisonnable, et avait deux filles du même âge que Vasilissa. Elle devait être tout ensemble une bonne maîtresse de maison et une mère expérimentée. Le marchand épousa donc la veuve; mais il s'était trompé, il ne trouva point en elle une bonne mère pour Vasilissa. Vasilissa était la plus jolie fille du village; sa belle-mère et ses belles-sœurs devinrent jalouses de ses charmes et lui imposèrent toute espèce de travaux. Elles espéraient que le travail la ferait maigrir, que le soleil et le vent hâleraient son teint. La vie lui était devenue à charge. Vasilissa supportait tout avec résignation; chaque jour, elle devenait plus brillante et plus fraîche; au contraire la belle-mère et ses filles maigrissaient et se fanaient de dépit, bien qu'elles restassent toujours assises, les bras croisés, comme de grandes dames.

Comment tout cela arrivait-il? C'était la poupée de Vasilissa qui l'aidait. Sans cette aide, comment Vasilissa serait-elle venue à bout de tous ses travaux? Elle ne mangeait jamais toute sa nourriture; elle gardait le morceau le plus délicat pour sa poupée. La nuit, tandis que tout le monde dormait, elle s'enfermait dans sa chambrette, et elle régalait sa poupée en lui disant : — Mange, petite, mange; aide-moi dans ma détresse. Je vis dans la maison de mon père; mais je ne sais jamais ce que c'est que le plaisir; ma méchante belle-mère veut me faire quitter la lumière du monde. Indique-moi le moyen de rester en vie. Que dois-je faire?

La poupée mangeait, puis elle lui donnait des avis, la consolait dans son chagrin, et le jour suivant elle faisait tout le travail de Vasilissa. La jeune fille n'avait qu'à se divertir à l'ombre en cueillant des fleurs; toute sa besogne était finie à temps. Les lits étaient faits, les seaux remplis, les choux lavés, le poêle allumé. En outre la poupée indiquait à Vasilissa des herbes qui la préservaient du hâle. Elle vivait heureuse avec sa poupée.

Plusieurs années s'écoulèrent. Vasilissa grandit

et arriva en âge d'être mariée. Tous les jeunes gens du village demandèrent sa main; personne ne fit attention aux filles de sa belle-mère. Celle-ci devint plus méchante que jamais. Elle répondait à tous les prétendants : — Nous ne marierons pas la cadette avant les aînées. — Et après avoir expédié les prétendants, elle battait Vasilissa pour soulager son dépit.

Il arriva une fois que le marchand eut à quitter sa maison pour affaires pendant un certain temps. La belle-mère alla vivre dans une autre maison. Près de cette maison, il y avait une forêt épaisse; dans une clairière de cette forêt s'élevait une izba. Dans cette izba vivait une baba-yaga. Elle ne laissait personne approcher de sa demeure; elle dévorait les gens comme des poulets.

Une fois installée dans sa nouvelle demeure, la femme du marchand envoyait sans cesse Vasilissa dans la forêt, tantôt pour une raison, tantôt pour une autre; mais la jeune fille revenait toujours saine et sauve, la poupée lui indiquait le chemin, et ne la laissait jamais aller près de la demeure de la baba-yaga.

La saison d'automne arriva. Un certain soir, la belle-mère distribua leur tâche à ses trois filles : à l'une de la dentelle, à l'autre des chaussures à tricoter, à Vasilissa de la toile à tisser. Elle emporta successivement toutes les lumières de la maison, ne laissant qu'une chandelle allumée dans la chambre où les jeunes filles travaillaient, et elle alla se coucher. Les jeunes filles travaillaient, travaillaient : la chandelle eut besoin d'être mouchée ; l'une des filles prit les mouchettes, et d'après les ordres de sa mère elle éteignit la bougie, comme par accident.

— Que faire maintenant? dirent les jeunes filles. Il n'y a point une étincelle de feu dans la maison, et notre tâche n'est pas finie. Il faut aller chez la baba-yaga lui demander de la lumière !

— Mes épingles me donnent assez de lumière, dit la dentellière.

— Je n'irai point, répondit la tricoteuse, mes aiguilles me donnent assez de lumière.

— Vasilissa, il faut que tu ailles chercher de la lumière, crièrent-elles toutes deux ; va chez la baba-yaga. — Et elles poussèrent Vasilissa hors de la salle.

Elle monta dans son réduit, mit devant la poupée un souper qu'elle avait préparé d'avance. — Mange, petite, et exauce ma prière ; on m'envoie chez la baba-yaga pour chercher de la lumière ; elle me dévorera.

La poupée soupa; ses yeux brillèrent comme des lumières. — Ne crains rien, chère Vasilissa. Va où l'on t'envoie. Prends seulement bien soin de me garder toujours avec toi. Tant que je serai avec toi, il ne t'arrivera aucun mal chez la baba-yaga.

Vasilissa se prépara, mit la poupée dans sa poche, fit le signe de la croix, et s'en alla dans la forêt profonde.

Elle marche en tremblant. Tout à coup un cavalier passe au galop. Il est blanc, vêtu de blanc; il monte un cheval blanc, avec des harnais blancs. Le jour commence à luire.

Elle continue sa marche : un second cavalier passe; il est rouge, vêtu de rouge, monté sur un cheval rouge; le soleil se lève.

Vasilissa marcha toute la nuit et le jour suivant; le soir seulement, elle atteignit la clairière où s'élevait la demeure de la baba-yaga. Une palissade d'ossements humains l'entourait; elle était surmontée de crânes où les yeux étaient restés; les montants des portes étaient des tibias humains, les loquets des bras; en guise de serrure, il y avait une bouche garnie de dents aiguës.

Vasilissa était hors d'elle-même de terreur; elle se tenait immobile, comme rivée au sol. Tout à coup un autre cavalier passa; il était noir, tout vêtu de noir, monté sur un cheval noir. Il arriva en galopant jusqu'à la porte de la baba-yaga, et disparut comme s'il s'était enfoncé dans la terre. La nuit tomba, mais l'obscurité ne dura pas longtemps; les yeux des crânes se mirent à briller, et toute la clairière devint aussi lumineuse qu'en plein midi. Vasilissa frémit de terreur; cependant elle s'arrêta où elle se trouvait, ne sachant de quel côté s'enfuir. Bientôt elle entendit dans toute la forêt un bruit épouvantable. Les arbres craquaient, les feuilles sèches frémissaient; de la forêt sortit la baba-yaga; elle était assise dans un mortier; elle le faisait marcher avec un pilon, elle effaçait ses traces avec un balai; elle arriva jusqu'à la porte, flaira l'air tout autour d'elle et s'écria : — Hum! hum! ça sent la chair russe. Qui est ici?

Vasilissa, horriblement effrayée, s'avança vers la sorcière, s'inclina profondément, et dit : — C'est moi, la mère; mes belles-sœurs m'ont envoyée pour vous demander de la lumière.

— Fort bien, dit la baba-yaga. Si tu veux venir avec moi un instant et faire un petit travail pour moi, je te donnerai de la lumière. Sinon, je te mangerai. — Elle se tourna alors vers la porte en criant : — Palissade solide, sépare-toi! large porte, ouvre-toi!

La porte s'ouvrit, et la baba-yaga entra en sifflant; Vasilissa la suivit, tout se referma. Quand elles furent entrées dans la salle, la baba-yaga s'étendit tout de son long et dit à Vasilissa : — Tire ce qui est dans le four, j'ai faim.

Vasilissa alluma une torche à l'un des crânes de la palissade, tira les mets du poêle, et les servit à la baba-yaga. Il y en avait au moins pour douze personnes. Puis elle sortit de la cave du *kvas*, de l'hydromel, de la bière et du vin. La sorcière but tout, mangea tout. Elle ne laissa à la jeune fille que des miettes, une croûte de pain, un morceau de cochon de lait.

La baba-yaga se coucha et dit : — Quand je sortirai demain matin, aie bien soin de nettoyer la cour, de balayer la maison, de cuire le dîner, de préparer le linge. Puis va au grenier, prends quatre sacs de blé et retires-en tous les grains étrangers. Que tout cela soit fait à temps, sinon je te mangerai.

Après avoir donné ces ordres, la baba-yaga se mit à ronfler. Vasilissa servit à sa poupée les restes du souper, fondit en larmes, et lui dit : — Maintenant, petite, mange et écoute ma prière. La baba-yaga m'a imposé une rude besogne, et elle me menace de me manger, si je ne fais pas tout. Viens à mon secours.

La poupée répondit : — Ne crains rien, belle Vasilissa. Soupe, dis tes prières, et va dormir. La nuit porte conseil.

Vasilissa s'éveilla de grand matin, mais la baba-yaga était déjà debout. La jeune fille regarda par la fenêtre. La lumière des yeux s'éteignait dans les crânes. Tout à coup apparut un cavalier blanc, et tout s'illumina. La baba-yaga sortit dans la cour et siffla ; un mortier, un pilon et un balai arrivèrent devant elle. Le cavalier rouge apparut, le soleil se leva. La baba-yaga s'assit dans le mortier et sortit de la cour dirigeant sa course avec le pilon, effaçant ses traces avec le balai.

Vasilissa resta seule. Elle examina la maison de la baba-yaga, s'étonna de l'abondance qui y régnait en toute chose, et se demanda avec inquiétude par quelle besogne elle devait commencer. Elle leva les yeux, tout était déjà fait ; la poupée avait nettoyé le blé jusqu'au dernier grain. — Ah ! tu m'as sauvée, s'écria Vasilissa, tu m'as arrachée au danger !

— Tout ce que tu as à faire maintenant, c'est de préparer le dîner, repondit la poupée en se glissant dans la poche de Vasilissa. Prépare-le pour l'amour de Dieu, et prends quelque repos.

Vers le soir, Vasilissa mit la table, et attendit la baba-yaga. Le jour baissa, le cavalier noir apparut un instant à la porte, tout devint sombre ; seuls les yeux des crânes brillèrent. Les arbres commencèrent à craquer, les feuilles à bruire. La sorcière arriva. Vasilissa sortit à sa rencontre.

— Tout est fait ? demanda la yaga.

— Regarde par toi-même, répondit Vasilissa.

La baba-yaga examina tout, et, furieuse de n'avoir rien à reprendre, elle dit : — Bien ! bien ! fort bien ! — Puis elle cria : — Mes serviteurs, amis zélés, voici du grain à moudre.

Trois paires de mains apparurent, ramassèrent le blé et l'emportèrent. La sorcière soupa, se mit au lit et donna de nouveaux ordres à Vasilissa. — Fais exactement ce que tu as fait hier, seulement prends dans le grenier la graine de pavot qui s'y trouve, et nettoie-la grain à grain de la terre qu'on y a mêlée par méchanceté.

La vieille se tourna vers le mur pour ronfler, et Vasilissa se mit à servir sa poupée. La poupée mangea, et répéta à Vasilissa ce qu'elle lui avait dit la veille. — Prie Dieu, et va dormir. La nuit porte conseil. Tout sera fait, chère Vasilissa.

Le lendemain matin, la baba-yaga sortit de nouveau dans son mortier; Vasilissa et sa poupée se mirent immédiatement à l'œuvre. La sorcière revint, regarda tout, et s'écria : — Mes fidèles serviteurs, amis zélés, pressez la graine de pavot pour en faire de l'huile.

Trois paires de mains apparurent, saisirent la graine de pavot et l'emportèrent. La baba-yaga se mit à table. Elle mangeait; Vasilissa se tenait silencieuse auprès d'elle.

— Pourquoi ne parles-tu pas? lui demanda la sorcière; on te dirait muette.

— Je n'ose pas, répondit Vasilissa; mais, si tu le permets, j'ai quelque chose à te demander.

— Demande, mais toute question ne porte pas bonheur; qui sait trop vieillit vite.

— Je veux seulement t'interroger sur quelque chose que j'ai vu. Quand je venais ici, un cavalier a passé sur un cheval blanc, il était blanc lui-même et vêtu de blanc. Qui était-ce?

— C'était mon jour brillant, répondit la baba-yaga.

— Ensuite a passé un autre cavalier sur un cheval rouge, il était rouge et vêtu de rouge. Qui était-ce?

— C'était mon soleil rouge.

— Et qui était le cavalier noir qui passa près de moi juste à votre porte?

—C'était ma nuit noire; tous sont mes serviteurs.

Vasilissa pensait aux trois paires de mains, mais elle ne dit rien.

— Pourquoi ne demandes-tu plus rien? dit la baba-yaga.

— C'est assez, la vieille, tu as dit toi-même : Qui sait trop vieillit vite.

— Tu as bien fait de ne parler que de ce qui se passe hors de chez moi. J'aime à laver mon linge sale en famille; quant aux gens curieux.... je les mange. Maintenant une question. Comment fais-tu la besogne que je t'impose ?

— La bénédiction de ma mère m'assiste, répondit Vasilissa.

— Eh ! eh ! qu'est-ce que cela? Sors de chez moi, créature bénie! Je n'ai pas besoin de gens bénis chez moi. — Elle poussa Vasilissa hors de chez elle, la mit à la porte, prit un des crânes de la clôture, le ficha sur un bâton, le lui donna en disant : —

Prends ceci, c'est une lumière que tu peux porter à tes belles-sœurs. C'est, je pense, ce qu'elles t'ont envoyé chercher.

Vasilissa partit en courant éclairée par le crâne, qui ne s'éteignit qu'aux premières lueurs de l'aube; le lendemain du second jour, elle arriva à la maison. Au seuil de la porte, elle eut envie de jeter le crâne: — Sans doute, pensait-elle, on n'a plus besoin de lumière à la maison. — Mais une voix creuse sortit du crâne, disant : Ne me jette pas! porte-moi à ta belle-mère.

Elle regarda la maison, et, ne voyant de lumière à aucune fenêtre, elle se résolut à prendre le crâne avec elle. Pour la première fois de sa vie, elle fut cordialement reçue par sa belle-mère et ses belles-sœurs, qui lui dirent que depuis son départ elles n'avaient pas eu une étincelle de feu à la maison. Elles n'avaient pu allumer aucun briquet, et les lumières qu'elles apportaient de chez le voisin s'éteignaient dès qu'elles entraient dans la maison. — Peut-être ta lumière tiendra-t-elle, dit la mère. — Et on apporta le crâne dans la chambre; mais les yeux se mirent à les regarder de telle manière, à lancer de tels éclairs!

Elles voulaient se cacher; partout les yeux les suivirent. Le matin, elles furent entièrement réduites en cendre. Vasilissa seule fut sauvée, et peu de temps après le roi du pays, qui passait par là, devint amoureux d'elle et l'épousa.

CHAPITRE VIII.

LES ÉTUDES SLAVES EN RUSSIE.

La langue russe et le slavon. — Influence durable du slavon. — Son rôle dans l'éducation. — Influence de la Bohême sur le mouvement des études slaves. — Vostokov. — Renseignements bibliographiques. — La littérature russe chez les Slaves d'Occident. — Les Slavophiles russes et les *Zapadniaki*. — Chomiakov. — Les *aigles slaves*. — Que le slavisme n'est point d'origine russe.

I.

On sait que la langue russe appartient au groupe des langues slaves parlées aujourd'hui en Europe par quatre-vingt millions d'hommes; à côté de cet idiome récemment élevé au rang de langue littéraire, il en est un autre qui joue en Russie un rôle analogue à celui du latin chez nous; c'est le slavon ou langue slave ecclésiastique (*slaviansky*). Cette langue, aujourd'hui réservée à la liturgie, est ou a la prétention d'être celle dont les apôtres slaves se servirent au IXe siècle pour la traduction des Écri tures [1]. Elle établit entre les Slaves orthodoxes un lien pareil à celui que le latin établit entre les catholiques. Cette identité d'idiome religieux aurait suffi à créer des rapports entre les Russes et leurs congénères à une époque où l'idée religieuse avait plus d'influence sur les nations que l'idée de race ou de nationalité. Le premier annaliste de la Russie, le moine Nestor, a consacré plusieurs pages à l'histoire de la conversion des Slaves. Dès le moyen âge, les Russes, désireux d'étudier à sa source même la littérature sacrée, fréquentèrent assidûment les monastères de la Grèce et des Slaves du Sud, notamment ceux du mont Athos. « Là, dit un historien de la littérature russe, vivaient beaucoup de moines éclairés, d'ascètes grecs, bulgares et serbes; là se rendaient les moines russes pour perfectionner leur éducation religieuse. Dans les monastères de Saint-Pantaléon et de Chilandar, on traduisait, on copiait constamment des manuscrits [2]. » Cette communauté d'idiome explique encore aujourd'hui des relations auxquelles on a voulu prêter un caractère politique, tandis qu'elles n'avaient pour point de départ que des intérêts littéraires ou religieux. Si des Russes allèrent vivre et étudier chez les Slaves de la péninsule hellénique, il arriva aussi que des

1. Voir mon livre sur *la Conversion des Slaves au christianisme*, p. 201 et suiv.

2. Porfiriev, *Istoria slovesnosti*, Kazan, 1870, p. 151.

Slaves vinrent s'établir en Russie. Ainsi, pour ne citer que quelques noms, Kiev eut au xve siècle pour métropolitain un Bulgare, Grégoire Samblak, considéré aujourd'hui comme l'un des meilleurs représentants de la littérature sacrée en Russie ; avant lui, le métropolitain Cyprien, d'origine serbe, avait importé un grand nombre de manuscrits serbes [1]. Au xviie siècle, on voit apparaître à Moscou, sous le tsar Alexis, un Croate, le prêtre Krijanitch, le premier Slave qui ait essayé de formuler une théorie du panslavisme et le premier aussi qui ait abordé en Russie l'étude comparée des langues slaves [2].

La langue slavonne resta jusqu'au xviie siècle l'idiome de la haute littérature ; mais sous l'influence de l'idiome populaire (le moscovite), la langue des écrivains devient un mélange bizarre de slavon, de vocables vulgaires, agrémenté de mots polonais ou latins, suivant les préférences de l'auteur. Au xviiie siècle, grâce surtout à l'influence de Lomonosov, un divorce définitif s'opéra entre la langue de l'Église et l'idiome national. On n'abandonna pas cependant l'étude de la première. Lomonosov, le Malherbe russe, recommande à tous les

1. Porfiriev, *op. cit.* p. 350

2. Ce curieux personnage a été mis en lumière par M. Bezsonov, et souvent étudié depuis. Voyez mon travail sur les origines du panslavisme, *le Monde slave*, p. 318-327. (Paris, 1873.)

écrivains russes de lire avec soin des livres slavons pour « ennoblir leur style par l'emploi des tournures et des termes élevés que fournit cette langue mère. » « Sans la langue slavonne, écrit un peu plus tard Von Vizine, on ne peut connaître la langue russe [1]. » Les grammairiens sont d'accord pour reconnaître que l'étude du slavon est indispensable à la connaissance de la langue russe [2]. Aujourd'hui le slavon figure à côté des langues classiques dans les établissements d'instruction secondaire. Il est enseigné dans les gymnases concurremment avec le russe (six à deux heures par semaine suivant la classe) ; il l'est également dans les écoles dites urbaines, où l'on apprend aux élèves la grammaire pour les exercer ensuite à l'explication des textes [3]. L'élève qui, en sortant du gymnase, désire poursuivre à l'université des études de philologie slave est donc déjà préparé par les leçons qu'il a reçues. D'autre part, l'enseignement de l'histoire nationale oblige à donner aux élèves quelques notions élémentaires sur la race à laquelle se rattache l'empire russe. Tous les manuels d'histoire traitent forcément des origines slaves. Mais les notions que

1. Cités par Polevoï, *Istoria Ruskoï Literatury*, Saint-Pétersbourg, 1872.

2. Buslaïev, *Istoritcheskaïa Gramatika*, p. 12.

3. Voy. *Statuts des gymnases et des progymnases*, Saint-Pétersbourg, 1871. — *Statuts des écoles urbaines*, *ibid.*

fournissent les maîtres et les livres sont fort succinctes et ne dépassent guère celles que nos élèves reçoivent sur la période celtique de nos annales. On se tromperait fort en s'imaginant que les gymnases russes préparent à la patrie des générations de panslavistes politiques ou littéraires :

« Beaucoup de Russes, disait récemment une revue tchèque, haussent les épaules au seul nom des peuples slaves et se rappellent seulement l'ennui que leur faisait éprouver au collége l'étude du slavon ; beaucoup empruntent leur connaissance du slave à des livres allemands ou français ; d'autres, au seul nom de Slave, se figurent un fils de la nature dans un costume pittoresque, analogue à celui des bandits italiens, vivant dans les rochers et chantant des chansons qui respirent la haine de l'Ottoman [1]. » Ce n'est que dans les universités que l'on étudie sérieusement le monde slave ; mais là encore la *slavistique*, pour employer le terme technique, est une science toute récente et elle n'a point produit encore tous les résultats qu'on est en droit d'attendre d'elle.

1. *Osvěta* (La civilisation), nº 2, année 1873. L'article en question est écrit par un Tchèque qui a longtemps résidé en Russie. Ses conclusions diffèrent peu de celles auxquelles je suis moi-même arrivé. Un fait curieux à noter, c'est que, dans les livres russes d'éducation, les noms des villes slaves figurent non pas sous leur forme slave, mais sous celle que les Allemands leur ont donnée. Par exemple, Kœniggrætz au lieu de Kralovehradec, Laybach et non Ljublanija, etc.

Le développement de cette science coïncide avec celui qu'ont pris récemment les études d'histoire et d'archéologie. Il ne paraît pas qu'on ait eu en Russie jusqu'au XIXe siècle des notions bien précises sur les peuples slaves. Il est vrai que Pierre le Grand, frappé de la similitude du tchèque et du russe, ordonna de faire venir en Russie des écrivains tchèques pour traduire des livres scientifiques ; il est vrai que la Russie entretint sous lui et ses successeurs certaines relations avec les Slaves méridionaux ; mais la littérature et la science eurent peu de part à ces relations. Les petites nations slaves avaient plus besoin de la Russie que celle-ci n'avait besoin d'elles, et ce fut chez elles que s'élabora l'idée d'une solidarité plus ou moins sérieuse entre les peuples slaves. Les Russes trouvaient dans leurs archives assez de manuscrits slavons pour être perpétuellement prédisposés à l'étude de cette langue vénérée ; mais ce n'est point en Russie que les études slaves, dans le vrai et large sens du mot, trouvèrent leur point de départ. Le signal partit des pays occidentaux, surtout de la Bohême.

II.

Tandis que ce pays était menacé de disparaître à jamais, englouti par le germanisme, quelques esprits curieux et patriotes s'occupaient pieusement à rechercher les origines de leur patrie. En étudiant cette lointaine antiquité, ils se trouvaient fatalement reportés à ces temps préhistoriques où la race slave n'était pas encore divisée en nations distinctes, et à rechercher les liens moraux, religieux, intellectuels qui existaient entre ces nations. En 1745, le tchèque Jordan publia son livre : *De originibus slavicis;* peu de temps après, on vit apparaître Dobner, le père de la critique historique en Bohême, l'historien Pelzel; ces noms s'effacent devant celui de Dobrowsky; Dobrowsky est le véritable fondateur de la science slave. Dès l'année 1793, il fait un voyage à Pétersbourg et à Moscou; rappelons seulement parmi ses travaux son *Projet d'etymologicon universel des peuples slaves;* les *Institutiones linguæ slavicæ dialecti veteris* (1822), première grammaire vraiment scientifique du slavon; la vie des apôtres slaves Cyrille et Méthode; le recueil intitulé *Slavin*, où il a réuni des dissertations sur une foule de points d'érudition slave. « Va chez tes frères slaves, mon livre, dit-il dans la préface, tu es un messager que j'envoie chez eux de Bohême [1]. » Ces messagers de Dobrowsky furent bien reçus dans les pays où il les envoyait, et, quand il mourut en 1829, il laissa de nombreux élèves.

1. *Slavin. Beitræge zur Kenntniss der slavischen Literatur*, etc. Prag. 1808.

Chez les Slaves méridionaux, le slovène Kopitar fut l'émule et, dans une certaine mesure, le continuateur de Dobrowsky. Sa grammaire de la langue slovène (*Grammatik der slavischen Sprache in Krain*, Laybach, 1808); ses publications de textes glagolitiques (*Glagolita Clozianus*, Vienne, 1836) lui acquirent une réputation telle que l'empereur de Russie le chargea d'écrire l'introduction du célèbre Évangile du Sacre publié à ses frais à Paris en 1843 [1]. Il mourut l'année suivante. Ses travaux et ceux de Dobrowsky devaient intéresser d'autant plus les Russes que tous deux faisaient une large part à l'idiome slavon. D'autre part, le serbe Vouk Karadjitch recueillait les chants serbes (1814); le polonais Linde publiait en 1807 son grand dictionnaire de la langue polonaise, où il rapprochait constamment le polonais des idiomes congénères et fournissait de nombreux matériaux à la philologie comparée. Un autre Polonais, Surowiecki, étudiait les origines des peuples slaves dans une dissertation qui servit de point de départ à Schafarik; M. Maciejowski, encore vivant au moment où j'écris ces lignes, que j'ai eu l'honneur de rencontrer l'année dernière à Varsovie, créait l'étude comparée du droit slave; Lelewell préludait à ses grands travaux historiques. Les recherches de ces hommes éminents

1. Voir sur cet évangile notre *Etude sur la conversion des Slaves au christianisme*. P. 191-92.

assuraient à leurs successeurs une large base d'opérations. La Bohême vit surgir Jungmann, Hanka, Palacky, Schafarik, Kollar, Czelakowsky ; chez les Slaves de Lusace, Jordan et Schmaler entreprirent la publication de deux recueils internationaux : *Slavische Jahrbücher* (1842-49) et *Slavisches Centralblatt*. Un Slovène, Miklosich, correspondant de notre Institut, établit définitivement les lois phonétiques et les formes des langues slaves ; à son nom, il faut associer celui de Schleicher, qui entretient de nombreux rapports avec l'Académie impériale de Saint-Pétersbourg. J'aurai un jour occasion de revenir sur ces hommes éminents en constatant l'influence et, pour ainsi dire, le reflet de leurs travaux dans les livres des savants russes [1].

1. Voici par ordre chronologique la liste des principales publications qui exercèrent une influence sérieuse sur la marche des études slaves :

En Bohême, Dobrowsky, *Slavin*, 1808. — *Institutiones linguæ slavicæ*, 1822. — *Cyrill und Method*, 1823.

Jungmann. *Grand dictionnaire de la langue tchèque*, Prague, 1835-39.

Schafarik. *Geschichte der slavischen Literatur* (Pesth, 1826). — *Slovanske starozitnosti* (Antiquités slaves), Prague, 1837. — *Ethnographie slave*, Prague, 1840.

Kollar. *Slavy Dcera* (Prague, 1821). — *Die literarische Wechselseitigkeit der Slawen*, Pesth, 1837.

Hanka. Première édition du *Kralodvorsky Rukopis*, Prague, 1818.

Chez les Slaves du Sud, Karadjitch. *Premier recueil des chants serbes* (Pesmarica), 1814.

L'illustre Vostokov (1781-1865) peut être considéré comme le fondateur de la science slave en Russie. Dans la notice que lui a consacrée son confrère et ami M. Sreznievsky, on peut constater de bonne heure l'influence qu'exercent sur ses études les travaux slaves publiés à l'étranger. Tout jeune encore, il médite un dictionnaire comparé des langues européennes dans lequel il réserve une grande place aux idiomes slaves. Mais les livres lui font défaut; il n'a à sa disposition qu'un seul ouvrage de Dobrowsky *Literarische Nachrichten von einer Reise nach Schweden und Russland*. En 1810, nous le voyons occupé à traduire des fragments d'un autre livre du même savant (*Slavin*. Voy. plus haut). Un peu plus tard, il entre en relations épistolaires avec Kopitar, Hanka et Schafarik. Ces relations et les échanges de livres qui les accompagnent constituent une grande partie du *Panslavisme*. Les travaux de Vostokov sur la grammaire slavonne sont fort importants. C'est lui qui publia le plus ancien

Kopitar. *Grammatik der slavischen Sprache in Krain*, 1808. — *Glagolita Clozianus*, 1836.

En Pologne, Linde. *Slownik Jezyka polskiego*, 1808-1814 (Dictionnaire polonais). — *Surowiecki. O poczatkach... dawnich Slawian* sur les origines des anciens Slaves (Varsovie, 1823).

Maciejowski. *Historyja prawodastw slowianskych* (Histoire des législations slaves), Varsovie, 1832-35, etc.

Un certain nombre de ces ouvrages ont été traduits en russe; la *Grammaire paleoslave* de Dobrowski le fut dès 1825 par Pogodine et Schevirov.

texte slavon connu, l'*Évangile d'Ostromir* (1843). C'est à lui que revient l'honneur d'avoir découvert l'existence des voyelles nasales *un* et *en* dans l'ancien bulgare (1817). Sa grammaire slavonne sera longtemps consultée avec fruit. En 1827, il publia une légende de saint Vacslav, prince de Bohême, qui fit grand bruit chez les Slaves d'Occident; c'est l'un des rares documents slavons relatifs à leur histoire. Ce fut aussi Vostokov qui fut chargé d'écrire dans l'*Encyclopédie russe* l'article sur la littérature bohême. Il est à remarquer qu'à cette époque on se servait encore en Russie du mot *bogemski* (Bohême), mot étranger aux Slaves, inconnu d'eux, et qu'on a depuis remplacé avec raison par le mot *tchesky* (tchèque).

Je note encore dans les mémoires de l'Académie russe une étude sur les travaux du slaviste morave Dankovsky (1841). En 1838, M. Vostokov fut chargé de préparer aux études de philologie slave le professeur Preiss, envoyé par le gouvernement russe dans les pays slaves et destiné à occuper la chaire slave à l'université de Pétersbourg. Les travaux de Vostokov lui assurèrent une réputation étendue en dehors de la Russie. Sur la fin de sa vie, la *Société d'histoire jougo-slave* d'Agram et la *Société littéraire serbe* de Belgrade le nommèrent membre correspondant. Un collègue de Vostokov à l'Académie, Kœppen (né en 1793), occupé spécialement d'archéologie russe, fit une grande part au monde slave dans ses études. Il entreprit l'un des premiers, le premier peut-être parmi les Russes, un voyage scientifique et littéraire dans les pays slaves. « Ce voyage, a dit Pogodine, nous révéla tout un monde. » Dans son recueil d'anciens monuments slaves (1825), Kœppen inséra des documents étrangers à la Russie, par exemple, les fragments liturgiques dits de Frisingen, d'anciennes prières polonaises, etc. Dans sa Feuille bibliographique, il publia (chose nouvelle pour le temps) des notes sur le mouvement slave; on le voit échanger des livres et des correspondances avec les poëtes et philologues slaves Kollar, Kopitar, Karadjitch, Hanka, Jungmann, Dobrowsky [1]. Sauf quelques mémoires (notamment un sur les antiquités de la Syrmie), il n'a point laissé d'ouvrage consacré spécialement aux peuples slaves [2].

Kalaïdovitch (1792-1832) fut le premier qui donna à Russie un grand travail spécialement consa-

1. *Obozrenie Nautchnich Trudov Vostokava.* Saint-Pétersbourg, 1865.

2. Voici en quels termes Kœppen, dans une lettre publiée en 1837 par le journal du ministère de l'instruction publique, s'explique sur le compte de Dobrowsky :

« Pour tous ceux qui savent l'apprécier, c'est un homme immortel. Demandez à chacun de ses disciples ce que c'est que Dobrowsky; même ceux qui ne partagent pas son avis vous diront que Dobrowsky a ressuscité la vie des Slaves en Europe, qu'il a rattaché les peuples congénères par des liens indissolubles. »

cré à l'histoire d'un des peuples congénères. Ce travail ainsi qu'on devait s'y attendre, se réfère aux antiquités de la langue et de la littérature slavonne. Il est intitulé: *Jean, exarque de Bulgarie* (1824). C'est le nom d'un dignitaire de l'église bulgare au xe siècle, qui compte parmi les meilleurs écrivains ecclésiastiques de son temps. Kalaïdovitch remettait en lumière une période mal connue dans l'histoire littéraire et religieuse. Son travail, aujourd'hui dépassé mais non oublié, marque une étape importante dans la marche de la science. On n'avait guère soupçonné jusqu'alors le haut degré de culture auquel la Bulgarie du moyen âge avait su s'élever. La correspondance de Kalaïdovitch [1] nous le montre fort soucieux de se tenir au courant des publications relatives aux choses slaves, mais encore fort mal pourvu. Il écrit à un professeur de Vilna pour lui demander des renseignements de bibliographie polonaise. Un de ses correspondants lui indique le moyen de se procurer le dictionnaire polonais de Linde, la *Bibliotheca slavica* de Durich (parue à Vienne, 1795; l'auteur était tchèque); la dissertation polonaise de Kossakowski sur la littérature bohême; un ouvrage latin sur les incunables polonais, etc... En 1819, Kalaïdovitch rencontre à

1. *Konst. Fed. Kalaïdovitch. Biographitchesky Otcherk*, par M. Bezsonov. Moscou, 1862.

Moscou le célèbre éditeur des chants serbes, Vouk Stephanovitch Karadjitch, qui visitait en ce moment la Russie, comme avait fait Dobrowski. Vouk lui offrit quelques chansons serbes inédites.

Après la publication du livre *Jean, exarque de Bulgarie*, le professeur Loboïka, de Vilna, écrivait au comte Roumiantsov :

« Ce remarquable travail, qui remet en vue les anciennes productions de la littérature slavonne, donnera lieu à des recherches innombrables, surtout chez les slavistes bohêmes ; je pense qu'ils sont en état de s'en servir aujourd'hui mieux que nous. Ils ont dans Dobner un précurseur remarquable... Grâce à la Providence, nous voici sortis de notre sommeil. Le goût des antiquités nationales et de l'histoire devient général. »

On lit un peu plus loin :

« M. Kalaïdovitch écrit dans sa préface qu'il a reçu tard la grammaire slavonne de Dobrowsky ; du reste, elle ne lui était indispensable que pour certaines parties de son travail. Moi, qui ai profondément étudié ce sujet, je crois qu'il est impossible d'accomplir sans elle aucun travail philologique de quelque importance. »

Ces deux passages d'une correspondance intime confirment pleinement l'opinion que j'émettais plus haut sur le rôle important qu'ont joué dans le développement de la *slavistique* russe les slavistes étrangers[1]. La correspondance de Kalaïdovitch révèle à diverses reprises toute l'importance qu'il attachait à l'opinion de Dobrowsky et de Kopitar. On retrouve dans les rapports des savants russes et slaves à cette époque quelque chose de ce naïf enthousiasme qui anime la correspondance de nos savants de la Renaissance. On épie avec passion les publications qui se produisent à Prague, à Moscou, à Pétersbourg, à Varsovie. « Apprends le russe, écrit le poëte tchèque Czelakovsky à son ami Kamaryt. » — Et Kamaryt lui répond en lui citant un passage du *Literarischer Anzeiger* sur la littérature russe, passage qui révèle l'existence de trois cent cinquante écrivains russes et de huit mille volumes déjà imprimés en cette langue. « Voilà qui serait intéressant pour nous, s'écrie Kamaryt. Ah! si de ces trois cent cinquante écrivains nous pouvions en lire seulement cinquante, et de ces huit mille volumes seulement quatre-vingts. » Ces lignes étaient écrites en 1821 [2].

1. Un publiciste russe, M. Pypine, dans une lettre publiée par la *Revue* (tchèque) *du muséum de Prague*, écrit : « Le mouvement slave n'a pas commencé chez nous; pour nous, le panslavisme est une plante étrangère; il n'a pas été un besoin. » Dans un autre article qui parut l'année suivante dans le même recueil, M. Lavrovsky, professeur à l'université de Kharkov, fait une déclaration analogue.

2. *Czelakovzkeho sebrane listy*. Correspondance de Czelakovsky (Prague, 1865). Il a été déjà question de Czelakovsky dans le

III.

Quatre ans auparavant, Hanka avait fait en Bohême une découverte qui émut tout le monde slave, celle du *Kralodvorsky Rukopis*, recueil d'anciens chants bohêmes. Dès 1820, un savant russe distingué, qui fut depuis ministre de l'instruction publique, l'amiral Schichkov, traduisait ces poëmes dans les mémoires de l'Académie de Saint-Pétersbourg, dont il était président. Cette traduction, réimprimée dans le tome VI de ses œuvres, était à proprement parler une adaptation. Schichkov ne mettait les mots russes à la place des mots tchèques que là où ceux-ci étaient absolument inintelligibles, et se contentait de donner des terminaisons russes aux radicaux communs aux deux langues. Le *Kralodvorsky Rukopis* [1] a été traduit depuis plusieurs fois en russe (notamment par MM. Berg et Sokolov; M. Nekrasov en a donné l'année dernière une fort

cours de ce travail. Le correspondant de Czelakovsky, Kamaryt (1797-1834), occupe un rang honorable dans la poésie bohême.

1. J'ai publié une traduction de ces précieux fragments dans le volume intitulé : *Chants héroïques et Chansons populaires des Slaves de Bohême*, Paris, 1866. On a contesté l'authenticité de ces poëmes; je persiste néanmoins à l'admettre : les savants russes n'ont cessé de la proclamer.

belle édition). Esprit curieux et éclairé, l'amiral Schichkov sentit de bonne heure la nécessité d'entrer en rapport avec les Slaves d'Occident. Il entretint une correspondance suivie avec Hanka et fut, assure-t-on, l'un des premiers à réclamer l'établissement de chaires de langues slaves en Russie [1]. Il occupa le ministère de l'instruction publique de 1824 à 1834; mais il laissa à son successeur, le comte Ouvarov, le soin de réaliser cette innovation. Les professeurs d'ailleurs lui eussent fait défaut pour les chaires en question. Parmi les professeurs russes qui vers 1820-30 s'occupèrent du monde slave, je ne vois à citer que M. Katchenovsky, de Moscou. Dès 1816, il écrivait dans la *Revue d'Europe* (*Viestnik Evropy*) : « On n'a guère songé jusqu'ici aux rapports étroits qui existent entre notre langue russe et beaucoup d'autres parlées en dedans et au dehors de notre empire, et au profit que le russe retirerait de l'étude des divers dialectes slaves. » Le même auteur publiait en 1817, dans les Mémoires de la Société de littérature russe de Moscou, un travail fort complet pour le temps sur les grammaires des langues slaves; il signalait aussi le grand rôle joué par les Tchèques sous le

1. Vie de l'amiral Schichkov, dans le *Nauczny slovnik*, encyclopédie bohême. Le *Nauczny slovnik* affirme que Hanka ne cessait d'insister auprès de l'amiral pour la fondation de ces chaires.

règne de Charles IV ; la *Revue d'Europe* annonçait qu'elle ferait une part sérieuse à l'étude des peuples slaves. « Katchenovsky, a dit un savant russe [1], fut chez nous avec Chomiakov le premier semeur de l'idée slave. » Chomiakov, poëte de talent et théologien mystique, rêva l'unité du monde slave dans l'unité de la foi orthodoxe mais on ne peut dire que ses travaux aient un caractère scientifique. Ils ne rentrent pas dans l'ordre d'études qui nous occupent. Je n'y ferai pas non plus rentrer les productions de l'école dite slavophile (*slavianofili*), terme auquel ne correspond nullement notre mot *panslaviste*.

Depuis le règne de Pierre le Grand, deux courants se sont partagé la société russe. Les uns ont adhéré sans réserves aux innovations du grand réformateur et ont déclaré que l'imitation de l'Occident pouvait seule amener le monde russe à la prospérité et à la civilisation. D'autres, au contraire, affirment que Pierre le Grand a faussé le véritable génie de sa nation et qu'il a dévoyé la Russie en l'arrachant à ses traditions séculaires. Secondés par le développement de la littérature nationale, par le mouvement d'archéologie romantique qui s'est produit naguère dans toute l'Europe et la haine du peuple russe pour les importations germaniques,

1. Discours de M. Maïkov sur la slavistique en Russie, publié dans les comptes rendus du congrès slave de 1867.

les adversaires du parti *occidental* ont entrepris de rechercher dans les origines slaves ou soi-disant telles de leur pays les éléments qu'ils jugent indispensables à sa régénération. Certains prétendent appliquer ces éléments aux Slaves occidentaux et ne voient de salut pour eux que dans leur complète russification. Les principaux représentants de cette école, que l'étude scientifique du monde slave a plutôt affaiblie que fortifiée, sont, outre Chomiakov, Aksakov, Kirieevsky, etc. M. Palacky, le patriarche de la science slave en Bohême, a énergiquement répudié leurs théories [1].

Voici deux poëmes de Chomiakov qui donneront une idée de ses tendances et de son talent, tout ensemble lyrique et mystique :

LES AIGLES SLAVES.

Tu as établi bien haut ton nid, — aigle des Slaves du Nord ; — tu as étendu largement tes ailes. — Tu t'es élevé bien loin dans les cieux. — Vole! mais, dans la mer azurée de lumière — où ta poitrine respire la force — et brûle de l'ivresse de la liberté, — n'oublie pas tes jeunes frères!

1. Elles ont été exposées récemment par M. Pypine dans le *Viestnik Evropy*, et par M. Durdik dans la *Revue* bohême déjà citée plus haut. L'ouvrage de M. Palacky auquel nous nous référons est le *Radhost* (Prague, 1870-73). — Nous en avons donné une analyse et des extraits dans la *Revue politique et littéraire*, n° du 8 février 1873.

— Vers les plaines du midi, — vers le lointain occident, regarde. — Ils sont nombreux là où murmure le Danube, — là où les Alpes cachent leurs sommets dans les nuages, — dans les cols des rochers, dans les ombres des Karpathes, — dans les forêts profondes du Balkhan, — dans les filets des perfides Teutons. — Ils attendent, les frères enchaînés, — le moment où ils attendront ton appel, — le moment où tes larges ailes s'étendront sur leur faible tête. — Oh! souviens-toi d'eux, aigle du Nord! — Envoie-leur ton salut retentissant! — Que dans la nuit de l'esclavage — la lumière de ta liberté vienne les consoler. — Nourris-les de la force morale. — Nourris-les de l'espérance des jours meilleurs! — Ces cœurs glacés où coule ton sang, — réchauffe-les de ton brûlant amour. — Leur heure viendra; leurs ailes seront plus fortes; — leurs jeunes ongles s'aiguiseront. — Les aigles s'envoleront et les fers que la violence — leur impose, ils les briseront avec un bec de fer!

Voici une autre poésie du même auteur :

Ne t'enorgueillis pas devant Belgrade, — Prague, ô reine des pays tchèques! — Ne t'enorgueillis pas devant Prague, — Moscou aux coupoles dorées!.

Souvenons-nous que nous sommes frères, — enfants d'une mère unique. — Aux frères les embrassements fraternels, — la poitrine contre la poitrine, la main dans la main!

Qu'il ne s'enorgueillisse pas de la force de son bras, — celui qui a tenu bon dans le combat. — Qu'il ne soit pas honteux celui qui, dans une longue lutte, — a succombé sous la rigueur du destin!

Le temps de l'épreuve est dur; — mais celui qui est tombé se relèvera. — Il y a beaucoup de pitié chez Dieu; — sans bornes est son amour.

La brume funèbre se dissipera. — Attendu depuis longtemps, — le beau jour luira enfin; — les frères seront réunis.

Tous seront grands, tous libres! — Contre l'ennemi marcheront leurs rangs victorieux, — tous pleins d'une pensée noble, — forts d'une foi unique!

L'étude du mouvement slavophile appartient à l'histoire du mouvement moral et religieux en Russie. Les représentants de cette école se distinguent en général par leur peu de critique : cela se comprend. Ils ne cherchaient point ce qui est, mais ce qui devait être d'après leur théorie.

Les campagnes de la Russie contre la Turquie devaient nécessairement appeler l'attention sur les Slaves méridionaux. On les connaissait bien mal encore. En 1827, le *Télégraphe* de Moscou, l'une des revues russes les plus estimées, constatait avec étonnement que la Bulgarie était habitée par des populations orthodoxes dont la langue se rapprochait de l'ancien slavon. En 1830, un savant plus passionné que critique, Veneline, fut chargé par l'Académie de Saint-Pétersbourg de parcourir les pays bulgares. Il en apporta de nombreux matériaux. Ses *Recherches sur les Bulgares* [1], ouvrage bizarre et sans méthode, excitèrent un vif enthousiasme chez les Bulgares, et, à défaut d'autre mérite, elles eurent

1. *Istoriko-kritiitcheskia Izsledovania*, etc. Moscou, 1855 (nouvelle édition avec une préface de M. Bozsonov).

au moins celui d'appeler l'attention des Bulgares sur leurs antiquités et leurs chants nationaux : « Les Bulgares, lui écrivait l'un d'entre eux, Aprilov, vous mettront au nombre de leurs bienfaiteurs, et la postérité écrira votre nom au temple de l'immortalité. »

Les publicistes occidentaux, trompés par des rapports peu exacts, se représentent volontiers les Russes comme sans cesse occupés à travailler les Slaves par le moyen d'émissaires politiques ou littéraires. Il est bien plus vrai de dire que ce sont les Slaves qui réclament l'attention et les sympathies de la Russie. Notons en passant que Veneline n'était pas à proprement parler Russe de naissance ; c'était un Ruthène de Hongrie. Parmi ses travaux, il faut signaler encore un essai sur les chants populaires des Slaves du Sud. Veneline eut quelques disciples sur lesquels nous aurons l'occasion de revenir en temps et lieu. A cette période d'enthousiasme primitif, on peut encore rattacher le nom du Polonais-Russe Zorjan Dolenga Chodakovski (Czarnocki), qui voyagea par toute la Russie et publia de curieuses recherches sur les lieux des sacrifices des Slaves païens (Gorodistcha) (1784-1825). Chodakovski est l'un des fondateurs de l'archéologie slave[1].

1. Voir sur Chodakovsky le discours sur l'archéologie slave de M. Pogodine. Je l'ai traduit dans la *Revue des cours littéraires*, 1er janvier 1870.

Les recherches de Vostokov, Schichkov, Veneline, Kalaïdovitch, etc., n'étaient que des accidents isolés. L'ignorance des choses slaves était générale. J'ai dépouillé avec soin la collection complète de la *Revue* (officielle) du ministère de l'instruction publique en Russie. Les premières années (jusqu'à 1836 environ) sont fort pauvres en renseignements concernant les pays slaves. On emprunte à la *Gazette de France* l'indication des journaux serbes publiés à Belgrade; on traduit de l'allemand un article critique sur l'histoire des législations slaves de Maciejowski. On emploie pour désigner les pays slaves des mots empruntés à l'allemand et que les slavistes ont depuis longtemps bannis de leur vocabulaire (bogemsky pour tchesky, tchèque, Lemberg pour Lvov), etc. Le nouveau programme des universités russes, élaboré en 1835 par le ministre Ouvarov, introduisit dans ces universités une chaire d'histoire nationale, et combla ainsi une lacune déplorable. Il fallait évidemment faire aussi au monde slave une place dans l'enseignement; on s'y décida quatre ans plus tard. En 1839, trois chaires de langues ou, pour traduire plus exactement, de *dialectes* slaves furent établies dans les universités de Pétersbourg, de Moscou et de Kharkov. Nous avons vu que Hanka avait souvent sollicité cette innovation. Peut-être aurait-elle été plus tôt décidée, s'il avait consenti à venir enseigner en Russie. En 1830, d'après un de ses biographes[1], il avait été question d'établir à Pétersbourg une bibliothèque slave; le gouvernement russe offrait à Hanka le poste de bibliothécaire avec de forts beaux appointements; il refusa, et le projet n'eut pas de suite. Mais il ne cessa d'insister dans ses correspondances sur la nécessité de créer un enseignement spécial. Kollar, dans sa célèbre brochure sur la mutualité slave (*Die literarische Wechselseitigkeit, etc.*, Pesth, 1837), signale le même *desideratum*. Des savants russes m'ont affirmé que ce ne fut pas le comte Ouvarov, mais l'empereur Nicolas lui-même qui décida la fondation de trois chaires slaves. J'ignore si cette version est exacte : mais ce qui est évident, c'est que la fondation des chaires slaves répondait à un besoin. Le gouvernement russe comprit que cet enseignement ne devait être confié qu'à des savants familiarisés par un long séjour dans les pays slaves avec la langue et la littérature des pays qu'il s'agissait de faire connaître. De là une série de missions à l'étranger; ces missions ont eu pour la science des résultats importants. Mais on s'est obstiné à leur prêter un caractère politique qu'elles n'avaient point. La Russie a toujours eu beaucoup moins besoin des Slaves, que les Slaves n'ont besoin d'elle.

1. Nécrologie de Hanka par M. Pypine, dans la revue *Sovremennik*.

CHAPITRE IX.

LA LANGUE RUSSE [1].

La langue russe et les études orientales. — Statistique des peuples *allogènes* en Russie. — Les études orientales en Russie. — Intérêt diplomatique et commercial. — Les Prussiens et la Russie. — Un autographe de M. de Bismarck. — Opinion des Russes sur leur langue. — Citation de Lomonosov. — La littérature populaire et les études modernes. — Les classiques russes. — Journaux et revues.

Messieurs,

Je considère comme un grand honneur d'avoir été chargé d'introduire l'enseignement des langues slaves et spécialement du russe dans le programme de cette école. Cet honneur, je le dois peut-être à dix années d'études persévérantes et de voyages scientifiques, mais surtout au zèle infatigable de notre administrateur M. Schefer, au bienveillant appel de notre comité de perfectionnement, au patronage libéral du Ministère de l'Instruction publi-

1. Leçon d'ouverture du Cours de langue russe professé à l'École des langues orientales vivantes, pendant l'année scolaire 1874-75.

que et du Ministère des affaires étrangères. Les innovations ne sont pas toujours faciles dans notre pays. Celle que nous introduisons aujourd'hui était depuis longtemps souhaitée par un grand nombre de savants et d'hommes d'État. Elle coïncide avec ce courant généreux qui revivifie toutes les branches de la science. On a souvent reproché aux Français leur dédain des langues vivantes et de la géographie. Ce reproche n'aura bientôt plus de raison d'être : la science française étend ses recherches bien au delà du monde classique et du monde oriental dont elle avait depuis longtemps fait son domaine. Les littératures voisines de la nôtre sont étudiées avec ardeur ; l'Europe a cessé d'être pour nous la plus ignorée des régions du globe. De hardis pionniers défrichent sans relâche le terrain scandinave, magyare et slave. Nos savants comprennent qu'ils ne doivent s'en remettre qu'à eux-mêmes du soin de connaître les peuples avec lesquels nous sommes destinés à entretenir des relations politiques, commerciales et littéraires. Il est bon et honorable de recourir aux travaux et aux leçons de maîtres étrangers ; il est mieux de pouvoir nous en passer et d'étudier les choses par nous-mêmes. Le temps est venu où il faut faire table rase des formules toutes faites, des préjugés acquis et n'épargner ni peine ni recherche pour parvenir à la connaissance de la vérité et la faire tourner au profit de notre pays. Jamais il n'a fait un plus pressant appel à notre zèle, jamais il n'a eu un plus grand besoin de tous nos efforts, de toute notre persévérance.

I.

Il va de soi, Messieurs, qu'en inaugurant ici l'enseignement de la langue russe, ni vous ni moi n'avons la prétention de la ranger parmi les langues dites *orientales*. Le russe est aujourd'hui utile, indispensable même pour arriver à une connaissance approfondie de certaines régions de l'Orient Asiatique. La Russie, par la variété des éléments qui la constituent, prépare la transition entre l'Europe et l'Asie ; mais aucun esprit sérieux n'oserait soutenir, comme on l'a fait il y a quelques années, que la Russie n'est pas un état européen et que son idiome reflète une civilisation qui n'est pas la nôtre. Ces fantaisies, écloses dans des imaginations peu critiques, recueillies et propagées par des publicistes mal préparés, ont glissé sur la science sans y pénétrer. Nous n'aurons pas à pousser bien loin nos études pour constater que le russe appartient à cette grande famille des idiomes slaves, famille de langues parlées par plus de quatre-vingts millions d'hommes et qui domine en Turquie, en Autriche, en Pologne et en Russie. La Russie est l'état slave par excellence. Sans doute les événements ont influé sur son caractère national; le slavisme primitif s'est mélangé peu à peu d'éléments byzantins, tartares, allemands. C'est là un phénomène qui s'est produit chez tous les peuples; les idéalistes ou les poëtes peuvent seuls rêver l'existence de races pures. Le métal le plus noble doit souvent à son alliage avec des métaux inférieurs, une solidité plus grande et un éclat plus durable.

Le symbole essentiel d'une nationalité, c'est la langue; les progrès incessants du peuple russe sont marqués par l'extension de son idiome. Le russe est aujourd'hui la langue administrative de plus de quatre-vingts millions d'habitants, dont 4,893,332 pour le Caucase, 3,337,627 pour la Sibérie, 3,119,507 pour l'Asie Centrale. Notons ces chiffres qui ont une importance spéciale pour nos études. D'après les statistiques, la proportion des Russes à la masse générale de la population est comme 797 est à mille. Les éléments asiatiques — ceux que nous pouvons appeler ici *orientaux*, — dénomination un peu vague et élastique, mais que vous comprenez fort bien — comportent les chiffres suivants:

Pour la Russie européenne:

Bachkirs	1,076,000
Tartares	1,362,000

Kirghises	153,000
Kalmouks.	89,000
Arméniens	32,000

Pour le Caucase ;

Géorgiens.	852,000
Arméniens.	561,000
Tartares.	977,191
Caucasiens.	897,945
Kalmouks.	111,678

En Sibérie nous trouvons tout d'abord 2,500,000 Russes. Ce chiffre vous étonne sans doute. Il faut revenir de nos préjugés sur la Sibérie. Le plus grand défaut de cette contrée jusqu'ici si mal renommée, c'est de n'être encore accessible ni par les chemins de fer, ni par la navigation à vapeur. Le jour où les *railways* sibériens seront ouverts, bien des préjugés se dissiperont. Voici pour la Sibérie les chiffres des populations *allogènes*. C'est par ce mot (inorodtsy) que les Russes désignent les païens :

Bouriates	250,000
Jakoutes.	200,000
Kalmouks.	80,000
Tungouses.	80,000
Tatares	70,000
Ostiaks	25,000

En ce qui concerne l'Asie centrale, on y compte

1,600,000 Kirghises, 99,000 Sartes, 71,560 Tadjiks, 54,785 Uzbecks, etc.....

Ainsi l'élément *allogène* joue en Russie un rôle considérable; il est représenté par près de huit millions de sujets; il offre un intérêt varié par la diversité des races et des religions. Il devient aujourd'hui fort difficile d'étudier ces populations sans le secours de la littérature russe; il se publie dans chaque province, sous forme d'annuaires ou de périodiques, des recueils de matériaux ethnographiques fort précieux pour la science. Les fonctionnaires russes, les professeurs, les savants civils et militaires, s'occupent avec un grand zèle à recueillir des textes, à décrire ces populations si diverses. Les Revues et les Journaux sont pleins d'articles qui les concernent. On songe même à faire pénétrer la civilisation et la science occidentale parmi certains d'entre les *allogènes*. Je comparais tout à l'heure la Russie à un alliage qui doit sa force à la variété des éléments dont il est composé. Vous savez qu'il existe des métaux qui sont réciproquement réfractaires à toute combinaison et qui pourraient être soumis pendant des siècles au feu des fourneaux les plus ardents sans réussir à se mélanger. C'est ce qui s'est produit jusqu'ici, par exemple dans les rapports des Russes avec les Tartares. On les a bien domptés : on a pu les assujettir à certaines lois de police et d'ordre public; mais la civilisation européenne n'a point pénétré dans leur éducation. A Kazan, j'ai rencontré un *mollah* (prêtre) tartare qui vivait depuis trente ans dans cette ville à trois cents mètres environ de l'Université. Il n'y avait jamais mis les pieds. Il ne savait pas le russe. Tandis que les vérités de la science moderne étaient enseignées du haut des chaires voisines à une jeunesse attentive et curieuse, lui il restait confiné dans son *médressé* (école) et psalmodiait à quelques auditeurs accroupis les préceptes de la physique et de l'alchimie d'après de vieux manuels arabes plus ou moins exactement traduits d'Aristote. Aujourd'hui la Russie s'efforce de supprimer ce fâcheux dualisme; elle entreprend de transformer l'enseignement des écoles tartares; elle a établi à Kazan un orientaliste célèbre, M. Radloff; elle l'a chargé de surveiller les écoles tartares et de rédiger pour elles des livres élémentaires. C'est là une curieuse tentative et qui mérite d'être suivie avec intérêt; peut-être pourrions-nous trouver dans les expériences que la Russie fait en ce moment des indications utiles pour notre Algérie. Nous serons sans doute appelés bientôt à visiter plus souvent ces régions considérées jusqu'ici comme l'*Ultima Thule* de l'Europe. Vous n'ignorez pas qu'un de nos compatriotes, M. de Lesseps, a présenté un projet de chemin de fer qui relierait les Indes Anglaises à la Russie. Kazan et Orenbourg deviendraient alors des stations internationales.

Ainsi la Russie trouve, dans l'étendue même de son empire, huit millions d'*allogènes* avec lesquelles elle entretient des relations d'autorité, de police, d'enseignement. Aucun état n'offre en Europe des sujets aussi variés aux études orientales. Ce n'est pas tout : la Russie confine avec les plus vastes États de l'Asie, notamment avec la Chine et la Perse ; ses marchands sibériens pénètrent dans le Céleste Empire ; les négociants de Téhéran viennent à la foire de Nijni : des guerres heureuses ont fait flotter le drapeau russe jusque sur les murs de Khiva. Les savants russes sont dans les meilleures conditions pour étudier cet orient asiatique que nous sommes obligés d'aller chercher si loin par les voies maritimes. Les progrès des études géographiques et linguistiques accompagnent ceux des armes et du commerce ; de là toute une série de travaux indispensables aux spécialistes. Ici même, dans cette école, bien que pendant longtemps on n'ait pas recherché ces publications, nous possédons près de 200 volumes russes que vous pourrez un jour parcourir avec fruit. Plusieurs de nos orientalistes ont déjà senti le besoin de les consulter et se sont imposé l'étude de la langue russe. Stanislas Julien, dans les dernières années de sa vie, avait appris le russe rien que pour se mettre en état de lire les écrits du missionnaire Hyacinthe sur la Chine : on peut affirmer sans être suspect d'exagération qu'aujourd'hui la langue russe devient pour l'Asie du Centre et de l'Est un idiome auxiliaire aussi utile que l'anglais pour l'Asie méridionale.

La Russie a concentré les études orientales dans deux établissements célèbres à des titres divers, la Faculté de Saint-Pétersbourg et l'Institut Lazarev à Moscou. La Faculté, qui a compté tant de célèbres professeurs, enseigne, d'après les programmes que j'ai sous les yeux, l'arabe, le chinois, le tartare, le japonais, le persan, l'arménien, le géorgien, le sanscrit, le mongol, l'hébreu, le syriaque, le dialecte bouriate, l'histoire des peuples ariens, la législation musulmane, l'histoire d'Arménie, l'histoire de la Chine, l'histoire générale de l'Orient, la langue russe à l'usage des allogènes, l'anglais, l'allemand, le français. Vous voyez qu'on n'y néglige pas les langues auxiliaires et que notre innovation trouve à Pétersbourg même des précédents. La Faculté de Pétersbourg correspond à notre école augmentée de toutes les chaires similaires du Collége de France. Je serais heureux si l'étude que nous allons entreprendre permettait un jour à quelqu'un d'entre vous d'aller recevoir les leçons d'un Vasiliev, d'un Kossovicz, d'un Berezine et d'un Grigoriev.

II.

A considérer la Russie par elle-même, abstraction faite de ses relations avec les peuples dits orientaux l'étude de sa langue officielle aurait peut-être moins de raison de trouver place ici ; mais elle ne s'imposerait pas avec moins d'urgence à nos futurs diplomates. Sans doute, les Russes parlent notre langue avec une pureté qui nous rend leur commerce aussi facile qu'agréable, mais ce n'est plus depuis longtemps l'idiome de la diplomatie et de la presse ; plus de deux cents journaux ou recueils entretiennent un mouvement d'idées, un courant de recherches qui ne doivent pas nous échapper. Nos postes consulaires réclament de bons interprètes ; et il nous faut avant tout des interprètes nationaux. Nous avons à Saint-Pétersbourg une ambassade dont le personnel, — en dehors de l'ambassadeur soumis à toutes les fluctuations de notre politique intérieure — comprend trois secrétaires, trois attachés, deux attachés militaires ; nous avons à Saint-Pétersbourg, Moscou, Odessa, Riga, Tiflis et Varsovie, six consulats gérés par un consul et un chancelier. Le poste de Varsovie est un consulat général. Nous avons en outre des agents consulaires à Archangelsk sur la mer Blanche, à Cronstadt, Narva, Reval, Uleaborg, Helsingfors, Arensbourg, Libau sur la mer Baltique, à Berdiansk, Kherson, Marioupol, Taganrog sur la mer Noire. En tout près de trente postes d'une haute importance politique et commerciale. Vous savez l'intérêt que la France attache à ses relations avec la Russie, les nombreux échanges qui s'opèrent entre les deux pays. La Prusse qui avoisine la Russie et qui l'observe avec grand soin tient à ce que ses agents et même, assure-t-on, ses officiers d'état-major connaissent à fond le russe. Dès le XVIIIe siècle, nous voyons figurer parmi les diplomates étrangers de Saint-Pétersbourg un secrétaire de légation prussien, Jean Gottlieb Vockerodt, qui, grâce à sa connaissance du russe, compose sur Pierre le Grand un mémoire détaillé justement remarqué des historiens modernes. Dans des temps moins éloignés, on a vu M. de Bismarck pendant son ambassade de Saint-Pétersbourg prendre chaque jour sa leçon de russe; au lendemain d'une journée néfaste pour nos armes, le chancelier allemand rappelait, dit-on, ce détail, à un diplomate étranger, et le citait parmi les faits qui expliquent notre infériorité vis-à-vis de l'Allemagne. Les reporters qui ont pénétré chez M. de Bismarck nous affirment qu'il lit assidûment les journaux russes, et dernièrement la *Vsemirnaïa Illustratsia* (Illustration Universelle) de Saint-Pétersbourg lui ayant demandé un autographe, le prince lui a envoyé toute une lettre en russe. Notre ministère des affaires étrangères met à bon droit le russe parmi les langues dont la connaissance constitue une bonne note et une garantie d'avancement pour ses subordonnés. Il porte à notre enseignement un intérêt que nous saurons, je l'espère, justifier.

A côté des délégués officiels de la France il ne faut pas oublier les nombreux représentants de notre commerce, de nos arts, de notre industrie, établis, les uns à demeure, les autres pour un temps plus ou moins long, jusque dans les parties les plus reculées de l'empire russe. On se fait bien des illusions sur ce pays ; on s'imagine trop souvent qu'il suffit de s'y rendre sans aucune préparation ni spécialité acquise. Cette erreur a coûté cher à certains esprits aventureux : la Russie n'est pas précisément cet Eldorado que rêvent les naïfs. La loi de la concurrence vitale s'y fait sentir tout aussi sérieusement qu'ailleurs. Dans l'industrie, bien que les importations soient encore fort considérables, la fabrication nationale commence à lutter avec succès contre les produits étrangers. Dans un grand nombre de professions, les Allemands, les Suisses, les Anglais ont su se créer des situations fort honorables. Il en est dont l'ignorance de la langue nous éloigne fatalement. Le haut enseignement est rempli d'Allemands et nos compatriotes sont tenus à l'écart; certaines carrières pourraient utilement être occupées par des Français ayant fait chez nous de solides études et assez bien préparés au maniement de l'idiome national pour qu'un séjour de peu de mois en Russie suffit à le leur rendre tout à fait familier. Je citerai seulement la médecine, la pharmacie, l'enseignement des humanités. Dans les provinces, nous négligeons des industries qui pourraient être fructueusement exploitées. Les esprits aventureux vont chercher fortune dans le Far West américain; on oublie le Far East Asiatique, la Sibérie. Certains publicistes, par exemple M. Herbert Barry, un anglais qui connaît fort bien la Russie, signalent la Sibérie comme un pays riche et qui récompense au centuple ceux qui osent se risquer en ces régions lointaines. L'ignorance de la langue crée pour beaucoup des nôtres des obstacles insurmontables.

III.

Je n'insiste pas davantage sur ces questions d'intérêt tout pratique; mais en dehors de cet intérêt, vous aurez bientôt occasion de vous convaincre que la langue russe mérite d'être étudiée en elle-même et pour la littérature dont elle est l'instrument. Elle compte parmi les plus belles de l'Europe. Vous avez peut-être entendu dire que les Russes s'y intéressaient peu, que les classes élevées s'attachaient de préférence au français ou à l'allemand. N'en croyez rien : les Russes savent fort bien ce que vaut leur idiome ; ils savent qu'il tend à devenir une des grandes langues du monde, *eine Weltsprache* comme disent les Allemands. Il y a plus d'un siècle déjà en 1755 Lomonosov écrivait ces paroles en tête de sa *grammaire russe.*

« La langue russe, non-seulement par l'étendue des régions où elle domine, mais aussi par sa propre immensité et sa richesse, surpasse toutes celles de l'Europe. Cette assertion semblera invraisemblable aux étrangers, et même à certains Russes. Celui qui étudie sans préjugés sera évidemment de mon avis. Charles-Quint avait l'habitude de dire qu'il faut parler espagnol avec Dieu, français avec ses amis, allemand avec ses ennemis, italien avec les femmes. Mais s'il avait connu le russe, il aurait avoué qu'on peut le parler avec tout le monde. Il y aurait trouvé la magnificence de l'espagnol, la vivacité du français, la force de l'allemand, la délicatesse de l'italien et, par-dessus tout cela, la richesse et la forte concision du grec et du latin. »

C'est avec Lomonosov que le dialecte de Moscou devint définitivement la langue littéraire. On ne peut jusqu'à lui signaler que timides essais. Dès ses origines la Russie avait eu une littérature historique, religieuse et juridique écrite en slavon, ou, si vous aimez mieux, en paléoslave. Cet idiome réclamera une étude spéciale de ceux d'entre vous qui voudraient remonter jusqu'au moyen âge. Avant d'être fixé par les grammairiens, le russe populaire, dans ses différents dialectes moscovite, russe blanc, petit-russien, servait déjà d'organe à toute une littérature primitive que l'on s'efforce aujourd'hui de remettre en lumière, la littérature des contes et des épopées, des *skazky* et des *byliny*. Les skazky et les byliny suffiraient à défrayer plusieurs années de travail; un savant anglais de nos amis, M. Ralston, leur a consacré de fort belles recherches. Elles renferment des matériaux innombrables pour l'étude mythe indo-européen. Récemment encore, un autre de nos amis, M. Angelo De Gubernatis de Florence, publiait sur la mythologie zoologique un grand ouvrage qui vient d'être traduit en français : le livre a été discuté, mais tout le monde a été d'accord à reconnaître que l'usage que l'auteur avait fait des contes russes constituait la partie la plus neuve et la plus originale de ses recherches.

En dehors de cette littérature populaire dont notre siècle a le premier compris l'importance, la Russie nous offre à partir de Lomonosov toute une série d'écrivains créateurs dont les productions méritent souvent de figurer à côté des chefs-d'œuvre occidentaux. C'est d'abord Lomonosov lui-même, génie universel, grammairien, poëte, physicien, tour à tour le Vaugelas et le Malherbe de l'idiome moscovite ; c'est Von Vizine, le comique ingénieux, qui ne redoute point la comparaison avec Regnard; le solennel Derjavine, qui répond à l'idéal d'un poëte lyrique tel qu'on le comprenait au XVIIIe siècle et que nous nous le sommes longtemps figuré d'après Jean-Baptiste Rousseau et Lebrun Pindare; Karamzine, qui a pour ainsi dire révélé l'histoire de Russie aux Russes et la Russie à l'Europe, et dont le nom vivra en dépit des progrès de la critique parce qu'il fut un véritable écrivain; Joukovsky, le poëte patriote dont les chant enflammèrent la Russie en 1812; Krylov, qui serait sans contredit le premier des fabulistes si La Fontaine n'avait existé; Pouchkine, que la Russie oppose avec orgueil à Mickiewicz et à Byron; Griboïedov dont la célèbre comédie *Gore ot Uma* (le malheur d'avoir de l'esprit) rappelle le génie de Voltaire et de Beaumarchais; Gogol, que son roman des *Ames Mortes* place entre Cervantes et Lesage et dont la comédie du *Revisor* reste l'inimitable chef-d'œuvre de la scène russe; Lermontov, le fougueux poëte du Caucase ; enfin, à une époque plus récente, le grand romancier qui nous fait l'honneur de vivre au milieu de nous, et dont les œuvres nouvelles sont aussi impatiemment attendues à Paris qu'à Pétersbourg, Ivan Tourguenev.

Je cite ces noms à la hâte ; j'en pourrais ajouter bien d'autres que vous apprendrez plus tard à connaître. Depuis un demi-siècle, la fécondité de la littérature russe va sans cesse en augmentant ; elle a pour organes un ensemble de revues qui peuvent rivaliser avec les nôtres et auxquelles l'Allemagne si fière de sa culture n'a rien à opposer ; le plus répandu de ces recueils, le *Viestnik Evropy*, se tire à neuf mille exemplaires ; à côté de lui se placent le Rusky Viestnik qui paraît à Moscou, les *Annales de la Patrie*, *la Science*, *le Travail*, etc.... Ces recueils fournissent à la littérature de larges et lucratifs débouchés. Ils satisfont et entretiennent dans le public russe un goût de la lecture qui est peut-être chez certaines classes plus vif que chez nous. L'amour de l'étude, la curiosité d'esprit est l'un des traits caractéristiques de la femme russe. Moscou est, si je ne me trompe, la seule ville de l'Europe qui possède un gymnase classique pour les jeunes personnes. Des observateurs judicieux ont déjà attiré l'attention sur les institutions créées en Russie pour l'éducation des filles. L'organisation des Universités vaut aussi la peine d'être examinée ; elle assure à ces établissements deux choses qui font défaut chez nous, l'argent et l'autonomie. Chaque université russe publie un recueil périodique. On se plaint que la littérature française ne puisse entretenir un journal vraiment sérieux consacré aux questions pédagogiques. La Russie possède ce recueil qui nous manque. Le ministère de l'instruction publique fait paraître chaque mois un volume d'environ cinq cents pages où les méthodes d'enseignement sont examinées et approfondies. Chacun des ministères russes publie dans sa spécialité un recueil analogue. Tous ceux qui poursuivent des études techniques, ingénieurs, marins, soldats, économistes, y trouveront de précieux renseignements.

Je m'arrête, Messieurs. Je n'ai pas eu la prétention de vous offrir dans ce rapide entretien une encyclopédie complète de la langue et de la littérature russe. J'espère vous avoir démontré que nos études répondent à un besoin véritable. On peut s'étonner que ce besoin se soit fait sentir si tard et que tant de nos compatriotes aient écrit sur la Russie sans comprendre qu'il fallait tout d'abord passer par l'étude indispensable de la grammaire et du dictionnaire. Mettons-nous donc courageusement à l'œuvre; le travail auquel je vous convie n'est pas sans difficultés : vous allez avoir à lutter contre un idiome riche, flexible, dont l'orthographe capricieuse représente mal l'harmonieuse prononciation. Ne vous laissez pas rebuter par les premiers obstacles : quelque but que vous poursuiviez, vous serez largement récompensés de vos efforts. Nous aussi dans, la sphère modeste de nos travaux, nous pouvons servir utilement la science et le pays.

CHAPITRE IX.

LA LANGUE SERBE ET L'AVENIR DES SLAVES MÉRIDIONAUX [1].

Renseignements statistiques. — Le groupe serbo-croate. — La Serbie et le Monténégro. — Le Monténégro et l'*Annuaire diplomatique.* — Consulats français chez les Slaves méridionaux. — Les Drogmans. — Intérêts économiques et commerciaux. — Trieste et Raguse. — L'avenir de Raguse et de Belgrade. — Débouchés à ouvrir.

I.

On comprend généralement sous le nom de Slaves méridionaux (Jougo-Slaves, Illyriens) les populations slaves qui habitent l'Autriche et la Hongrie méridionales, le nord de l'empire ottoman, les principautés de Serbie et de Monténégro. Ces populations se subdivisent en quatre groupes princi-

1. Leçon d'ouverture du cours de langue serbe professé pendant les années 1874 et 1875 à l'École spéciale des langues orientales vivantes.

paux et peuvent, d'après les données les plus probables, se répartir entre les chiffres suivants :

Bulgares		6.000.000
Serbes de la Principauté	1.140.000	
— Tsernagora (Monténégro)	200.000	
— Provinces turques	1.270.000	4.035.000
— Hongrie, Croatie, Slavonie	1.000.000	
— Dalmatie et Istrie	425.000	
Croates		1.350.000
Slovènes		1.120.000

Tous ces peuples réunis forment le groupe jougoslave au sens le plus large du mot ; mais au sens étroit, on en exclut les Bulgares, qui s'en distinguent nettement par la langue et par l'infériorité actuelle de la culture (ils vivent presque tous sous la domination ottomane et ne constituent aucun État indépendant). C'est encore aujourd'hui une question de savoir si les Bulgares se fondront dans le groupe slave méridional et s'associeront à ses destinées. On élimine également les Slovènes, qui ont un dialecte spécial et qui sont particulièrement soumis aux influences de la culture allemande. Les Slovènes, du reste, ne paraissent point avoir d'avenir à eux ; ils seront fatalement, vu leur petit nombre, absorbés par l'Allemagne ou par l'élément serbo-croate, qui est le véritable noyau constitutif des Slaves du Sud ; le chiffre des Serbes-Croates oscille entre cinq et six millions. Ils occupent l'Istrie (sauf quelques points du littoral qui appartiennent aux Italiens) et la Dalmatie dans la partie cisleithane de l'empire d'Autriche, la Croatie, la Slavonie, une partie de la frontière militaire et la Bosnie, l'Herzégovine et une partie de l'Albanie et de la vieille Serbie en Turquie, enfin les deux principautés indépendantes de Serbie et de Monténégro.

Ces deux principautés ne sont pas indépendantes au même titre : la Serbie est le débris d'un grand empire serbe qui, après avoir jeté un grand éclat au moyen âge, succomba définitivement en 1459 sous les coups des Ottomans. Cet empire comprenait aussi la Bosnie et l'Herzégovine, qui sont encore aujourd'hui soumises à la domination musulmane. Une insurrection heureuse, dirigée par Miloch Obrenovitch, affranchit au début du XIXe siècle la principauté actuelle. En 1830, un *hatti-chérif* du sultan Mahmoud a érigé la Serbie en principauté autonome sous la suzeraineté de la Porte; un tribut annuel est la principale garantie de cette suzeraineté; en 1839, un consulat français a été établi à Belgrade et, depuis ce temps, la principauté s'est trouvée en relations diplomatiques avec nous, autant toutefois que le permet la situation d'un pays qui n'entretient point d'agents à l'étranger. Comme témoignage des sympathies que la principauté a toujours eues pour la France, je me contenterai de vous rappeler seulement que feu le prince Michel avait fait élever à Paris le jeune héritier de sa couronne, le récent voyage du prince Milan à Paris, et le cordial accueil qu'il a trouvé auprès de notre gouvernement. Vous savez que le traité de Paris (30 mars 1856) a placé la Serbie sous la garantie collective des puissances signataires et décidé qu'aucune intervention armée ne pourrait avoir lieu dans cette principauté sans un accord préalable entre elles.

Le Monténégro est beaucoup moins considérable que la Serbie (il compte à peine 200,000 habitants); mais au point de vue politique il a sur elle l'avantage d'une complète indépendance. C'est à tort que certains publicistes le comptent parmi les principautés vassales de la Porte ; c'est à tort que de graves recueils, par exemple l'*Annuaire diplomatique*, l'omettent sur la liste des États européens. Il est vrai que la situation géographique du Monténégro le met de fait à la discrétion de la Turquie ; mais il ne faut pas oublier que, d'une part, les noires montagnes auxquelles il doit son nom lui garantissent une inviolable indépendance, et que, de l'autre, la Russie qui accorde au prince une subvention annuelle et qui ne néglige aucune occasion de lui témoigner sa bienveillance, la Russie fait par sa seule influence morale équilibre aux prétentions ottomanes et ne permettrait point d'attenter à son existence. Nous ne voyons pas pourquoi le Monténégro ne figure point dans l'*Annuaire diplomatique* ; il est beaucoup plus indépendant vis-à-vis de la Porte que ne l'est, par exemple, vis-à-vis de la France la principauté de Monaco ou telle petite principauté allemande vis-à-vis du royaume de Prusse. Notre pays n'entretient pas de relations directes avec le Monténégro, mais il a sur les frontières de la petite principauté deux consulats : celui de Raguse, en Dalmatie; celui de Scutari, en Albanie. Ces réflexions s'appliquent également à la Serbie et à la Roumanie. Il est évident que *de facto* ces deux principautés sont plus indépendantes vis-à-vis de la Porte que le Mecklembourg ne peut l'être vis-à-vis de la Prusse.

Les deux principautés de Serbie et de Monténégro sont considérées par les Slaves méridionaux, spécialement par ceux de l'empire ottoman (Bosnie, Herzégovine), comme destinées à devenir le noyau de leur future indépendance.

Voici comment ils raisonnent :

Le petit Monténégro, merveilleusement armé pour la guerre défensive, contiendra l'ennemi vers le sud-ouest, tandis qu'au nord la Serbie, bien organisée pour l'attaque, pourvue des engins de la civilisation moderne, entamera une lutte analogue à celle du Piémont contre l'Autriche et réalisera la *grande idée* des Slaves méridionaux, leur affranchissement définitif de la domination musulmane. Ces espérances assurent un prestige considérable aux deux principautés; ceux des Slaves qui envisagent de loin l'avenir et considèrent la *grande idée* comme déjà réalisée, se demandent non sans inquiétude si le dualisme des deux principautés ne sera pas alors plus fatal qu'utile à ces peuples de leur race, si les Obrenovitch de Belgrade et les Niegoch de Tsettinie sauront s'entendre pour partager les fruits de la victoire. *Rara est concordia fratrum.* Pour nous, qui ne saurions prévoir les choses de si loin, nous constatons jusqu'ici que les relations les plus cordiales ont existé jusqu'à ce jour entre les deux pays et les deux dynasties.

Le prince de Monténégro, comme celui de Serbie, a été élevé à Paris, et, en ce moment même, il fait les plus louables efforts pour améliorer la législation et l'instruction publique de sa principauté.

Les autres Slaves méridionaux ne constituent point un État indépendant ou vassal, et ne sauraient entrer directement en rapports diplomatiques avec nous ; nous avons cependant sur leur territoire des agents qui ont à surveiller tour à tour des intérêts politiques ou commerciaux ; sur le sol ottoman, les représentants de la France sont avant tout les protecteurs naturels des chrétiens dans leurs conflits avec les autorités musulmanes. Ces conflits sont nombreux : récemment encore vous avez entendu parler des plaintes des chrétiens de Bosnie et de l'incident diplomatique qui s'est produit à ce sujet entre la Porte et l'Autriche. Nous avons un consulat à Bosna Seraï (Saraïevo), en Bosnie ; un vice-consulat à Mostar, en Herzégovine, un consulat à Scutari, sur les limites des Jougoslaves et des Albanais. Il est bien difficile d'apprécier exactement les plaintes des indigènes si l'on ne connaît leur langue à fond. Il se produit une foule de circonstances délicates dans lesquelles le devoir du consulat est de ne croire ni les allégations des *raiahs*, ni les justifications des fonctionnaires ottomans.

Dans l'empire d'Autriche, les postes consulaires groupés sur les côtes de l'Adriatique ont spécialement à surveiller des intérêts maritimes et commerciaux. Les villes où ils résident sont des cités bilingues où la connaissance de l'italien est indispensable, mais où celle de l'idiome slave n'est pas non plus à dédaigner. C'est celui que parle la véritable population; c'est lui qui nous en révèle l'esprit et les tendances; il a droit de cité en Dalmatie, dans l'administration, les tribunaux, dans la politique; la marine marchande autrichienne est presque tout entière composée de marins slaves : Venise, vous le savez, a nommé *quai des Esclavons* (*ripa dei Schiavoni*) le quai principal de son beau port. Les postes diplomatiques que nous avons sur l'Adriatique sont les suivants : Trieste (où l'italien est la langue exclusive des hautes classes); Fiume, ville foncièrement slave dont le nom véritable est *Rieka* (le Fleuve); Lesina; Raguse, que les Slaves appellent Dubrovnik et qui fut pendant des siècles une république florissante et l'un des plus glorieux centres de la littérature illyrienne ; Spalatro (Spljet), Zara (Zadar), capitale de la Dalmatie, siége de la diète où se parle aujourd'hui la langue serbo-croate.

En dehors de ces cités maritimes nous n'avons point de postes consulaires dans les provinces slaves de l'Autriche ou de la Hongrie ; bien que la Croatie soit la capitale d'un royaume, le siége d'une administration autonome et d'une diète indépendante, nous n'y avons pas d'agent ; peut-être aura-t-on lieu d'examiner un jour si ce n'est point là une lacune sérieuse et s'il ne serait pas nécessaire d'y remédier. Lorsque j'ai résidé dans cette ville, il y a quelques années, j'y ai rencontré un certain nombre de Français qui faisaient le commerce avec Marseille par la voie de Trieste ; ils exploitaient notamment les forêts de la Slavonie : ils regrettaient de n'avoir pas auprès d'eux un consul pour veiller à leurs intérêts commerciaux et les assister dans les conflits où les engageaient l'ignorance de la langue et des lois locales. La Croatie n'est pas, comme on serait tenté de le croire, une simple province de la Hongrie ; elle a son gouvernement à elle, sa diète, ses droits historiques ; elle possède déjà une assez large part d'autonomie ; elle l'augmentera encore. Lors de l'accord définitif conclu entre l'Autriche et la Hongrie, nous avons élevé notre consulat de Pesth au rang de consulat général ; il n'est pas impossible qu'Agram, à la suite de nouvelles négociations avec le gouvernement hongrois, acquière un rôle assez important pour justifier la fondation d'un poste consulaire.

Pesth et Temesvar [1] sont aujourd'hui les seules villes de Hongrie où nous soyons représentés ; il serait téméraire d'affirmer que la connaissance de l'idiome serbo-croate est indispensable pour ces deux postes ; à coup sûr, elle ne saurait être inutile. La Hongrie, en dehors des Croates et des Slavons, comprend environ 600,000 Serbes ; la langue serbe bien étudiée donne la clef des idiomes slaves parlés dans le royaume de Hongrie (le slovaque et le ruthène dans les comitats du nord) ; elle permet de suivre les conflits pendants entre les groupes slaves et le groupe magyare, de contrôler les assertions de la presse hongroise ou allemande, de surveiller ces fameuses menées slaves ou panslavistes qui donnent tant d'inquiétude aux Hongrois, aux Allemands, aux Ottomans, et de s'en rendre un compte exact. A Temesvar, l'observateur, placé sur les confins du monde serbe, magyare et roumain, ne saurait manquer de recueillir de précieux renseignements. Une fois en possession d'un idiome, le linguiste persévérant pourra s'aventurer dans l'étude des langues congénères et aborder plus aisément, soit le russe

1. Le consulat de Temesvar a été supprimé en 1874.

qui offre une si large carrière à une intelligente activité, soit le bulgare qui présente un intérêt spécial à cause des consulats que nous possédons aujourd'hui à Rouchtchouk, à Philippopolis et dans diverses autres localités. Ainsi donc, resserrer les rapports de la France avec les principautés autonomes de Serbie et du Monténégro, lui rendre plus aisé l'exercice de la protection qu'elle doit aux chrétiens d'Orient, faciliter nos relations avec les populations du littoral adriatique, contrôler les rapports de la Hongrie avec les populations slaves, se rendre un compte exact des menées dites panslavistes, préparer nos représentants à l'étude détaillée du monde slave : voilà les divers services que la connaissance de l'idiome serbe est appelée à rendre. Qu'on ne vienne pas m'objecter que cette connaissance n'est en somme qu'un objet de luxe et que les drogmans sauront toujours suppléer à l'ignorance du consul. Il me paraît impossible, surtout en ces contrées, de se fier pleinement à des drogmans étrangers. Vous les prenez, par exemple, dans le pays même où la France est représentée ; mais dans ce pays, il y a des conflits perpétuels entre les populations slaves et les musulmans ou les autorités musulmanes ; le drogman pourra-t-il avoir assez de sang-froid et d'impartialité pour faire connaître exactement les griefs des deux parties ? Si par hasard il appartient à une nationalité slave en lutte avec la Russie, soyez certain qu'il ne manquera pas de voir partout des menées panslavistes ou moscovites, qu'il tiendra les orthodoxes en suspicion, qu'il réussira peut-être à isoler le consul des populations qu'il doit protéger. Il est temps, après les rudes leçons de ces dernières années, que nous apprenions à faire nos affaires par nous-mêmes et que nous cessions de les confier à des étrangers.

II.

Voyons maintenant quels services l'étude de la langue serbe pourra nous rendre au point de vue économique et commercial. Les contrées dont nous nous occupons sont encore dans une situation précaire en ce qui concerne l'industrie et les voies de communication. La Croatie, la Slavonie et la Dalmatie sont des pays essetiellement agricoles ; les chemins de fer y sont rares, les usines également : leur exportation consiste spécialement en matières premières et en bétail. Ainsi la Slavonie nous fournit des bois de construction, des douves pour les tonneaux, des pruneaux et je crois aussi des porcs dans une certaine quantité ; ces divers produits sont exportés spécialement par les ports de Trieste,

Fiume, Zeng. Par les mêmes ports ou par la voie de Vienne nous importons dans une proportion difficile à déterminer des denrées coloniales, des vins que nous fournissons d'ailleurs au monde entier, des huiles, des étoffes et des articles de mode. Mais nous avons à lutter avec la concurrence de l'Autriche-Hongrie, de l'Allemagne et de l'Italie. Le chiffre de nos affaires doit être encore fort restreint; mais il ne faut pas oublier qu'il doit augmenter en raison du développement des voies de communication dans ces régions trop dédaignées. « En effet, comme l'a dit un économiste slave, la situation géographique de la Croatie et de la Slavonie entre l'Europe centrale d'un côté et l'Europe orientale de l'autre, le voisinage de la mer Adriatique, et deux rivières navigables, la Drave et la Save, qui traversent tout le pays de l'ouest à l'est, l'abondance des produits naturels, tout cet ensemble constitue une base solide pour le développement du commerce, qui gagne de plus en plus d'importance. Les ports de l'Adriatique à l'ouest établissent des communications avec tous les centres du commerce européen et transatlantique. Les rivières, d'un côté, relient le pays à l'Orient et à tous les pays qui sont arrosés par le Danube. Le commerce s'étendra à mesure que les rivières seront régularisées et que les lignes de chemins de fer seront construites d'après les intérêts du pays pour relier les principaux centres commerciaux avec les embouchures de la Save et avec les ports de l'Adriatique »[1].

Diverses circonstances ont contribué à paralyser jusqu'ici la vie économique de ces contrées; elles sont placées à l'extrême frontière de l'empire austro-hongrois, dans une région que ne traverse aucune grande ligne de chemin de fer; l'institution des confins militaires a maintenu une bonne partie de la population dans un état patriarcal et semi-barbare; le voisinage de la Turquie n'était point fait assurément pour exercer une heureuse influence sur la condition de ces provinces.

Ces considérations peuvent s'appliquer également à la Dalmatie, à la principauté de Serbie et aux provinces slaves de l'empire ottoman. Trieste a tué les ports de la Dalmatie, notamment Raguse, qui a été jadis si puissante. Cette ville aujourd'hui presque morte a été jadis une république indépendante et l'un des ports les plus riches de la Méditerranée. Elle entretenait des relations commerciales avec Gênes, Messine, Syracuse, avec les princes serbes et bosniaques, plus tard avec les sultans ottomans; elle compta jusqu'à trois cents vaisseaux; elle avait des agents et des consuls dans toute la péninsule hellénique, des colonies à Andrinople, à Novi-Bazar,

1. *La Croatie et la Slavonie au point de vue de leur culture physique et intellectuelle*, par Pierre Matkovic. Agram, 1873.

à Bucharest; elle n'était pas seulement riche par le commerce, elle était grande par les arts et la civilisation; elle a produit une remarquable école poétique; on l'appelait l'Athènes slave; et — puisque nous nous sommes laissés glisser sur le terrain littéraire que je m'interdis à dessein dans cette leçon, — permettez-moi de vous rappeler qu'au XVIIIe siècle l'un des plus spirituels entre les poëtes ragusains fut un Français, Bruère Deriveaux, connu sous le nom slave de Bruerovitch. Deriveaux était fils d'un ambassadeur français à Raguse; son nom, comme vous le voyez, appartient à l'histoire de nos relations diplomatiques avec la Dalmatie. La Dalmatie a d'ailleurs été pendant quelques années sous la domination française; c'est à Marmont, duc de Raguse, qu'elle a dû la construction des meilleures routes qu'elle possède encore aujourd'hui.

Raguse n'a aucune chance de voir renaître son ancienne splendeur, tant que Trieste continuera à être la seule ligne de communication entre la Méditerranée et l'Europe centrale. Les communications directes entres la Dalmatie et le bassin du Danube n'existent pas aujourd'hui; on ne saurait considérer comme telles les routes pierreuses de la Turquie; un Monténégrin voulant se rendre à Belgrade doit aller s'embarquer pour Trieste et de Trieste gagner Pesth pour reprendre le chemin de fer de Basiasz. Les produits naturels de la Serbie, de la Bosnie, de l'Herzégovine n'ont aucun débouché sur la Méditerranée. Une ligne de chemin de fer allant de Raguse à Belgrade (par Saraievo et Mostar), mettrait les deux villes à vingt heures l'une de l'autre. Dieu sait quel avenir cette ligne pourrait créer pour Raguse, pour les provinces qui nous intéressent et pour la ville même de Belgrade ! Peu de cités ont en Europe une situation aussi admirable que cette capitale : elle domine à la fois la Save et le Danube ; par la Save elle se met en communication avec Agram et Trieste, — mais la Save est aujourd'hui un fleuve capricieux et impropre à la grande navigation ; par le Danube, Belgrade entre en relations avec Pesth, Vienne et la mer Noire. Supposez une communication directe établie avec Raguse, et Belgrade devient une ville hanséatique de premier ordre ; la nécessité du transit à travers l'Autriche ou l'Allemagne une fois supprimée, les conditions économiques de la Serbie se trouveraient profondément modifiées ; ces régions rapprochées de Marseille et de l'isthme de Suez nous offriraient un débouché aisé pour nos produits manufacturiers, qui se répandraient également dans la partie occidentale de l'empire ottoman. Les musulmans bosniaques sentent parfaitement les avantages que l'Occident retirerait de l'établissement d'un chemin de fer dans ces contrées ; ils redoutent leur concurrence. Un marchand de Saraievo, avec qui je voyageais sur le bateau à vapeur de la Save, m'exposait la façon primitive dont il transportait ses denrées à dos de mulet sur les chaussées empierrées de la Bosnie. Le petit trajet de Brod à Saraievo ne demande pas moins de trois jours et trois nuits.

« Avec un chemin de fer, lui disais-je, il se ferait en sept ou huit heures.

— Sans doute, répondait-il, mais nous n'y tenons pas.

— Et pourquoi?

— Vois-tu, frère, si nous faisons un chemin de fer, les Allemands (les Européens) n'auront plus peur de voyager chez nous; ils viendront s'y établir, feront mieux que nous, et nous serons ruinés! »

L'aveu est bon à retenir : le Bosniaque musulman raisonnait comme un barbare. S'il avait eu des notions plus élevées en matière économique, il aurait compris que les Européens en lui apportant le bien-être, l'aisance, l'aideraient à développer les richesses naturelles dont il ne sait encore tirer qu'un médiocre profit. Telles sont, par exemple, les mines mal exploitées de la Bosnie. Le fer, le plomb de cette province sont fort estimés; au moyen âge, ces métaux produisaient des ressources considérables; les princes bosniaques frappaient de la monnaie d'argent et cette province avait reçu de ses voisins le nom de *Bosna argentea*. Je lis dans un journal[1] qui publie d'intéressantes correspondances de Constantinople : « Il est certain que la Bosnie à elle seule contient du fer égal en quantité à celui de la Suède, et en quantité pour ainsi dire inépuisable. La ville de Raguse dut sa richesse, au moyen âge, à une exploitation un peu primitive d'ailleurs de ces minerais. La Bosnie est couverte de bois d'essences diverses et parmi lesquelles on trouve en quantité des produits excellents pour la marine et le commerce. » La même correspondance exalte avec raison les eaux minérales si nombreuses dans l'empire ottoman ; on en trouve beaucoup en Bosnie. Mais pour exploiter ces sources, ces mines, ces forêts, il faut le concours de capitaux étrangers, d'ingénieurs étrangers; il y a donc dans ces contrées pour nos ingénieurs, pour nos constructeurs de voies ferrées, un vaste champ de travail et sans doute de fortune; il a là, entre l'Adriatique et le Danube, toute une série de débouchés à ouvrir à l'activité, à l'industrie des Européens. C'est un devoir de les signaler.

1. *Le Soleil* du 27 décembre 1873.

CHAPITRE XI.

LA COMÉDIE MODERNE EN POLOGNE.

Alexandre Fredro et son œuvre. — Notice biographique. — *La Revanche de l'Échanson*. — Types polonais de comédie. — Analyse et traductions.

Nous ne connaissons guère la littérature polonaise que par ses côtés tragiques. L'école de Mickiewicz et Krasinski (le *poëte anonyme*), qui s'est plu à mêler la fantaisie byronienne aux angoisses des luttes patriotiques, est la seule dont les œuvres soient arrivées jusqu'à nous. Il y a pourtant dans le génie national polonais un côté de bonne humeur et de gaieté franche qui contribue plus qu'on ne croit à rapprocher de nous ceux que nous aimons à nommer les Français du Nord. Cette gaieté, qui éclate dans les chansons populaires, se retrouve dans les poëmes satiriques et dans une foule de comédies, de vaudevilles joués avec succès sur les théâtres de Varsovie, de Lemberg et de Cracovie. Parmi les dramaturges polonais, aucun n'a obtenu chez ses compatriotes un succès aussi grand qu'Alexandre Fredro. Depuis un demi-siècle ses œuvres défrayent le répertoire, et sa renommée, loin de diminuer avec le temps, semble augmenter chaque jour. Naguère encore un éditeur de Varsovie en publiait une quatrième édition complète, dont l'extrême bon marché permet de supposer un débit considérable. Plusieurs de ces comédies ont été traduites en tchèque et en croate, et jouées sur les théâtres de Prague et d'Agram.

Les critiques polonais se plaisent à louer, chez Alexandre Fredro, la vivacité du style, la gaieté des conceptions, la vérité des caractères. Cette qualité notamment lui a valu plus d'un ennemi. Là où l'auteur dessinait des types on a voulu reconnaître des portraits ressemblants dont on a malicieusement indiqué les originaux. Fredro a toujours protesté contre ces interprétations. « Pour peindre les hommes, dit-il dans une ingénieuse préface, il faut avoir des hommes devant les yeux. Pour combattre les défauts de la société, il faut les observer. Les ridicules se fixent à l'esprit de l'observateur comme les fils de la Vierge dispersés dans les champs se fixent aux vêtements du promeneur. Peut-il à son retour savoir si tel fil vient de la rose ou tel autre de l'ortie ? »

Alexandre Fredro est né en 1793 en Galicie. Il entra tout jeune encore dans les armées de Napoléon. Il fit avec elles les campagnes d'Autriche et de Russie. Un séjour à Paris en 1814 lui permit d'étudier nos théâtres et détermina sa vocation. De retour dans sa patrie, un exemplaire de Molière acheté par hasard chez un colporteur juif lui dévoila les secrets de l'art qu'il ignorait encore. Sa première pièce date de 1819; son premier succès, de 1821; son dernier, de 1845. Son théâtre complet renferme en tout dix-huit comédies, dont les plus populaires sont : *Dames et Hussards*, *le Misanthrope et le Poëte*, *la Revanche de l'échanson*. Certains critiques considèrent cette dernière pièce comme son chef-d'œuvre. C'est un tableau fidèle, un peu chargé peut-être, de ce qu'était naguère cette noblesse rurale qui perdit si gaiement la Pologne. On s'accorde à regarder les deux types de l'Échanson et du Régent comme les plus accomplis que l'auteur ait produits. La pièce est écrite en vers de huit syllabes qui relèvent d'un charme poétique la naïve familiarité du dialogue. « Pressé au pied nombreux de la mesure, » il pétille, il étincelle, il s'impose à l'oreille et à la mémoire; c'est un mérite dont aucune traduction ne saurait donner une idée.

Cette comédie n'est pas toutefois exempte de longueurs; certaines pages charmantes d'esprit et de grâce dans le texte original s'évaporent, pour ainsi dire, dans une traduction. J'ai voulu donner au lecteur une idée du comique polonais, et j'ai entrepris sur *la Revanche de l'Échanson* un travail analogue à celui que j'ai tenté naguère sur le drame russe et serbe [1]. J'espère qu'on m'en saura gré. Il ne s'agit point ici de personnages historiques; les héros de notre œuvre sont tous plus ou moins inconnus. Commençons par les présenter.

Toute l'action repose sur une querelle de mur mitoyen. L'échanson Raptusiewiez (ce titre caractérisait naguère une fonction honorifique dans la domesticité royale) a pour voisin de campagne dans une propriété indivise le *régent* Milczek (fonctionnaire de l'ordre judiciaire). Tous deux sont ennemis jurés. L'échanson a une nièce, Klara; le régent a un fils, Waçlaw, lequel est naturellement amoureux de Klara. A côté de ces quatre personnages le poëte a placé une vieille coquette qui ne songe qu'à épouser et se faire épouser, la Podstolina ou veuve de Podstoli (écuyer tranchant), et un serviteur de l'échanson, le bouffon Papkin, un gascon de Pologne qui par plus d'un trait rappelle le marquis de Regnard. Les querelles des pères, l'amour des jeunes gens, les coquetteries de la veuve, les fanfaronnades de Papkin, remplissent les quatre actes de la pièce. Comédie légère, voisine de l'opéra-comique, rappelant tour à tour Scribe et Marivaux, et

1. Voir dans le *Monde slave* les articles intitulés le *Drame moderne en Russie* et le *Drame moderne en Serbie*.

plus charmante peut-être par les détails que par le fond lui-même.

I.

Au lever du rideau, le poëte nous présente l'échanson dans la société de ses familiers Dyndalski et Papkin. Malgré ses cinquante ans, sa goutte, ses crampes d'estomac, ses rhumatismes, Raptusiewicz rêve de se remarier. Il discute avec ses confidents les mérites respectifs de Klara et de la Podstolina. Il leur expose les conflits perpétuels où le jette l'humeur peu conciliante du régent. Il voudrait faire déguerpir ce voisin gênant. Mais comment? Lui écrire? Ce serait se compromettre avec un drôle. Aller chez lui, ce serait peut-être s'exposer à quelque embûche secrète. Papkin est donc choisi pour une double mission : d'une part il ira porter au régent la déclaration de guerre de l'échanson; de l'autre, il ira négocier auprès de la Podstolina un mariage avec Raptusiewicz. Cette mission convient mieux que l'autre à son tempérament hâbleur et poltron; il s'en acquitte avec une aisance qui fait honneur à sa faconde et à son imagination. Voici la scène :

PAPKIN, LA PODSTOLINA.

PAPKIN.

Ah! charmante Podstolina! Ange de la terre! Modèle colossal de vertu en ce bas monde! Reine de grâce et de beauté! Permets-moi d'abaisser le front devant toi et de déposer l'impression de mes lèvres sur la neige de ta main. (*Il lui baise la main.*) Serviteur! serviteur très-humble.

LA PODSTOLINA.

Quel hasard vous amène de nos côtés?

PAPKIN.

Un événement heureux pour nous tous.

LA PODSTOLINA.

Quel événement?

PAPKIN.

Votre mariage.

LA PODSTOLINA.

Mon mariage?

PAPKIN.

Sans doute... J'avais hier à souper chez moi lord Pembroke, quelques seigneurs, une douzaine de chambellans, peu de dames, mais quelles dames!...

LA PODSTOLINA.

Et qui donc se marie?

PAPKIN.

Un bruit se répand parmi les convives. La belle Hanna se marie. L'un affirme, l'autre ne croit pas... tout le monde cherche à lire dans mes yeux... Tout à coup milady... milady... — vous savez, un ange, mais un démon de jalousie — me pince sous ma serviette et avec des larmes dans la voix : Que peut vous faire l'hymen d'Hanna? Ah! rassurez-vous, lui réponds-je tout bas. Ce n'est pas moi, c'est un de mes amis qu'Hanna épouse.

LA PODSTOLINA.

Mais qui? Dites, qui?

PAPKIN.

Tous d'un commun accord approuvent le choix. Comment ne pas l'approuver?

LA PODSTOLINA (*à part*).

Ah! je comprends.

PAPKIN.

Un galant cavalier... riche... beau...

LA PODSTOLINA (*à part*).

Il vient de la part de l'échanson. Venir de si loin,

là où on l'attendait depuis si longtemps. Le naïf malin !

PAPKIN (*à part*).

J'ai frappé juste. Elle soupire, elle est émue. Ne se tromperait-elle point de personne? Ne serait-ce point à moi qu'elle en veut? Quel fléau ! quel châtiment ! Jeunes, vieilles, toutes me poursuivent. Elle soupire encore. C'en est trop : ceci ne peut durer. (*Haut.*) Me permettrez-vous, madame, de présenter vos compliments à l'échanson?

LA PODSTOLINA.

Je dois donc être sa femme?

PAPKIN.

Quelle question? C'est donc une fable, tout ce qu'on dit?

LA PODSTOLINA.

Une fable jusqu'ici.

PAPKIN.

Mais, si je ne me trompe, ce sera sous peu une vérité.

LA PODSTOLINA.

D'où vous vient tant de curiosité?

PAPKIN.

Si l'échanson, tout en flamme, pénétré de vos

charmes, palpitant d'amour, venait à vos genoux demander votre main ?

LA PODSTOLINA.

Il serait satisfait de ma réponse.

Papkin s'en revient triomphant; mais voici bien une autre histoire ! Le régent ose faire réparer le mur mitoyen objet de tant de conflits ; il a fait venir trois maçons pour y travailler. L'échanson est furieux; il entend châtier par la force un tel outrage ; il met Papkin à la tête de ses gens et lui ordonne d'aller déloger au plus vite les ouvriers du voisin. Papkin part en tremblant... d'émotion.

La scène change et représente un coin des deux jardins ; au milieu du théâtre se dresse le mur mitoyen ; à travers une brèche, les amoureux contrariés, Wacław et Klara, s'entretiennent de leurs tribulations et des obstacles que les rivalités paternelles apportent à la réalisation de leurs plus chères espérances. Ce duo pathétique est interrompu par l'arrivée des maçons, puis de Papkin et de sa bande. Cette fin de l'acte mérite d'être citée en entier.

PAPKIN, SMIGALSKI, QUELQUES DOMESTIQUES ARMÉS DE BATONS.

A droite et à gauche, aux fenêtres de deux pavillons, apparaissent le régent et l'échanson.

PAPKIN.

Monsieur le maître maçon, je vous prie poliment, courtoisement, humainement de ne plus travailler à ce mur si vous tenez à votre peau. (*Un silence.*) Quant à vous, bonnes gens, qui pour une œuvre inutile maniez ici le marteau, la pioche et la truelle, allez-vous-en à tous les diables. (*Nouveau silence.*) L'affaire, je le vois, sera chaude. Ces canailles-là font la sourde oreille et ne tiennent compte de mes paroles. Smigalski, sus à ces drôles ! Empoigne-les, saisis leurs outils. Poliment, doucement et sans bruit, que tout cela finisse ! Ne crains rien, je te soutiens !

(*Smigalski s'avance vers les maçons. Papkin se cache derrière le coin de la maison.*)

SMIGALSKI.

Arrière ! arrière !

LE RÉGENT (*de sa fenêtre*).

Arrêtez ! que veut dire cela ?

SMIGALSKI.

L'échanson, monseigneur, défend de terminer le mur.

L'ÉCHANSON (*de sa fenêtre*).

Oui, je le défends. J'en ai le droit. Sus! sus! du courage.

(*Smigalski avance de nouveau.*)

LE RÉGENT.

Quel droit?

L'ÉCHANSON.

Le mur mitoyen restera dans l'état où il était.

LE RÉGENT.

Mais, monsieur, c'est folie. Le mur sera réparé.

L'ÉCHANSON.

On passera plutôt sur mon cadavre.

LE RÉGENT (*aux maçons*).

Courage! achevez, mes amis! méprisez avec moi de vaines criailleries.

L'ÉCHANSON.

C'est donc la guerre que tu veux?

LE RÉGENT.

Mon petit échanson ! mon voisin, cesse de faire le bandit.

L'ÉCHANSON.

Quoi ? comment ? hardi ! et frappez fort.

(Smigalski et les domestiques attaquent les maçons qui reculent.)

LE RÉGENT.

Monsieur le maître maçon, je suis avec vous ! frappez fort ! ne craignez rien. Qu'il frappe puisque les mains lui démangent. Fort bien ! fort bien ! Sur la tête ! Encore mieux. Frappez.

L'ÉCHANSON.

Holà ! Joseph, passe-moi ma carabine, que je décroche cette tête de pavot. Hardi !

(Le régent ferme sa fenêtre.)

Ah ! ah ! tu crains le plomb. Allons, Smigalski, donne un ducat d'indemnité à ces drôles, mais prends leurs outils.

(Les maçons s'en vont. Papkin s'avance vers le mur.)

PAPKIN.

Ah ! coquins, arrière. Je vous écraserai tous. Je

me sens aujourd'hui le diable au corps. Combien êtes-vous ici ? Qu'on se permette un peu d'avancer ! Ils n'osent sortir de leur trou. Poltrons ! fainéants ! Demain je démolirai le château tout entier.

WAÇLAW (*paraissant tout à coup*).

Demain ? (*Papkin salue.*) Dois-je rentrer dans un foyer qu'un arrêt rigoureux doit raser demain au niveau du sol ? J'aime mieux vous suivre comme prisonnier.

PAPKIN (*remettant son chapeau*).

Tu demandes grâce ?

WAÇLAW.

Grâce, monsieur.

PAPKIN.

Tu connais mon courage ?

WAÇLAW.

Comme le loup blanc.

PAPKIN.

Tu me crains ? Suis-moi... Qui es-tu ?

WAÇLAW.

Je suis... je suis...

PAPKIN.

Quoi? que veux-tu dire?

WAÇLAW.

L'intendant du régent.

PAPKIN.

Fort bien! marchons! Un prisonnier! quel plaisir pour l'échanson! Sans doute, quand je lui présenterai cette proie, il me dira : Voici la main de Klara, qu'elle soit ta femme! Prisonnier, en avant marche!

WAÇLAW.

Je vous suis, monsieur.

II.

Voilà donc Waçlaw introduit par la ruse dans la maison de sa bien-aimée. Qu'espère-t-il y faire? D'abord voir Klara le plus souvent possible; puis tenter de réconcilier les voisins ennemis. Il se laisse présenter à l'échanson comme prisonnier de guerre. Il tente de raisonner sa colère. Peine et paroles perdues. Voilà Papkin un peu embarrassé de sa conquête. Il lui offre la liberté, moyennant rançon, bien entendu. Mais ce n'est pas l'affaire de Waçlaw; il refuse de payer rançon; il refuse d'accepter la liberté même gratis. Singulier prisonnier. Papkin ne comprend rien à ce mystère. Waçlaw se charge de lui ouvrir l'intelligence par des moyens irrésistibles.

WAÇLAW (*montrant une bourse*).

Sais-tu, frère, ce que c'est que cela?

PAPKIN.

Fais sonner un peu.

WAÇLAW.

De l'or.

PAPKIN.

Oui, de l'or.

WAÇLAW.

Il est à toi.

PAPKIN.

Monsieur, veuillez vous asseoir.

WAÇLAW.

Mais, donnant, donnant... J'aime Klara.

PAPKIN.

Allons, bon!

WAÇLAW.

Et je veux rester ici près de Klara.

PAPKIN.

Diantre !

WAÇLAW (*serrant la bourse*).

Pourquoi diantre ?

PAPKIN (*mettant la main sur la bourse*).

C'est que... l'échanson, dans cette affaire, est sans doute mal disposé pour vous !

WAÇLAW.

Qu'il ignore...

PAPKIN.

Et s'il apprend ?...

WAÇLAW.

Qu'il me garde.

PAPKIN.

Voilà le difficile.

WAÇLAW (*faisant sonner sa bourse*).

Voici le commencement... Le reste est dans ma tête.

PAPKIN.

Et si l'échanson s'en prend à moi ?

WAÇLAW.

Qu'importe ?

PAPKIN.

Pour vous, oui : mais pour moi..... D'ailleurs, un intendant pour époux à Klara.....

WAÇLAW.

Je suis Waçlaw.

PAPKIN.

Le fils du régent ! Et dans cette maison ! Mais votre seigneurie nous perd tous les deux ! nous sommes morts ! (*Waçlaw fait sonner la bourse.*) Ah ! oui, ça sonne bien.

WAÇLAW.

Tiens ! prends. Mais souviens-toi que de mon belvédère les balles atteignent jusqu'ici. Un fusil à vent, une détonation. Adieu Papkin, s'il lui prend fantaisie de trahir.

PAPKIN.

J'agirai secrètement en cette affaire, comme il convient, sans tenir compte de l'allusion. Mais, Waçlaw, si vous m'en croyez, brûlez le fusil à vent. (*A part.*) Au diable de pareils triomphes ! je m'embrouille de plus en plus. Voilà que je trouve un rival dans mon prisonnier. Danger ici, danger là-bas! L'un veut m'enfermer, l'autre me tuer! Je me donne à tous les diables.

Waçlaw a donc retrouvé Klara; elle lui permet de rester auprès d'elle à la faveur de son incognito; elle espère arriver à calmer prochainement les colères de son oncle; l'important est de gagner avant tout la bienveillance de la Podstolina : elle doit être la femme de l'échanson; il n'aura rien à lui refuser. Malheureusement, Waçlaw rencontre chez la Podstolina d'autres sentiments que ceux qu'il comptait éveiller en elle. Il a eu le malheur de lui faire autrefois la cour; et sa présence rallume des feux mal éteints et dont il avait presque perdu le souvenir. La scène est fort piquante.

LA PODSTOLINA.

Un étranger ici! que veut-il?

WAÇLAW.

C'est moi, madame.

LA PODSTOLINA.

Vous, jeune homme! Ah! que vois-je!

WAÇLAW (*après un silence*).

Hanna!

LA PODSTOLINA.

Waçlaw !

WAÇLAW.

Je ne sais vraiment...

LA PODSTOLINA.

Cette rencontre.....

WAÇLAW.

Vous êtes bien la Podstolina ?

LA PODSTOLINA.

Vous ignoriez ?

WAÇLAW.

Il y a une heure..... (*A part.*) Que lui dire ? Quel rôle prendre ?

LA PODSTOLINA.

Vous ignoriez que le Podstoli Czerpinski, mon troisième mari (Dieu ait en paix son âme !), m'ayant épousée au printemps dernier, mourut à l'automne suivant.

WAÇLAW (*distrait*).

Ah ! oui, je me souviens.

LA PODSTOLINA.

Il a rendu l'âme entre mes bras.

WAÇLAW.

Rendu l'âme? Ah oui! Très-bien.

LA PODSTOLINA.

Je l'ai bien pleuré d'abord : c'est si dur d'être sans époux! Mais à la longue le temps a noyé le chagrin.

WAÇLAW.

Ainsi monsieur le Podstoli s'est noyé?

LA PODSTOLINA.

Qui parle de cela?

WAÇLAW.

Personne..... Fort bien. Il faut pourtant que je m'en aille.

LA PODSTOLINA (*le retenant*).

A quoi pense-il? Que raconte-t-il? Vous êtes fou, sur ma parole.

WAÇLAW.

C'est possible.

LA PODSTOLINA (*tendrement*).

Je vous lierai, je vous enfermerai, mon cher prince.

WAÇLAW.

Ah ! ne répétez pas ce mot. Voyez comme je rougis de honte..... C'était un tour de jeunesse. Titres, fortune, Waçlaw a tout perdu ; d'autant mieux qu'il n'a jamais rien eu.

LA PODSTOLINA.

Rien ?

WAÇLAW.

Rien !

LA PODSTOLINA.

Vous n'êtes pas prince ?

WAÇLAW.

Pas le moins du monde !

LA PODSTOLINA.

Pourquoi alors ?......

WAÇLAW.

Pourquoi ? La jeunesse, l'étourderie, une fantaisie sans but comme toutes les sottises.

LA PODSTOLINA.

Mais votre amour, Waçlaw ? Cette rougeur sur votre front, comment dois-je l'interpréter ? J'ai attendu, je t'ai cherché dans toute la Lithuanie. Mais personne n'y connaissait le prince Radoslaw.

WAÇLAW.

J'étais jeune dans ce temps-là.

LA PODSTOLINA.

Jeune, mais savant pour votre âge.

WAÇLAW.

Je l'ignore.

LA PODSTOLINA.

Il y a des preuves.

WAÇLAW.

Lesquelles ?

LA PODSTOLINA.

Votre trahison.

WAÇLAW.

J'ai changé, c'est possible. Il est difficile d'aimer constamment. Mais si quelqu'un a le droit de me le reprocher, ce n'est pas la changeante Hanna. Vous n'avez pas cherché trop loin, vous n'avez pas attendu trop longtemps..... Le Podstoli a disparu, l'échanson le remplace ; que l'échanson vous manque, l'écuyer tranchant ne saurait vous manquer. Je ne vous fais pas de reproches, bien au contraire ; que Dieu vous soit en aide ! Mais ce qu'il vous est permis de faire, que chacun le puisse faire aussi. Ou nous avons trahi tous deux, ou il n'y a point de trahison.

LA PODSTOLINA (*tendrement*).

Je suis veuve, mon cher Waçlaw.

WAÇLAW.

Et moi, précisément, je suis marié.

LA PODSTOLINA.

Qui donc êtes-vous, vous que j'ai trop connu?

WAÇLAW.

Waçlaw Milczek.

LA PODSTOLINA.

Le fils du régent! Ici, dans cette maison!

WAÇLAW.

Je me suis égaré par hasard.

LA PODSTOLINA.

Vous ici, grands dieux! Mais quand l'échanson vous découvrira, quand en vous il reconnaîtra un rival!...

WAÇLAW.

Ah! il ne trouvera plus de rival en moi.

LA PODSTOLINA.

Ne cherche point à nier, c'est à moi que tu venais demander une faveur; que désires-tu?

WAÇLAW.

Que je meure, si je le sais. Adieu !

LA PODSTOLINA (*le retenant*).

Toujours le même !..... reste..... Ne t'en va point !

WAÇLAW.

Ah ! Papkin, Papkin, tu m'as bien fait prisonnier.

Et, en effet, Waçlaw est bien désormais le prisonnier de la Podstolina. Il ne peut rester dans le château qu'à condition d'accepter un asile dans ses appartements. L'échanson, auquel il offre d'entrer à son service, ne veut point l'admettre parmi ses gens. L'irascible vieillard est plus furieux que jamais contre son voisin. Il est résolu à pousser la chose jusqu'à la dernière extrémité et il charge Papkin d'aller provoquer le régent en duel. L'acte troisième, qui se passe tout entier chez le régent, est le plus amusant et le plus complet de la pièce. Il mérite d'être cité presque tout entier.

III.

Le régent est installé chez lui près d'une table de travail ; il écrit ; nous retrouvons auprès de lui les maçons du premier acte. Aussi procédurier que son voisin est belliqueux, le régent ne néglige aucune occasion d'instrumenter.

LE RÉGENT.

Maître maçon, parlez hardiment, nous écrirons toute l'affaire ; par le temps où nous vivons, c'est une fortune d'être rossé comme cela ; nous vous ferons payer, même pour les moindres chiquenaudes. On vous a battu, tout le monde le sait.

LE MAITRE MAÇON.

Pas précisément.

LE RÉGENT.

Mais si..... On n'y allait pas de main morte...

LE MAÇON.

On a un peu cogné. Mais si peu de chose !

DEUXIÈME MAÇON.

Qui voudrait porter plainte pour si peu ?

LE RÉGENT.

Mais quand on cogne, ce n'est pas pour faire du bien.

LE MAÇON.

Sans doute.

LE RÉGENT.

C'est donc pour battre.

LE MAÇON.

Évidemment.

LE RÉGENT.

Celui dont on numérote les os avec un bâton, celui-là, vous le savez bien, est battu. Qui est battu est assommé.

LE MAÇON.

C'est vrai, assommé.

LE RÉGENT.

On vous a assommés, n'est-ce pas, mes bons amis?

LE MAÇON.

Sans doute, cela doit être ainsi.

LE RÉGENT.

On vous a blessés.

LE MAÇON.

Non pas! non pas.

LE RÉGENT.

Non?

LE MAÇON.

Mais non.

LE RÉGENT.

Cependant.... les écorchures....

LE MAÇON.

En cherchant bien nous en trouverons.

LE RÉGENT.

Et une écorchure, vous le savez, c'est une petite blessure, ni plus, ni moins.

LE MAÇON.

C'est possible.

LE RÉGENT.

Petite ou grande, c'est une blessure. On vous a blessés, témoin l'écorchure; donc nous pouvons certifier que vous avez été blessés, par suite privés de votre gagne-pain..... Oui, frères, de votre gagne-pain. (*Écrivant.*) : Nous disons : blessés..... incapacité de travail..... privés de leur gagne-pain. Une mère..... une femme et quatre enfants.

PREMIER MAÇON.

Je n'ai point de femme.

DEUXIÈME MAÇON.

Je n'ai pas d'enfants.

LE RÉGENT.

Qu'importe ? Vous pouvez en avoir à votre âge.

DEUXIÈME MAÇON.

C'est pourtant vrai.

LE RÉGENT.

Voici le procès-verbal terminé. Maintenant vous attestez encore que l'échanson a attenté à mes jours, que dans sa fureur il a tiré sur moi.

PREMIER MAÇON.

Je ne l'ai pas vu.

LE RÉGENT.

Il a crié qu'il allait tirer.

DEUXIÈME MAÇON.

Je ne l'ai pas entendu.

PREMIER MAÇON.

Il a crié : Donnez-moi ma carabine. — Mais c'était pour tirer sur une tête de pavot.

LE RÉGENT.

Tête de pavot! tête de pavot! Mais assez là-dessus. Je trouverai autant de témoins que je voudrai. On ne manque pas de témoins dans ce bas monde. Maintenant approchez. Plus près, plus près. Signez d'une croix..... Fort bien. Cette croix vous vaudra de l'argent et l'échanson en crèvera de rage.

LE MAÇON.

S'il vous plaît, monsieur, vous nous redevez quelque chose.

LE RÉGENT.

L'échanson vous payera bien.

LE MAÇON.

Mais, monsieur, ce n'est pas bien. Nous avons travaillé.....

LE RÉGENT.

Dieu soit avec vous! Filez.

LE MAÇON.

Nous payer ainsi! Chacun dira.....

LE RÉGENT (*les poussant à la porte*).

Adieu, ou sinon.....

LE MAÇON.

Mais pourtant...

LE RÉGENT.

Adieu, mes bonnes gens ! adieu ! Je vendrai mon bonnet s'il le faut, je mettrai ma ceinture en gage, mais je démolirai l'échanson. D'ailleurs, si mes plans secrets réussissent, si mon cœur atteint le but qu'il poursuit, c'est par là que je le percerai le plus cruellement.

LE RÉGENT, WAÇLAW.

LE RÉGENT.

Tu viens à propos, cher enfant. J'ai deux mots à te dire. Par mainte action, tu m'as donné lieu de croire que tu marches sur mes traces, que tu suis la voie de la piété, que les mauvaises pensées ou les mauvais conseils ne sauraient t'en détourner. Bien que déjà aux portes du tombeau, je ne vis que pour toi. Je n'aspire plus dans le monde qu'à ton bonheur. En toi est toute mon espérance. Mais mes ennemis me portent envie ; ils veulent séparer le fils du père. Ils veulent se réjouir de mon chagrin. On a recours aux ruses du démon. On tend des piéges à ta jeunesse.

WAÇLAW.

Je ne comprends pas.

LE RÉGENT.

Tu ne comprends pas. Klara.....

WAÇLAW.

C'est une personne de mérite. L'adorer.....

LE RÉGENT.

Oui, tu l'adores en secret.

WAÇLAW.

Si je l'adorais en secret, c'est que je voulais d'abord vous réconcilier avec votre voisin.

LE RÉGENT.

Moi avec l'échanson ? Oh ! mon Dieu, qui désire plus que moi, pécheur, la conciliation ?

WAÇLAW.

En attendant, permettez que Klara et moi.....

LE RÉGENT.

En aucune façon..... L'échanson est un brutal, moi un homme de paix.

WAÇLAW.

Mais est-ce la faute de Klara si son oncle est parfois un peu vif ?

LE RÉGENT.

Coupable ou innocente, il vous faut une autre femme, oui, une autre, mon ami.

WAÇLAW.

Ah ! mon père, cet arrêt rigoureux.....

LE RÉGENT.

Ne saurait se modifier, mon cher ami.

WAÇLAW.

Mon bonheur pourtant, disiez-vous, était le seul but de votre vie.

LE RÉGENT.

Dieu me voit et m'apprécie.

WAÇLAW.

J'aime Klara.

LE RÉGENT.

C'est une idée.

WAÇLAW.

Je ne survivrai pas à cette séparation.

LE RÉGENT.

Taisez-vous. Il faut accepter sa destinée et laisser s'accomplir la volonté du ciel. (*Plus doucement.*)

Mais, mon enfant, toi qui es si fidèle, que sont donc devenues ces anciennes amours ? Tu te tais ? Hein, comme ce vieux père est bien informé !

WAÇLAW.

La jeunesse peut.....

LE RÉGENT.

La Podstolina était jadis cet objet unique, adorable..... Maintenant, elle est ici près, chez l'échanson.

WAÇLAW.

Elle est sa fiancée.

LE RÉGENT.

Oh ! je ne croirai cette histoire que si la Podstolina me l'assure elle-même. Je l'ai interrogée à ce sujet, et, avec la grâce de Dieu, elle accepte la main de mon fils.

WAÇLAW.

Mais votre fils n'accepte pas la sienne.

LE RÉGENT.

Mon fils est obéissant, grâce à Dieu ; la chose est signée ; il y a un dédit de cent mille francs pour qui manque à la parole donnée.

WAÇLAW.

Mon bonheur vaut plus que cela.

LE RÉGENT.

C'est le bonheur qu'une pareille femme.

WAÇLAW.

Le tombeau m'engloutira plutôt. Mais l'échanson vit encore. Il est homme à brûler notre maison.

LE RÉGENT.

En ce cas l'échanson sera pendu. La volonté du ciel s'accomplira, il faut s'y soumettre en toute chose.

WAÇLAW.

Mon père...

LE RÉGENT.

Mon fils !

WAÇLAW.

C'est un poignard que vous enfoncez dans le sein de votre fils.

LE RÉGENT.

Le bien ne va pas sans le mal.

WAÇLAW.

Changez cet ordre rigoureux.

LE RÉGENT.

Impossible.

WAÇLAW.

Par pitié !

LE RÉGENT.

Pitié !..... Tu vois, je pleure.

Toute cette scène est traitée de main de maître ; le mot du régent *Tu vois, je pleure*, peut aller de pair avec les meilleurs de la comédie ancienne et moderne. C'est vraiment un excellent type que celui de ce personnage taillé tout d'une pièce, couvrant ses caprices tyranniques de la volonté céleste, comme les bigots du *Tartufe*

..... Couvrent insolemment
De l'intérêt du ciel leur fier ressentiment.

Cette placidité opiniâtre, cette bénignité indomptable persiste durant toute la pièce et produit les effets les plus comiques ; voyez la scène suivante, où la faconde jactance de Papkin se trouve aux prises avec le courage silencieux et l'ironie polie de l'homme de loi. C'est, dans un autre ton, le digne pendant de celle qu'on vient de lire.

PAPKIN (*entrant d'un air inquiet*).

On peut entrer ?

LE RÉGENT.

Je vous en prie.

PAPKIN (*humblement avec un profond salut*).

Ce m'est un grand honneur, un honneur inouï, de saluer en vous, monsieur, la digne personne..... la digne personne du régent. C'est bien à lui que je m'adresse?

LE RÉGENT.

Serviteur très-humble. Puis-je demander à mon tour qui j'ai l'honneur de recevoir?

PAPKIN (*à part*).

Peuh! le pleutre! A chaque mot il fait le plongeon. J'ai été beaucoup trop convenable. (*Plus haut.*) Je suis Papkin. (*Le régent salue, offre un fauteuil et s'assied les bras croisés.*) Je suis Papkin, capitaine et cavalier bien connu. Voyez mes décorations..... Ici..... là..... sur la poitrine, sur l'épaule..... Sage dans le conseil, vaillant à la guerre, les Suédois, les Musulmans, les Saxons, connaissent mon bras et mon épée. Pour tout dire, en un seul mot....., je suis Papkin..... Maintenant, frère, donne-moi du vin.

LE RÉGENT (*à part*).

Nemo sapiens nisi patiens. (*Il lui sert à boire.*)

PAPKIN.

Oh! le bonhomme est poltron. Nous allons voir. (*Il met son chapeau et boit.*) Quelle piquette! quel vinaigre!

LE RÉGENT (*à part*).

C'est trop d'audace.

PAPKIN.

Eh quoi n'avez-vous rien de meilleur?

LE RÉGENT.

Excusez. Rien de meilleur.

PAPKIN.

Et voilà nos hobereaux! Cela vit à la campagne. Cela sème, récolte, bâtit, ennuie, grogne, crie, et cela n'est pas bon à donner un verre de vin passable. (*Il boit.*)

LE RÉGENT.

Mais, monsieur.....

PAPKIN (*buvant toujours*).

Trouble, aigri, tourné. Vraie piquette.

LE RÉGENT.

Permettez-moi de vous demander, cher monsieur, quelle raison inconnue amène dans mes humbles foyers un guerrier si vaillant?

PAPKIN.

Ah ! c'est vrai, vous voulez savoir.....

LE RÉGENT.

Je vous en prie.....

PAPKIN.

Donc, sachez que je viens de la part de mon seigneur l'échanson Raptusiewicz. Ce matin, la horde impudente de vos serviteurs a osé l'attaquer dans son château.

LE RÉGENT.

Parlez, monsieur, un peu plus bas. J'entends fort bien.

PAPKIN.

Je parle toujours comme il me plaît.

LE RÉGENT.

C'est possible ; mais j'ai mal à la tête.

PAPKIN (*criant plus fort*).

Que vous ayez l'oreille fine ou le cerveau malade, ce n'est point une raison pour me faire changer de ton.

LE RÉGENT (*doucement*).

J'ai mes gens. Je vous ferai jeter par la fenêtre.

(*Papkin se lève et ôte son chapeau.*) Elle est d'une belle hauteur.

PAPKIN.

Oh ! c'est inutile.

LE RÉGENT.

Holà ! Quelqu'un !

PAPKIN.

Ne vous donnez pas la peine.

LE RÉGENT.

Vous sortirez d'ici plus aisément que vous n'êtes entré. (*A un domestique.*) Mettez quatre hommes à la porte.

PAPKIN.

Oh ! mon cher voisin, pas tant de cérémonie entre nous.

LE RÉGENT.

Maintenant, j'ai l'honneur de vous écouter. (*Le faisant rasseoir par force.*) De quel message êtes-vous chargé ?

PAPKIN.

Vous êtes un peu vif. Je ne savais point, Dieu m'est témoin, que vous aviez l'oreille si chatouilleuse. Excusez-moi si par hasard je parle parfois un peu trop haut.

LE RÉGENT.

Au fait! au fait!

PAPKIN (*tout bas*).

A l'instant. L'échanson a l'honneur de vous prier.....

LE RÉGENT.

Plaît-il?

PAPKIN.

Plus haut? L'échanson vous prie, ou plutôt vous propose..... pour terminer la querelle qui s'est élevée entre vous deux..... C'est cela, entre vous deux..... la querelle.... vous savez (*le Régent le regarde fixement*) la querelle qui..... dont..... (*A part.*) Diable de regard, il me paralyse la langue.

LE RÉGENT.

Je ne puis comprendre. Parlez plus clairement.

PAPKIN.

C'est que..... que..... Excusez, monsieur, le vin était un peu fort..... et je ne suis pas si éloquent..... (*Plus bas.*) Est-ce que les quatre hommes sont encore à la porte?

LE RÉGENT.

En un mot, cher monsieur, mon bon voisin désire?.....

PAPKIN.

C'est que le messager est un peu.....

LE RÉGENT.

Poltron. Rassurez-vous, mon bon ami.

PAPKIN.

Eh bien! L'échanson m'envoie vous prier de vouloir bien, sur les quatre heures, vous rendre dans le bois, aux *Trois-Bornes*, pour régler une petite affaire l'épée à la main.

LE RÉGENT.

Hé! il est encore vert, l'échanson.

PAPKIN.

Oh! oui. Tout le monde sait que ses coups sont infaillibles. Il a, dans le canton, balafré maint hobereau. Seulement.....

LE RÉGENT.

Plus bas, s'il vous plaît.

PAPKIN.

C'est vrai! plus bas. Donc, tout bas, je vous apporte sa courtoise requête et vous prie de vouloir bien me donner une réponse courte et claire.

LE RÉGENT.

Je lui répondrai par lettre..... Mais comment tout cela s'accorde-t-il? On dit qu'il se marie demain.

PAPKIN.

Oh! ce n'est pas un empêchement..... Le matin l'anneau, à midi l'épée, le soir la coupe, ensuite.....

LE RÉGENT.

Plus bas.

PAPKIN.

C'est vrai, plus bas.

LE RÉGENT.

Et il aime beaucoup sa fiancée?......

PAPKIN.

Je crois bien; il est tout feu..... tout flamme..... Quel beau couple ils feront! Quelle femme fidèle! J'en mettrais la tête au feu.

Au moment même où Papkin exalte ainsi la fidélité de la Podstolina, elle entre chez le régent pour lui annoncer qu'elle renonce à l'échanson et que, décidément, elle épousera Wacław. On juge de l'étonnement du pauvre Papkin. Il essaye de faire revenir la volage sur sa décision; peine perdue. Le régent écrit à l'échanson pour accepter son cartel, et, dans la même lettre, il lui annonce le mariage de son fils. Tandis que Papkin sermonne la Podstolina, le régent l'interrompt de temps en temps par un : *Plus bas!* significatif; puis il le reconduit cérémonieusement jusqu'à la porte. On aperçoit les quatre laquais; la porte se referme et l'on entend le bruit d'une chute dans l'escalier. Évidemment Papkin est redescendu plus vite qu'il n'était monté.

IV.

Tandis que Papkin remplit de si piètre façon sa malencontreuse ambassade, l'échanson prépare tout ensemble sa noce et son duel : il ordonne les apprêts du festin, il règle la décoration de la salle, il choisit la meilleure de ses épées. Papkin arrive un peu plus ému que d'habitude et fort altéré comme toujours. Ses malheurs n'ont ni abattu sa jactance ni éteint sa soif.

PAPKIN.

Quelle affaire! Ah! je lui en ai fait voir de grises, allez! Mais il est vif, ce régent, très-vif! J'ai vu le moment où j'allais dégainer.

L'ÉCHANSON.

Quel menteur tu fais..... Mais le régent? Je le verrai?.....

PAPKIN.

Il m'a reçu poliment, m'a prié de m'asseoir, m'a offert du vin..... un peu vert.....

L'ÉCHANSON (*à demi-voix*).

Du poison, sans doute.

PAPKIN.

Hein? quoi? Vous dites.....

L'ÉCHANSON.

Rien.

PAPKIN.

Mais.....

L'ÉCHANSON.

Et après.....

PAPKIN.

Du poison, dites-vous?

L'ÉCHANSON.

Il ne faut point plaisanter avec ce drôle.

PAPKIN.

Ah! je ne sais quoi me brûle la poitrine.

L'ÉCHANSON.

Comment a-t-il reçu mon invitation? Comment? Eh bien, es-tu sourd? (*Papkin lui remet machinalement une lettre.*) Quoi? quoi? quoi?

PAPKIN.

Ça, ça, ça.

L'ÉCHANSON.

La Podstolina.....

PAPKIN (*pleurant*).

Nous abandonne.

L'ÉCHANSON.

Le régent.....

PAPKIN (*toujours pleurant*).

Nous l'a enlevée.....

L'ÉCHANSON.

Le régent..... le régent..... Elle épouse?.....

PAPKIN.

Waçlaw.

L'ÉCHANSON.

Et tu ne me disais rien, drôle! Mais son affaire ne sera pas longue. Sexe perfide, infâme! Que n'es-tu en mes mains comme cette lettre ! Je te déchirerais en mille morceaux. Mais ne perdons pas de temps. Ah ! je leur jouerai pour la noce un air de ma façon. Il saura ce que c'est que boire dans le verre des autres. Holà ! laquais, gentilshommes, suivez-moi, suivez-moi tous. (*Il sort.*)

Papkin, resté seul, déplore sa mort prématurée ; il voudrait douter encore du forfait du régent ; mais l'échanson a bien affirmé qu'il était empoisonné. Il ne lui reste qu'à se préparer à la mort qui va venir : « Mourir, mourir, grands dieux..... Mais où donc avais-je la tête ? Je l'ai insulté, couvert de boue ; il devait me jeter à la porte. Il se hâte de prendre la bouteille ; il m'en verse un plein verre..... Je l'avale..... c'était du poison..... Je n'en réchapperai pas..... Écrivons notre testament..... Puis je payerai mes funérailles..... puis, *Requiescat in pace !* »

Cependant, l'échanson a trouvé un bon plan pour se venger du régent : c'est d'attirer Wacław dans son château et de le marier avec Klara. Il revient, enchanté de cette idée, et trouve Papkin en train d'écrire son testament et de l'arroser de larmes ; il se moque de lui et le brutalise. « Ah ! c'est comme ça ? s'écrie le bouffon, J'efface le legs que j'allais lui faire. » La scène offre ici un amusant tableau : dans un coin, Papkin écrit son testament ; sur une autre table, Dyndalski écrit une lettre que l'échanson est censé lui dicter. Il n'y a, pour les deux tables, qu'une seule écritoire. Papkin y vient tremper sa plume et se heurte, soit contre l'échanson, soit contre son secrétaire; de là toute une série de jeux de scène fort divertissants.

L'échanson n'a pas à chercher Wacław bien longtemps : il le rencontre dans sa propre maison et lui enjoint d'épouser Klara à l'instant, dans la chapelle du château. On comprend que Wacław accepte; il se rend à la chapelle du château, tandis que Papkin continue d'occuper la scène en relisant son testament. Le bon tour qu'il vient de jouer à son voisin a tellement diverti l'échanson, qu'il en oublie son duel aux *Trois-Bornes*. Le régent est allé l'y chercher; tout étonné de n'avoir pas rencontré son adversaire, il vient le trouver dans son propre château. Il arrive juste au moment où les nouveaux mariés sortent de la chapelle. On devine le dénoûment : la colère des voisins ennemis s'évanouit en présence du jeune couple; ils se réconcilient; la Podstolina triomphe d'un dépit passager et dote l'heureuse Klara. Papkin apprend de la bouche même du régent que décidément il n'est point empoisonné, et déchire son testament.

Ainsi finit gaiement, comme elle a commencé, cette aimable pièce. Je répète ici ce que je disais en commençant : aucune traduction ne peut donner une idée du style ni de la versification. Je prie le lecteur de vouloir bien supposer ce double charme aux fragments qu'il vient de lire, et si quelque trait a un peu choqué son goût ou les conventions littéraires auxquelles il est habitué, je l'inviterai à vouloir bien méditer un instant le mot de Chateaubriand sur Shakespeare : « Les hommes ont diverses façons de rire; ils n'en ont qu'une de pleurer. »

CHAPITRE XII.

UNE PAGE D'HISTOIRE CONTEMPORAINE. LA BOHÊME ET L'AUTRICHE EN 1871.

Sympathies de la Bohême pour nos malheurs. — Protestations de la Diète de Prague contre les annexions allemandes. — Nos prisonniers en Bohême. — La ville de Prague. — La politique intérieure de l'Autriche jusqu'en 1866. M. de Beust. — Le droit public de la Bohême. — Iniquités flagrantes. — La constitution violée. — Les Teutons. — L'Autriche et l'Allemagne. — Le ministère Hohenwart. — Situation en juillet 1871.

I.

Prague, juillet 1871 [1].

On peut dire que nulle part les malheurs de la France n'ont éveillé de plus douloureuses sympathies que chez les peuples slaves, notamment en Bohême ; la Bohême, en effet, est aujourd'hui, de tous les pays de l'Europe, celui qui a le plus à craindre des progrès de la nation germanique. Slave

1. Lettre adressée de Prague au directeur de la *Revue politique* en 1871.

par ses origines et par son histoire, la Bohême n'a commencé à être germanisée qu'au début du XVIIe siècle après la désastreuse bataille de la Montagne-Blanche (1620). Le germanisme, propagé par les jésuites, y a fait d'effrayants ravages pendant le XVIIe et le XVIIIe siècle ; mais les peuples slaves ont la vie dure ; et a il suffi du libéralisme de Joseph II, qui a supprimé les jésuites, de l'influence libératrice de notre Révolution, de la renaissance des études historiques au début du XIXe siècle, pour que la Bohême slave ait repris conscience de sa nationalité, et su tenir en échec la rapacité teutonique et le vieux despotisme autrichien. Un peuple qui a si miraculeusement échappé à la mort, et dont l'existence est constamment menacée par l'ennemi qui vient de nous infliger de si cruelles humiliations, un tel peuple devait nécessairement prendre une part bien vive à nos malheurs.

Voici comment, au mois de décembre dernier, dans un mémorandum adressé au souverain, s'exprimaient les députés slaves de la Bohême. Je dis les *députés slaves* : car malheureusement il y a à côté d'eux des Teutons qui se sont laissé enivrer aux triomphes de l'Allemagne et qui se fondraient dans la grande Allemagne pour le simple plaisir de dominer et d'étouffer sûrement leurs compatriotes tchèques. C'est aux Allemands surtout que s'applique le mot de Tacite : *Omnia serviliter pro dominatione.*

Voici donc ce que je lis dans le factum des députés bohêmes, rédigé au mois de décembre dernier :

« La nation bohême reconnaît le plein droit des différents peuples germaniques de se réunir en un État unitaire, s'ils en éprouvent le besoin. Outrepasser ce besoin en voulant l'imposer à autrui, employer la violence coutre des populations allemandes qui préfèrent vivre dans un autre État, auquel elles se sentent plus liées par leur histoire et par leurs intérêts, ne serait qu'une violation du droit qui appartient à chaque individualité nationale de régler elle-même sa destinée.

« La nation allemande a le droit indubitable de repousser par les armes des attaques dirigées contre son territoire ou contre le libre exercice du droit qu'elle a de fixer elle-même sa constitution unitaire; mais, si elle voulait imposer à la nation française une certaine forme de gouvernement, *ou si elle voulait lui arracher par violence un territoire dont la population se sent française et veut rester française*, elle ne ferait que violer le droit de la liberté politique de cette population et mettrait en agissant ainsi la force au-dessus du droit.

« La nation bohême éprouve les sympathies les plus sincères pour la noble et glorieuse nation française, qui a rendu de si grands services à la civilisation, à la liberté et au progrès des principes humanitaires, et qui ne combat aujourd'hui que pour son indépendance et pour la défense de sa patrie envahie.

« La nation bohême est convaincue que vouloir arracher par force un territoire à une nation, c'est vouloir l'humilier, et que l'humiliation d'une nation qui se distingue autant par son légitime orgueil national que par son esprit guerrier, devient nécessairement la source inépuisable de nouvelles guerres et de nouveaux désastres pour les intérêts de l'humanité et de la civilisation. »

Voilà, monsieur, ce que déclaraient solennellement, au début du mois de décembre dernier, les députés slaves de la diète de Bohême.

Et certes, si toutes les assemblées délibérantes de l'Europe avaient tenu un pareil langage, il est probable que les événements auraient pris une autre tournure. D'ailleurs, les Bohêmes ne se sont pas contentés d'exprimer pour la France de stériles sympathies, des vœux platoniques. Ils lui ont prouvé leur affection par les souscriptions ouvertes dans les journaux de Prague en faveur de nos blessés, et par les bons soins dont ils ont entouré ceux de nos prisonniers qui ont été assez heureux pour échapper à la captivité allemande et mettre le pied sur le sol de la Bohême.

Depuis le mois d'octobre, il ne s'est guère passé de semaine où des prisonniers internés en Saxe, en Silésie ou en Bavière, ne soient parvenus à s'échapper et à se réfugier sur le sol autrichien. Récemment encore, j'ai eu moi-même l'occasion de rendre service à quelques-uns de nos malheureux compatriotes. Ils ne savaient comment exprimer leur reconnaissance pour les bons traitements dont ils avaient été l'objet ici. Ils arrivaient pour la plupart exténués par les souffrances de la captivité, par les péripéties d'un voyage à pied à travers les forêts et les montagnes, par les longues nuits sans sommeil ; à peine parvenus sur le sol de la Bohême, on leur offrait la plus cordiale hospitalité, on faisait des collectes en leur faveur, on leur criait : Vive la France ! on leur chantait la *Marseillaise*, qui, pour tous les peuples jeunes, est restée l'hymne de l'espérance et de la revendication. Quels romans étranges ne ferait-on pas avec les récits de ces évasions ! Celui-ci s'est échappé de Dresde avec le concours d'une grande dame russe qui lui a donné les vêtements de son domestique ; cet autre est arrivé à pied d'Erfurth jusqu'au Bœhmerwald ; un troisième s'est sauvé grâce à la complicité d'une Allemande à laquelle il avait su inspirer une passion romanesque. J'en connais un qui, dans le cours de la guerre actuelle, a traversé deux fois la France, l'Allemagne, l'Autriche et l'Italie. Pris à Sedan, il a été interné au mois de septembre à Glogau (Silésie), il s'est échappé en décembre, a gagné la Bohême, a traversé Prague, Vienne, l'Italie méridionale, puis est rentré dans l'armée de Garibaldi. Fait de nouveau prisonnier à la bataille de Dijon, il a été expédié à Dresde, d'où il s'est encore évadé pour recommencer à travers la Bohême et l'Autriche sa singulière odyssée. Il est deux points sur lesquels les récits de nos prisonniers étaient toujours d'accord ; leur reconnaissance pour la Bohême, leur rancune pour les mauvais traitements dont ils ont été l'objet en Allemagne.

Je vous laisse à penser s'ils maudissaient la Commune qui n'a eu d'autre résultat, pour eux, que de contribuer à prolonger une captivité dans laquelle un grand nombre d'entre eux gémissaient depuis cinq mois.

Vous voyez que, pour un Français encore poursuivi par les douloureuses impressions de la guerre étrangère et de la guerre civile, il est difficile de trouver hors de France un séjour plus sympathique que la capitale de la Bohême, cette *Prague dorée* (*Zlata Praha*), si chère au Slave, qui, après avoir été le point de départ du mouvement hussite et de la guerre de Trente ans, est aujourd'hui le véritable centre politique et intellectuel des nations slaves. J'ajouterai que, pour qui veut étudier à fond les questions qui agitent en ce moment l'Europe centrale et orientale, il est à peu près impossible de rencontrer un meilleur poste d'observation. Située à moitié chemin entre Vienne et Dresde, Prague est à la porte de l'Allemagne; on y ressent le contre-coup immédiat de tous les événements qui se passent en Allemagne, et cependant, comme ce n'est pas une ville allemande, on y trouve sous la main tous les matériaux nécessaires pour l'étude des peuples non allemands, nos alliés naturels; ce n'est pas seulement une ville bilingue, c'est une cité polyglotte.

Entrez dans le premier café venu; sur la table de marbre, l'*Indépendance belge* coudoie fraternellement la *Gazette de Moscou*; le garçon apporte à votre gré le *Times* ou le *Moniteur Serbe*, le *Kraj de Krakovie*, ou la *Nouvelle Presse de Vienne*. Véritable tour de Babel où les renseignements affluent dans tous les idiomes, et d'où l'on observe à la fois l'Elbe et le Danube, Vienne et Berlin, Pétersbourg et Constantinople.

II.

Ce qui, pour aujourd'hui, doit avant tout nous préoccuper, c'est la crise intérieure dont l'empire austro-hongrois est en ce moment le théâtre, crise qui se rattache d'ailleurs à une foule de questions internationales auxquelles nous sommes plus ou moins directement intéressés.

Jusqu'à la bataille de Sadowa, la politique du gouvernement autrichien fut absolument *allemande* ; sans vouloir tenir compte des droits historiques et des aspirations des populations non germaniques que l'empire enferme dans son sein, le souverain actuel et ses conseillers n'eurent en vue qu'un seul but : prendre en Allemagne une grande situation, reconstituer, au profit de la dynastie habsbourgeoise, le saint-empire germanique, jadis détruit par Napoléon. Ce saint-empire eût été vraiment quelque chose de formidable, si François-Joseph avait triomphé, comme aujourd'hui Frédéric-Guillaume ; il aurait tenu dans ses mains non-seulement quarante millions d'Allemands, mais encore trente millions de Slaves, de Hongrois et d'Italiens. C'était là un idéal séduisant, et on lui sacrifia malheureusement la réalité ; on ne s'inquiétait pas des mécontentements qui se manifestaient à Pesth, à Prague, à Cracovie ou à Agram ; il fallait avant tout retourner à Francfort. Un beau jour Sadowa dissipa tous ces rêves ; François-Joseph se trouva exclu de l'Allemagne en face des populations mécontentes ; il fallait au plus vite remédier à une situation quasi désespérée ; l'empereur jeta les yeux sur un homme habile, mais jusqu'alors peu heureux, M. de Beust, premier ministre du roi de Saxe, l'inventeur de cette fameuse *triade* germanique qui venait d'échouer si piètrement devant les forces combinées de la Prusse et de l'Italie. M. de Beust connaissait beaucoup mieux les choses allemandes que les affaires autrichiennes, et l'empereur en l'appelant au pouvoir comptait surtout trouver en lui un instrument de revanche et de revendication. M. de Beust, fidèle à ses origines, s'appliqua à réorganiser l'Autriche, mais surtout en vue d'un retour offensif en Allemagne. Peu au courant des divers éléments qui composent cet empire plus bigarré que le manteau d'Arlequin, il ne savait qu'une chose, c'est qu'en 1848 la révolution hongroise avait mis en péril l'existence même de la monarchie austro-hongroise ; et il commença par faire aux Hongrois les plus larges concessions.

Les pays dits de la *Couronne de Saint-Étienne*, c'est-à-dire la Hongrie, la Transylvanie, la Croatie et la Slavonie, furent détachés du reste de l'empire et formèrent un État à part, n'ayant de commun avec les autres parties de la monarchie que la guerre, les affaires étrangères et le commerce. L'empereur d'Autriche se fit couronner roi de Hongrie à Pesth, et appela à présider le conseil des ministres hongrois ce même comte Andrassy qui, après la révolution de 1848, avait été pendu par contumace. On ne s'inquiétait même pas de savoir si les différents peuples dont se compose la couronne de Hongrie étaient parfaitement satisfaits du nouveau régime qu'on leur imposait ; on ne consulta pas les anciens adversaires des Magyares, les Croates, les Roumains, les Ruthènes, les Slovaques, qui constituent plus de la moitié de la population improprement appelée hongroise ; on les abandonna à la domination absolue de l'élément magyare. On créa dans l'empire deux centres politiques bien distincts, Pesth et Vienne. Les provinces purement allemandes (Autriche, Tyrol) et les pays slaves, Bohême, Galicie, Illyrie, etc., furent groupés dans un État factice inventé par M. de Beust et pour lequel on n'a pas encore de dénomination sérieuse. Tantôt on l'appelle « les autres pays de Sa Majesté », ce qui est un peu vague et difficile à écrire sur les cartes géographiques, tantôt *Cisleithanie*, ce qui n'est guère plus clair. A la *Cisleithanie* répond la *Transleithanie* ou royaume de Hongrie (du nom d'une petite rivière, la Leitha, qui sépare la Hongrie de l'Autriche proprement dite).

Livrer une moitié de l'empire aux Magyares, l'autre aux Allemands, tel était le plan de M. de Beust. On lui fit bien observer que la majorité de l'empire était slave, et que les Slaves ne se prêteraient sans doute pas à sa politique : « Bah ! dit-il, les Slaves, nous les mettrons au pied du mur ! » Le mot est historique ; et laissant à M. Andrassy le soin de *magyariser* la Hongrie, il se mit à poursuivre de son côté la germanisation de la Cisleithanie. Malheureusement, il avait compté sans un peuple qui a la vie dure, un sens politique très-sérieux et qui ne se laisse pas facilement annihiler, je veux parler des Tchèques ou Slaves de Bohême et de Moravie.

Les Tchèques, non-seulement ont à un très-haut degré la haine de l'élément germanique et le sentiment de la nationalité slave, mais encore ils s'appuient sur un droit historique aussi incontestable que celui de la Hongrie.

Jusqu'à l'empereur actuel, tous les Habsbourgs ont dû se faire couronner à Prague comme à Pesth et jurer d'observer les *droits et priviléges* du royaume de Bohême... quittes à les violer plus tard ; nous savons ce que valent les serments politiques. L'empereur François-Joseph a été jusqu'ici le premier souverain qui se soit soustrait à cette formalité ; mais il avait compté sans l'opiniâtreté des diètes de Bohême et de Moravie ; les représentants slaves de ces diètes se refusèrent formellement à reconnaître le nouvel état de choses et la constitution qui le consacrait. Ils donnèrent à leur protestation une sanction éclatante en refusant d'aller siéger au Reichsrath de Vienne, et en envoyant les plus illustres d'entre eux au congrès slave à Moscou (1867). Cette politique d'ailleurs, chez eux, n'était pas nouvelle ; c'est ainsi que vingt ans auparavant M. Palacky avait positivement refusé d'aller siéger au congrès allemand de Francfort.

Les Polonais, plus dociles, s'étaient soumis, non sans quelque répugnance; mais il y a entre la Bohême et la Galicie une grande différence; la Galicie est un pays conquis, sans *droit historique;* au contraire la Bohême n'a accepté la dynastie autrichienne qu'en vertu d'un contrat équilatéral. On est resté longtemps, dans l'Europe occidentale, sans comprendre cette résistance des Tchèques; on l'a attribuée tantôt à l'influence du panslavisme, terme vague et élastique dont j'ai eu plus d'une fois l'occasion de démontrer l'inanité, tantôt à l'horreur de la nation bohême pour le régime constitutionnel. C'est là une profonde erreur : les Tchèques aiment fort le régime constitutionnel, mais à condition qu'il respecte leur droit historique et national, et qu'il leur assure dans l'empire la place qu'ils y réclament. Les deux royaumes de Hongrie et de Bohême sont en somme les deux pierres angulaires de l'État autrichien, et si l'on accorde à Pesth ce que l'on refuse à Prague, il est difficile que l'harmonie de l'État puisse subsister. D'ailleurs, la Bohême ne profitait même pas des bénéfices que la constitution de 1867 semblait assurer aux divers peuples de l'empire. Je ne citerai qu'un exemple. Cette constitution contient un article d'une extrême importance pour un État polyglotte comme l'Autriche, l'article qui garantit la *Gleichberechtigung*, c'est-à-dire l'égalité absolue de toutes les langues de l'empire au point de vue de l'instruction publique. Cet article porte en termes formels que tout sujet autrichien a le droit d'acquérir tous les degrés d'instruction en sa langue maternelle. Eh bien, cet article n'a jamais été mis à exécution ; depuis quatre ans, les Tchèques, s'appuyant sur cet article de la constitution, n'ont cessé de réclamer une université nationale ; ils n'ont pu l'obtenir. C'est tout au plus si on leur a accordé l'aumône de quelques chaires bohêmes à l'Université allemande de Prague ; les Allemands de la Cisleithanie, qui ne sont guère plus de cinq à six millions, ont quatre universités : celle de Vienne, celle de Gratz, celle d'Innspruck et celle de *Prague*. Les Tchèques de Bohême et de Moravie, qui représentent en chiffres ronds une population de cinq millions, n'ont pas d'université à eux. Voici quelle est, à l'heure qu'il est, à l'université de Prague, la proportion des leçons en allemand et en bohême et des étudiants slaves et allemands :

L'année dernière, pendant le premier semestre, l'université de Prague a été fréquentée par 1,835 étudiants, dont 1,098 Slaves et 737 Allemands ou Juifs. Or, voici comment, d'après la langue, les leçons se sont réparties entre les diverses langues :

Faculté de théologie, 10 leçons en latin, 7 en allemand, 3 en bohême.

Faculté de droit, 32 leçons en allemand, 7 en bohême.

Faculté de philosophie, 59 leçons en allemand, 8 en bohême.

Ces chiffres parlent assez d'eux-mêmes. Toutes les fois qu'il s'est agi de germaniser à tout prix, on a bien su sauter par-dessus la constitution.

C'est ce qui s'est produit encore dernièrement à propos des Slovènes ou Slaves d'Illyrie. Les Slovènes forment une population compacte d'environ 1,200,000 âmes, groupée autour de Laybach, dans les provinces de Styrie, Carinthie, Carniole, etc. Un de leurs députés a dernièrement demandé au Reichsrath la fondation d'une académie juridique slovène à Laybach; les Slovènes ont besoin d'huissiers et d'avocats, et ils se plaignent avec raison d'être obligés d'envoyer leurs étudiants aux universités de Vienne ou de Gratz, où on leur apprend le droit dans une langue étrangère. Inutile de vous dire que le Reichsrath teuton de Vienne a refusé d'adopter la proposition de M. Costa, qui n'était cependant qu'une application de la constitution.

Je crois avoir suffisamment expliqué par ce qui précède comment l'œuvre constitutionnelle, ou soi-disant telle, de M. de Beust a échoué contre le mécontentement et la résistance passive ou active des populations non allemandes. Au fond, le dualisme de M. de Beust n'était que l'ancien centralisme réduit aux limites de la Cisleithanie. Son programme se résumait en deux mots : assurer la haute main aux Allemands d'Autriche, augmenter si possible le nombre de ces Allemands par une habile germanisation ; puis, à un moment donné, rentrer en Allemagne et retourner à Francfort. Il est bien évident que l'on comptait un peu sur l'aide de la France ; malheureusement, les gigantesques catastrophes dont la France a été si rapidement le théâtre et la victime ont renversé comme un château de cartes les rêves si savamment échafaudés de M. de Beust. L'empire allemand s'est fait, mais au profit de la Prusse, au profit de l'élément adversaire de l'Autriche. Et voici ce qui arrive aujourd'hui : ces Allemands d'Autriche, dont on a surexcité le teutonisme, auquel on a fait entrevoir d'aussi brillantes perspectives, ils tombent tout à coup du haut de leurs rêves de domination ; ils jettent un œil d'envie sur les triomphes de l'Allemagne prussienne, et, si l'on ne prenait soin de les retenir, ils se précipiteraient la tête la première dans cette grande Allemagne dont ils ont si longtemps caressé la chimère. Mais il ne suffit pas de s'y précipiter eux-mêmes, ils voudraient y entraîner les peuples secondaires, les *nationes minorum gentium*, les Tchèques, les Polonais, les Illyriens, cariatides obligées de l'édifice du saint-empire. Ils poussent l'impudence et la folie jusqu'à crier qu'ils sont opprimés par les barbares slaves et à réclamer le secours de leurs frères germains ; ils demandent à être délivrés des Tchèques, comme jadis les Schleswigois demandaient à être délivrés du Danemark. Ils envoient des télégrammes de félicitation et des *cris de douleur* (*Schmerzensschrei*) à Berlin ; si on les laissait faire, l'empereur François-Joseph pourrait bien un matin se réveiller, non plus empereur d'Autriche, mais simple roi de Hongrie. Et encore Dieu sait ce que deviendrait la Hongrie en face de la grande Allemagne. Ses jours seraient bien vite comptés. Les Allemands, qui y ont de nombreuses colonies, aiment assez à regarder le Danube comme un fleuve germanique ; dernièrement ils ont fondé à Presbourg, aux portes même du pays magyare, une revue allemande intitulée *la Sentinelle allemande du Danube* (*Die Deutsche Wacht an der Donau*). Le titre de cette revue est à lui seul tout un programme ; car c'est une allusion évidente au titre du célèbre chant patriotique : *Die Wacht am Rhein* (*la Garde allemande du Rhin*) qui a joué un si grand rôle dans la guerre actuelle. D'ailleurs, si quelque doute pouvait être permis, il suffirait de jeter les yeux sur la couverture du recueil en question, qui parait avec un cadre *rouge*, *blanc*, *noir*, c'est-à-dire avec les couleurs de l'empire germanique.

Rien de plus dangereux pour l'existence de l'Autriche que cette résurrection de l'empire germanique, surtout avec la politique suivie jusqu'à ce jour par M. de Beust. Il avait cru donner de la cohésion et de la solidité à l'empire pour un rôle offensif, et voici que son œuvre se retourne contre lui-même; il reconnaît qu'il n'a fait qu'introduire des éléments de dissolution et de dislocation; l'empereur, qui tient avant tout à conserver sa couronne, constate que sa politique germinatrice n'a eu d'autre résultat que de créer entre la grande Allemagne et les Teutons d'Autriche un courant magnétique qu'il s'agit au plus vite de neutraliser. Pour employer une autre comparaison, la monarchie autrichienne est actuellement dans la situation d'un convoi qu'on aurait lâché à toute vapeur dans la direction d'un précipice et qu'il s'agit d'enrayer au plus tôt. L'empereur comprend la gravité de la crise actuelle et paraît résolu à la conjurer; c'est dans ce but qu'après avoir essayé toute sorte de ministères, il a appelé récemment aux affaires un homme froid et intelligent, M. le comte de Hohenwart. M. de Hohenwart s'est, dès le début, annoncé comme un homme de conciliation et de justice; il a commencé par le côté le plus aisé des questions en litige; il a fait donner à la Galicie un ministre sans portefeuille, le comte Grocholski, et lui a promis d'importantes concessions, qui sont en train de se réaliser. Avec la Galicie, les choses peuvent aller sans trop de difficultés : d'une part, la Galicie est *sans droits historiques* dans l'empire, et l'on peut s'entendre avec elle sur le terrain de la constitution; d'autre part, la crainte que les Polonais ont des Russes les rend dociles à toute transaction que leur offre le gouvernement de Vienne; enfin, comme la population allemande ne représente en Galicie qu'une infime minorité, les Teutons ne peuvent avoir la prétention de dominer dans cette province comme dans la Bohême et dans la Moravie, où ils constituent les deux septièmes de la population. Après avoir lancé comme ballon d'essai un projet d'accommodement avec la Galicie, M. Hohenwart, au mois de mai dernier, a tâté le Reichsrath sur la question des concessions à faire à la Bohême. « En ce qui concerne ce royaume, *pour lequel on doit avoir des égards particuliers*, je n'hésite point à déclarer que, si l'opposition bohême veut se contenter des concessions faites à la Galicie, le gouvernement est prêt à présenter un projet en ce sens. » Ainsi s'exprimait M. Hohenwart dans la séance du 11 mai dernier; en faisant cette déclaration, le chef du cabinet savait bien que la Bohême ne se contenterait pas de ce qui peut satisfaire la Galicie; mais il avait du moins montré sa bonne volonté et préparé la voie à des négociations ultérieures. C'était déjà beaucoup; c'était même trop pour les Teutons de Vienne. Leur colère fut immense : « Le comte Hohenwart, disait alors un de leurs organes, nous a conduits jusqu'au bord du précipice, et nous invite poliment à continuer d'avancer. Il s'agit maintenant pour l'une des deux parties de se casser le cou. Nous avons pour le comte de Hohenwart une estime extraordinaire; nous lui devons la plus grande reconnaissance pour beaucoup de bonnes heures qu'il nous a fait passer, et nous sommes convaincus qu'il ferait un excellent ministre pour les îles Moluques (*sic!*); mais, en présence de l'alternative actuelle, nous sommes bien certains que c'est lui qui se cassera le cou! » Et les injures de la presse, et les interpellations parlementaires de pleuvoir sur le ministre qui s'était permis de parler de justice et de conciliation! Un des chefs du parti teuton, M. Kuranda, disait en plein Reichsrath : « Concéder à la Bohême ce qu'on accorde à la Galicie, ce serait réduire deux millions d'Allemands au rôle des Ruthènes. *Mais il ne faut pas oublier que ces Allemands sont les congénères d'un grand peuple voisin.* » Voilà qui est clair; ainsi, ces mêmes Allemands, qui criaient à la *haute trahison* lorsqu'en 1867 quelques savants slaves allaient visiter l'exposition ethnographique de Moscou, n'hésitaient pas à invoquer l'aide de la Prusse contre la dynastie et le gouvernement au cas où l'on oserait les contrecarrer dans leur passion de dominer. D'autres députés, MM. Herbst et Pickert, tenaient un langage analogue. Cependant, comme le ministre tenait bon, la majorité teutonne du Reichsrath eut recours au grand moyen parlementaire :

une adresse de défiance contre le ministère fut rédigée et présentée à l'empereur, qui, contre toute attente, l'accueillit très-froidement. C'était un premier échec; il désorganisa l'opposition furibonde des Teutons; ils essayèrent une nouvelle tentative, un autre grand moyen, le *refus du budget;* mais ils échouèrent contre une assez forte majorité. M. de Hohenwart est resté à son poste. Le Reichsrath, cette assemblée sénile qui, suivant une formule célèbre, n'a rien oublié ni rien appris, vient d'être prorogé jusqu'à nouvel ordre, et le ministre est en ce moment maître de la situation. Elle est assez délicate; car il a prêté serment à la constitution, et il est obligé de négocier avec des éléments qui refusent de reconnaître cette constitution ou qui voudraient du moins y introduire des modifications radicales. Je ne crois pas devoir entrer encore dans le détail de ces négociations, qui sont loin encore d'être achevées; tout ce que je puis vous dire, c'est que M. de Hohenwart a eu de sérieux entretiens avec les chefs de l'opposition nationale en Bohême et en Moravie, et qu'ils se louent fort de son intelligence et de sa bonne volonté. Je signalerai encore comme un important symptôme de conciliation le voyage que le prince impérial d'Autriche vient de faire en Moravie et en Bohême. Ce voyage est un fait sans exemple dans l'histoire de la dynastie; on a beaucoup remarqué que le jeune prince avait, dans ce voyage, montré des égards particuliers pour les chefs d'opposition qui, l'année dernière, étaient encore traités comme suspects de haute trahison. Ces divers symptômes permettent donc d'espérer une prochaine transformation de l'état de choses actuel dans la Cisleithanie; on va jusqu'à annoncer le prochain couronnement de l'empereur François-Joseph comme roi de Bohême. Évidemment le dualisme a fait son temps, et nous sommes en plein sur la voie du *fédéralisme*, le seul régime qui puisse assurer à l'Autriche une sérieuse existence entre ses deux formidables voisines, la grande Allemagne et la grande Russie. Si cette transformation s'opère définitivement, elle exercera une influence réelle sur la Hongrie, où les populations non hongroises s'agitent également, et sur le monde oriental, où la Providence semble avoir préparé également les éléments d'une grande fédération internationale. Cette crise ne saurait nous être indifférente, et je crois devoir la recommander sérieusement à l'attention de notre presse et de notre diplomatie...

P.-S. — Ce travail a paru en juillet 1871; le 12 septembre suivant, l'empereur d'Autriche adressait à la diète de Bohême un rescrit où il annonçait l'intention de se faire couronner et d'adopter définitivement la politique du ministère Hohenwart. Le 4 novembre suivant, les intrigues allemandes faisaient échouer les négociations entamées entre la Bohême et la couronne et obligeaient l'empereur à retirer sa parole. Il nous a semblé curieux de rappeler cet épisode aujourd'hui à peu près oublié, et qui semble destiné à se renouveler quelque jour. Quoi qu'il en soit, nous ne croyons pas que la France ait gagné à la chute du ministère Hohenwart.

Paris, avril 1875.

CHAPITRE XIII.

LA BOHÊME ET LE PANSLAVISME.

M. Palacky et ses derniers travaux. — Ses débuts littéraires. — Le *Radhost*. — Carrière littéraire et politique de M. Palacky. — La résurrection de la littérature bohême. — Le comte François Sternberg. — Analyse du *Radhost*. — Rôle de M. Palacky en 1848. — La *Gleichberechtigung*. — Lettre au parlement de Francfort. — Opinion de M. Palacky sur le rôle de l'Autriche. — Question des nationalités. — M. Palacky à Moscou. — Son opinion sur la Russie et le Panslavisme.

Le nom de M. Palacky est depuis longtemps connu chez nous. Son histoire de Bohême est devenue classique. Tout en remaniant cette œuvre capitale, le doyen des historiens slaves n'a cessé de compléter son œuvre par des publications auxiliaires qui expliquaient sa pensée et sa méthode et qui provoquaient en Allemagne et dans le monde slave de vives polémiques. Aujourd'hui, arrivé vers la fin d'une carrière laborieuse, M. Palacky a senti le besoin de revenir sur quelques-unes des œuvres de sa jeunesse; il a entrepris de réunir en un corps unique les nombreux travaux qu'il a, pendant cinquante années d'activité littéraire, dispersés dans divers recueils. Tous ces travaux sont en langue tchèque, idiome auquel certains Allemands prétendent que M. Palacky est absolument étranger. Ils ne forment pas moins de trois volumes et témoignent par leurs dates de l'amour que l'illustre historien a toujours professé pour cet idiome de ses pères, naguère si florissant, longtemps persécuté et dont la renaissance coïncide, heureusement pour nous, avec les progrès du germanisme.

I

C'est à l'année 1817 que M. Palacky fait remonter ses premiers essais littéraires en tchèque; il vivait alors à Presbourg en Hongrie. Une ode, écrite par lui en l'honneur d'une montagne de Moravie, le *Radhost*, a paru à M. Palacky digne d'être conservée et de donner son nom au recueil qui nous occupe; on comprend cette faiblesse paternelle pour un péché de jeunesse qui, à défaut d'un rare mérite littéraire, affirme du moins la foi que dès cette époque M. Palacky nourrissait dans l'histoire et dans l'avenir de la race slave : « Salut à toi, autel des Slaves, fidèle monument de la race slave, s'écriait le jeune poëte,.... je veux puiser dans tes sources vives la force slave, je veux répandre au loin les sons de ma lyre slave. » Ces deux vers répondent suffisamment à ceux qui n'ont vu dans le slavisme de M. Palacky que le produit artificiel de l'ambition politique. L'année suivante, M. Palacky publiait à Presbourg, en collaboration avec Schafarik, un essai sur la prosodie tchèque que nous regrettons de ne pas voir reproduit dans le recueil actuel. Mais l'auteur a tenu à n'y faire figurer que les articles publiés dans les journaux ou dans les revues.

Le recueil *Radhost* se divise en trois parties : la première renferme les travaux purement littéraires; la seconde, des notices et mémoires historiques; la troisième, des études et fragments politiques. L'ouvrage entier reflète donc le triple aspect de la carrière de l'auteur, tour à tour littérateur, historien et publiciste. Un épilogue sur lequel nous reviendrons tout à l'heure résume l'ensemble de ses idées. « Ces écrits, dit lui-même M. Palacky, sont nés en des temps bien divers. Ils portent chacun le cachet de leur temps, une expression particulière, ils n'ont point d'autre unité que celle qui se manifeste en chaque personne par le souvenir de sa position et de son attitude dans les circonstances changeantes de la vie. La différence des sujets et du style a dépendu du moment où tel ou tel travail s'est produit à la lumière. Le *Radhost* atteste non-seulement les aspirations et les tendances de l'auteur, mais aussi les nombreux obstacles contre lesquels il a eu à lutter.» Il ne faut pas oublier, en effet, que l'Autriche constitutionnelle, où fleurit aujourd'hui la liberté de la presse... pour les Prussiens et les Hongrois, a jadis été l'Autriche de M. de Metternich et de M. de Bach et qu'elle a connu un régime de censure impitoyable; pour ne citer qu'un fait, certains travaux purement historiques de M. Palacky ont dû être d'abord publiés en Allemagne.

M. Palacky divise lui-même sa vie en trois périodes : la première, de 1817 à 1823, où il a tâtonné dans la recherche d'une voie spéciale et d'une vocation sérieuse; la seconde, de 1824 à 1848, où les études historiques absorbent presque toute son activité; la troisième, de 1848 jusqu'à nos jours, dans laquelle il fait à la politique une part prépondérante.

La vocation historique n'est pas la première qui se soit révélée chez M. Palacky. L'étude des lois de la beauté dans la littérature et dans les arts l'attirait tout d'abord; dès 1821 il publiait, dans un journal bohême *Krok*, une histoire et une bibliographie de l'esthétique; dès ce moment, l'idiome tchèque commençait à aborder les plus hautes questions scientifiques et littéraires. Un peu plus tard, M. Palacky entreprenait un grand traité d'esthétique; cet ouvrage devait avoir cinq livres; l'auteur n'en écrivit que deux. Un séjour à Prague, en 1823, des recherches relatives à l'histoire des Hussites, déterminèrent la vocation historique de M. Palacky. Son esthétique resta inachevée ; il a pourtant gardé une certaine tendresse pour cet essai de sa jeunesse, qui « montre, dit-il, comment, il y a un demi-siècle, notre langue se prêtait aux études philosophiques, et m'a permis d'exposer et de développer la pensée fondamentale de ma théorie d'une façon assez claire pour les connaisseurs en esthétique. »

Au moment où M. Palacky vint s'établir à Prague, cette ville était déjà le théâtre d'une activité littéraire qui n'a fait que se développer depuis. La langue bohême, chassée de la vie publique après la défaite de la Montagne blanche (1620), s'était conservée cependant dans l'usage et dans la littérature populaire ; exhumée à la fin du XVIIIe siècle par des philologues tels que Dobrowsky, elle se mit à refleurir d'autant plus rapidement que les empereurs d'Autriche s'efforçaient plus de germaniser la Bohême. Le début de notre siècle voit naître une foule de poëtes et de grammairiens ; les uns s'appliquent à reconstituer la langue, les autres l'essayent dans des productions un peu lourdes où domine encore le mauvais goût du pseudo-classicisme. En 1817, la découverte des anciens poëmes de Kralove-Dvor appelle l'attention vers le véritable génie de la poésie populaire ; une nouvelle école surgit : Kollar qui, ainsi qu'il le dit lui-même, « porte en son cœur la nation slave, », écrit la *Fille de la gloire*, œuvre mystique et grandiose où il chante les malheurs de sa race et de sa patrie ; Czelakovsky introduit dans la haute littérature les grâces naïves de la muse populaire ; autour d'eux se groupera toute une école où brillent les noms de Hanka, de Macha, de Vocel et de bien d'autrès noms que nous ne pouvons signaler ici.

Cependant, beaucoup de ceux-là mêmes qui s'appliquaient avec tant d'ardeur à relever la langue et la littérature tchèques avaient peu de confiance dans l'avenir de leur œuvre. Pour plusieurs, c'était une affaire de pur dilettantisme. Leurs tentatives n'étaient point alors sans analogie avec celles de nos poëtes provençaux. « Sans doute, nous dit M. Palacky, le peuple parlait tchèque ; mais quiconque voulait passer pour un homme éclairé avait recours à l'allemand et regardait avec pitié, sinon avec dédain, les originaux qui s'occupaient de leur langue maternelle. Sans doute on trouvait encore dans les principales familles bourgeoises quelques douairières de l'époque antérieure à Joseph II qui savaient à peine quelque mot d'allemand ; elles n'en étaient pas moins mortes et fermées à tout sentiment national ; leurs petits-fils avaient peine à se faire comprendre d'elles... Certains poëtes allemands, Ebert, Meissner, Hartmann, élevaient déjà sur la tombe du slavisme bohême un poétique monument d'élégies; mais dès que le prétendu mort parut renaître à la vie, non-seulement ils s'arrêtèrent, mais encore ils se mirent à la tête des ennemis de la patrie ressuscitée. »

On ne sait pas assez aujourd'hui avec quels obstacles eurent à lutter les précurseurs de cette renaissance. La langue bohême était interdite dans la vie publique; la censure était d'une rigueur impitoyable contre toutes les idées slaves et nationales; c'était peu : les écrivains n'arrivaient point à s'entendre sur les questions d'orthographe, de purisme, de néologisme; l'usage d'un mot ou d'une consonne soulevait des querelles interminables, et détournait des novateurs ceux que l'apathie ou le respect humain retenait encore sous l'influence du germanisme.

C'est au milieu de ces circonstances que M. Palacky fut introduit chez un homme dont le nom reste intimement lié aux souvenirs de cette époque, le comte François Sternberg. Ami éclairé des arts et des sciences, le comte avait puissamment contribué à la fondation du musée de Prague; il invita M. Palacky, au nom de la Société des sciences, à préparer le troisième volume des *Scriptores rerum bohemicarum* (1825). L'année suivante, M. Palacky proposa à la direction du musée de publier deux recueils, l'un en allemand, l'autre en bohême; cette proposition fut acceptée, et M. Palacky devint rédacteur en chef de cette double publication. Elle excita même en Allemagne de sérieuses sympathies, et Gœthe, dont le génie s'élevait au-dessus des bornes étroites des nationalités, applaudit aux tentatives de celui que les Allemands devaient plus tard dénoncer comme leur plus grand ennemi. M. Palacky n'a pas recueilli ici les travaux qu'il publiait alors en langue allemande ; le recueil dont nous nous occupons ne donne donc qu'une idée incomplète de son activité à cette époque. On trouve dans ces pages aujourd'hui un peu refroidies, l'analyse d'ouvrages depuis longtemps oubliés, l'écho de controverses qui paraîtraient maintenant sans objet, l'examen de questions qui n'ont certes qu'un bien maigre intérêt pour notre monde, mais qui ont passionné et passionnent encore aujourd'hui certains esprits. M. Palacky s'y montre tour à tour critique, philologue et grammairien. Cette ardeur, qu'il apporte à l'examen des moindres détails, prouve la sincérité, la spontanéité du patriotisme dont il fut toujours animé. « J'ai toujours, écrivait-il en 1827, sincèrement aimé ma nation ; son histoire, sa langue, sa littérature me sont plus chers que tout au monde. Je n'ai pas de désirs plus ardents que de me vouer à son service autant que mes forces le permettront. » Ces paroles, qu'il écrivait en 1827, M. Palacky a le droit de les relire et de les répéter aujourd'hui. Nous n'entrerons pas dans le détail des questions qu'étudie ce premier volume du *Radhost;* il serait aussi difficile de les faire comprendre à nos lecteurs qu'il serait peu aisé de faire entendre à des Slaves les disputes de grammaire qui divisaient jadis Balzac et Vaugelas.

II.

Le second volume renferme des monographies ou notices historiques qui n'ont également qu'un intérêt secondaire. Signalons cependant un travail sur les précurseurs de Jean Huss qui ne saurait être négligé par ceux qu'intéresse l'histoire générale de la réforme européenne.

Le troisième volume, en revanche, nous appartient tout entier ; il contient le texte des discours, articles ou brochures publiés par M. Palacky depuis qu'il est entré dans la vie politique. La carrière de M. Palacky touche par maints côtés à l'histoire contemporaine de l'Allemagne et de l'État austro-hongrois, et ne saurait manquer de nous intéresser à bien des points de vue ; il n'est pas hors de propos d'en rappeler les principaux épisodes. Les travaux littéraires de M. Palacky, la popularité qu'ils lui avaient acquise, l'appelaient naturellement aux affaires après la révolution de 1848. M. Palacky employa l'autorité dont il disposait, d'une part pour faire prévaloir l'idée encore mal comprise du droit égal de toutes les nationalités autrichiennes à l'existence civile et politique (*Gleichberechtigung*), de l'autre pour tenir en respect les Allemands dont les prétentions absorbantes commençaient à se faire jour. C'est à cette époque que se rattache sa célèbre lettre au comité de Francfort. Le président de ce comité, M. Soiron, avait invité M. Palacky à prendre part aux délibérations de cette assemblée, en vue d'accélérer la convocation d'un parlement germanique. M. Palacky remercie le président de l'honneur qu'il lui fait; il déclare qu'il n'est point l'ennemi de l'Allemagne, mais qu'il ne peut cependant collaborer à l'œuvre du comité : « Le but de votre assemblée est de remplacer la diète des souverains allemands par l'union des peuples germaniques. J'honore vos efforts et vos sentiments, mais par cela même je ne puis m'y associer. Je ne suis pas Allemand, du moins je n'ai pas conscience de l'être et certainement vous n'avez pas voulu m'appeler auprès de vous pour remplir le rôle d'un comparse sans opinion et sans volonté; je devrais ou nier mes sentiments et jouer la comédie, ou vous faire une opposition déclarée. J'ai trop de franchise pour le premier rôle, trop peu d'impudence pour le second; je ne puis me résigner à troubler par des paroles discordantes l'entente et la concorde que je désire voir régner non-seulement chez nous, mais encore chez nos voisins.

« Je suis Tchèque, Slave, et le peu que je vaux est tout entier au service de ma nation ; cette nation est sans doute petite, mais elle constitue depuis ses origines une individualité historique ; ses princes sont entrés dans le concert des princes allemands, mais le peuple lui-même ne s'est jamais considéré comme allemand... D'autre part vous voulez affaiblir à jamais, rendre même impossible l'existence de l'Autriche comme État indépendant ; or l'intégrité, le maintien de l'Autriche sont d'une haute importance, non-seulement pour mon peuple, mais pour l'Europe entière, pour l'humanité et la civilisation elle-même. » Et M. Palacky démontre que l'Autriche fait obstacle à la monarchie universelle rêvée par la Russie, monarchie dont il ne peut, bien que Slave, désirer l'établissement ; l'équilibre de l'Europe, la liberté du monde, lui sont plus chers que les intérêts mêmes de sa race. « Si l'État autrichien n'existait pas depuis longtemps, il faudrait, dit-il, l'inventer dans l'intérêt de l'Europe et de l'humanité. »

M. Palacky ne se dissimule pas aujourd'hui qu'il se faisait alors sur l'avenir de l'Autriche des illusions dont il a depuis reconnu l'inanité. Dans la suite de sa lettre il expose, du reste, la cause principale de la faiblesse de cet État ; c'est le tort qu'a eu l'Autriche de ne point reconnaître l'égalité des divers éléments qui la composent : « Le droit des nations est un droit naturel. Aucun peuple ici-bas n'a le droit de demander que ses voisins s'immolent pour ses intérêts; nulle nation n'est obligée de se sacrifier pour autrui. La nature ne connaît ni peuples maîtres, ni nations serves. Pour rendre solide et durable l'union de peuples différents, en un tout politique, il faut qu'aucune nation n'ait lieu de craindre dans cette union la perte de ses biens les plus chers. Elles doivent toutes avoir la ferme assurance de trouver dans le pouvoir central une protection sérieuse contre les attaques de leurs voisins. Je suis convaincu qu'il n'est pas encore trop tard pour que l'Autriche proclame ce principe fondamental de justice et d'équité... Metternich est tombé non-seulement parce qu'il était le plus grand ennemi de la liberté, mais aussi parce qu'il était le plus grand ennemi de la nationalité slave en Autriche. »

Ces principes d'une politique tout ensemble libérale, nationale et conservatrice, ne cessèrent d'inspirer M. Palacky pendant la période orageuse que l'Autriche traversait en 1848. Il joua un rôle important, soit comme membre du comité national bohême, soit comme président du congrès slave de Prague; l'impatience de certains esprits, les excitations d'agents secrets amenèrent à Prague une émeute que M. Palacky ne put empêcher, mais dont il n'a cessé de déplorer l'inopportunité. Soit à la diète de Vienne, soit à celle de Kromeritz (*Kremsier*), il défendit contre les prétentions de l'Allemagne l'intégrité de l'État autrichien, et les droits égaux des diverses nationalités autrichiennes. Ses efforts échouèrent contre la constitution octroyée pour la forme le 9 mars 1849. Dans un article publié quelques mois plus tard par la *Gazette nationale* de Prague, M. Palacky esquissait le plan d'une constitution idéale répondant au caractère spécial de l'État autrichien. L'unité de l'empire, selon lui, se concentrait dans les éléments suivants : l'empereur, — les affaires étrangères, — la guerre et la marine, — Les finances, — le commerce et les voies de communication ; les autres affaires devaient être laissées à la compétence des diètes représentant les diverses autonomies nationales ; les nationalités seraient organisées par groupes qui auraient chacun à leur tête un ministre spécial. M. Palacky en comptait sept : Allemand, — Tchèque, — Polono-ruthène, — Magyare, — Roumain, — Jougo-Slave, — Italien. Chacun de ces groupes aurait eu sa diète et une cour de cassation. Plus tard, M. Palacky développa ses idées, tout en les modifiant, dans une brochure publiée en tchèque et en allemand sous ce titre : *l'Idée de l'État autrichien*. Il faisait sortir les principes de la constitution autrichienne de ce triple axiome :

1° L'Autriche doit être gouvernée par le droit et la loi (c'est-à-dire la volonté de la majorité), et non par la force matérielle, ou par l'arbitraire.

2° L'État autrichien se compose de nationalités diverses.

3° Aucune nationalité n'a un droit naturel sur une autre nationalité.

Dans cette brochure, M. Palacky reconnaît qu'il faut tenir compte des individualités historiques, comme sont par exemple les royaumes de Bohême et de Hongrie; cet élément historique complique la question des nationalités au lieu d'en simplifier la solution. Nous regrettons de ne pouvoir reproduire ici quelques pages d'une œuvre qui eut un grand succès en son temps et qui du reste a paru en allemand sous ce titre : *Die Œsterreichische Staatsidee.* (Prague, 1865.)

Les doctrines politiques de M. Palacky n'ont pas, comme on le sait, triomphé dans la reconstitution de l'Autriche après Sadowa. En 1867, il se rendit avec son gendre, M. Rieger, à l'exposition slave de Moscou; ce voyage fit grand bruit dans la presse allemande et polonaise. Il fut généralement mal interprété chez nous; on en a profité pour faire de M. Palacky un panslave, un moskovite (avec un *k*, s'il vous plaît), par suite un ennemi de la liberté et de la civilisation européenne. Les Polonais l'attaquèrent d'autant plus vivement que M. Palacky s'était montré l'adversaire de leur révolution. Il est curieux de relire aujourd'hui les articles qu'il écrivait au fort même de l'insurrection polonaise pour mettre ses jeunes compatriotes en garde contre un entraînement généreux mais impolitique.

Sans contester la légitimité de certaines revendications, M. Palacky n'admettait nullement le droit pour les Polonais de rétablir leur domination dans des provinces où ils ne forment qu'une infime minorité; il prédisait l'échec de l'insurrection et démontrait l'impossibilité où serait la Pologne affranchie de vivre par elle-même. Les événements lui ont donné raison ; ses compatriotes se sont rangés à ses idées et nous avons sous les yeux en ce moment même toute une série de brochures écrites par des Polonais et qui prêchent une réconciliation sincère avec la Russie.

III.

Le *Radhost* se termine par un épilogue où l'auteur résume ses idées littéraires et politiques. Ce document, tiré à part et traduit en allemand, a produit une sensation profonde dans le monde slave et germanique; quelques fragments plus ou moins exacts sont arrivés jusqu'aux journaux français. M. Palacky examine tour à tour les rapports de la nation bohême et de la race slave avec l'Allemagne, l'Autriche, la Hongrie et la Russie. Il rappelle sa fameuse lettre au comité de Francfort et déclare qu'il commit en l'écrivant une lourde erreur; ce fut de croire à la sagesse et à la justice des Allemands. « Comment, s'écrie-t-il, pouvais-je prévoir que les Allemands parleraient de liberté et de constitution et qu'ils proclameraient la domination d'un peuple sur un autre, qu'ils exalteraient les droits des individus et qu'ils fouleraient aux pieds ceux des nations ?... Je n'ai point à m'étendre ici sur les événements qui m'ont depuis longtemps douloureusement arraché à mon erreur. Je ne puis plus croire aujourd'hui même à l'existence de l'Autriche; sans doute elle est désirable et même possible; mais la domination de deux peuples dans un État aussi complexe est une absurdité... » Et M. Palacky prédit non-seulement la ruine de l'Autriche, mais l'anéantissement même de la nation magyare, dont pas un débris ne restera, dit-il, pour fêter le deuxième millénaire du royaume d'Arpad.

Faute de comprendre le patriotisme et les expériences politiques de M. Palacky, on n'eût certes pas manqué il y a quelques années de lui jeter à la tête les épithètes de panslave, ou d'agent russe. Mais M. Palacky prend soin de nous exposer lui-même ses rapports avec la Russie et ses idées sur elle. Dans les articles sur la Pologne auxquels nous faisions allusion tout à l'heure, M. Palacky a prononcé des paroles sévères et que ne connaissaient point assurément ceux qui l'ont accablé d'injures à propos du voyage à Moscou. Il déclarait, lui, le patriarche de l'histoire slave en Occident, que l'empire russe avait pour base non pas les principes slaves, mais un amalgame de principes allemands et mongols. Comment justifier alors le voyage de Moscou en 1867? C'est tout simplement que M. Palacky voulait étudier la Russie, — crime irrémissible, attentat inouï contre la liberté et la civilisation. Les Allemands, qui plus d'une fois se sont indignés des préjugés français à leur égard, voudraient qu'on traitât la Russie comme ils se plaignaient d'avoir été traités eux-mêmes. M. Palacky se félicite que son voyage lui ait permis de redresser plus d'une opinion erronée; il pense qu'à beaucoup de points de vue on s'abuse encore sur la Russie.

Il ne voit plus, par exemple, aucune raison de redouter cette monarchie universelle de la Russie qui l'effrayait en 1848. « Les Russes éclairés, — et le nombre en est grand, — non-seulement ne désirent pas l'extension de leurs frontières vers l'Occident, mais ils la regarderaient comme un malheur si les circonstances leur en imposaient la nécessité. L'empire est déjà si vaste, que toute augmentation accroîtrait les embarras de l'État; toute annexion de nouveaux éléments menacerait d'altérer le caractère historique de la Russie. On confond à tort l'affection naturelle des Russes pour leurs coreligionnaires et congénères de Turquie avec le désir de les dominer. » M. Palacky envisage avec regret la lutte des Russes et des Polonais et leur reproche de s'être trop écartés des principes et de l'esprit slaves. Qu'est-ce que cet esprit slave? C'est le respect du bien d'autrui, l'absence de l'esprit de conquête. Aujourd'hui que la Russie est définitivement constituée, elle n'a qu'à gagner à revenir à cet esprit de désintéressement. Elle pourra devenir la tutrice des Slaves; mais elle ne doit songer à absorber ni leur littérature ni leur religion. M. Palacky se distingue ici bien nettement de quelques fanatiques russes qui appliqueraient volontiers aux rapports des peuples slaves des méthodes et des procédés germaniques. Il n'admet ni le *panrussisme*, ni l'absorption des Slaves catholiques ou protestants dans l'orthodoxie, ni la création d'une langue unique pour les Slaves. Les Tchèques ne consentiront pas plus à se soumettre aux Russes qu'ils ne consentent à se fondre dans l'unité allemande; mais la conquête allemande ne pourrait que les rapprocher de la Russie. Cette puissance paraît être aujourd'hui dans les meilleurs termes avec la cour de Berlin; la diplomatie russe semble négliger à dessein les intérêts des Slaves occidentaux menacés par les Allemands. On signale à Pétersbourg les chefs tchèques comme des révolutionnaires et des démagogues; mais les princes et leurs ministres passent; les nations restent. M. Palacky désire qu'un rapprochement moral et intellectuel s'opère entre des peuples encore trop ignorants l'un de l'autre. Ce rapprochement aura lieu et M. Palacky ne désespère pas du triomphe définitif de la cause qu'il a si longtemps défendue; quelles que soient d'ailleurs les destinées qui attendent ses compatriotes, il espère qu'ils resteront fidèles à eux-mêmes, à la vérité, à la justice.

Nous ne prenons point encore congé de M. Palacky; l'illustre historien consacre sa verte vieillesse à revoir et à compléter cette grande histoire de Bohême qui sera son meilleur titre à l'estime de la postérité; partout où il nous a été donné de le rencontrer, soit à Paris, soit à Prague, soit dans son château de Malecz, nous l'avons vu infatigable dans le travail, plein de sérénité et de confiance dans l'avenir malgré les amères désillusions de la vie politique. Nous lui souhaitons ces *longues années* auxquelles les Slaves ne manquent jamais de faire allusion dans leurs toasts; M. Palacky n'a point encore terminé sa carrière, il est de cette famille de vigoureux esprits auxquels nous devons les Thiers et les Guizot; Dieu sait ce que nous réserve encore cette activité dont il nous a donné de si précieux témoignages.

FIN.

TABLE DES MATIÈRES

CHAPITRE PREMIER.

UNE VISITE AUX CATACOMBES DE KIEV.

CHAPITRE II.

SUR LE VOLGA.

CHAPITRE III.

NIJNI ET LA FOIRE.

CHAPITRE IV.

LE VOLGA ET KAZAN.

CHAPITRE V.

KAZAN ET LES TARTARES.

CHAPITRE VI.

VLADIMIR ET SES ÉGLISES.

CHAPITRE VII.

LES CONTES POPULAIRES DE LA RUSSIE.

CHAPITRE VIII.

LES ÉTUDES SLAVES EN RUSSIE.

CHAPITRE IX.

LA LANGUE RUSSE.

CHAPITRE X.

LA LANGUE SERBE ET L'AVENIR DES SLAVES MÉRIDIONAUX.

CHAPITRE XI.

LA COMÉDIE MODERNE EN POLOGNE.

CHAPITRE XII.

UNE PAGE D'HISTOIRE CONTEMPORAINE. LA BOHÊME ET L'AUTRICHE EN 1871.

CHAPITRE XIII.

LA BOHÊME ET LE PANSLAVISME.

Imprimerie Eugène Heutte et Cie, à Saint-Germain.

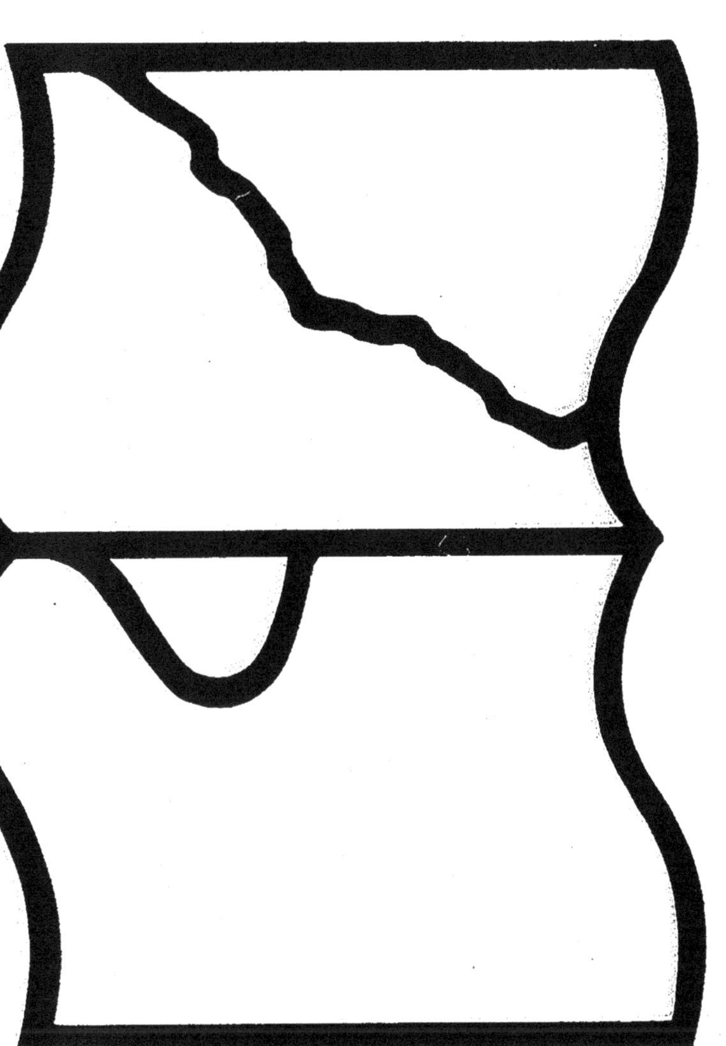

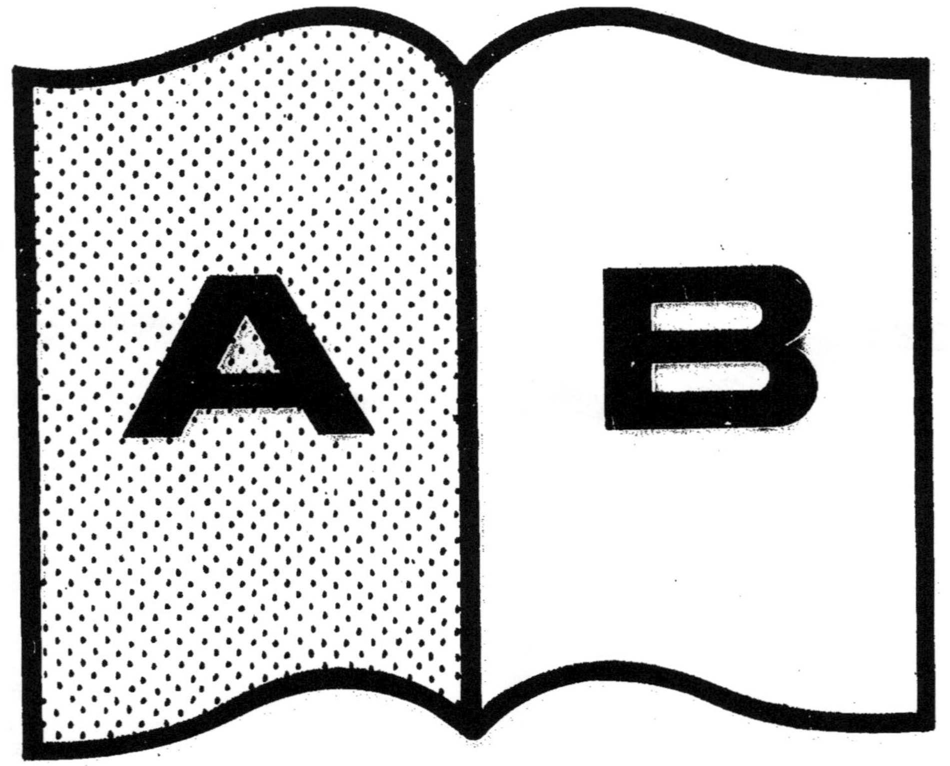
A
B

www.ingramcontent.com/pod-product-compliance
Ingram Content Group UK Ltd.
Pitfield, Milton Keynes, MK11 3LW, UK
UKHW012153240726
13966UKWH00002B/309

9 782012 885233